期刊社经营与管理

OPERATION AND MANAGEMENT OF PERIODICAL AGENCY

金强　编著

河北大学出版社
·保定·

期刊社经营与管理

QIKAN SHE JINGYING YU GUANLI

出 版 人：朱文富
选题策划：杨显硕
责任编辑：郝　健
装帧设计：杨艳霞
责任校对：兰彩红
责任印制：常　凯

图书在版编目（CIP）数据

期刊社经营与管理 / 金强编著 . -- 保定 ：河北大学出版社，2022.12
ISBN 978-7-5666-2126-9

Ⅰ . ①期… Ⅱ . ①金… Ⅲ . ①期刊－经营管理 Ⅳ . ① G237.5

中国国家版本馆 CIP 数据核字 (2023) 第 011042 号

出版发行：河北大学出版社
地址：河北省保定市七一东路 2666 号　邮编：071000
电话：0312-5073019　0312-5073029
邮箱：hbdxcbs818@163.com　网址：www.hbdxcbs.com
经　　销：全国新华书店
印　　刷：保定市北方胶印有限公司
幅面尺寸：170 mm × 240 mm
印　　张：17.75
字　　数：270 千字
版　　次：2022 年 12 月第 1 版
印　　次：2022 年 12 月第 1 次印刷
书　　号：ISBN 978-7-5666-2126-9
定　　价：70.00 元

前　言

道路自信、制度自信、理论自信、文化自信的巩固和发展，都离不开以期刊为主要阵地之一的出版业的强有力支撑。自“期刊强国”的口号提出以来，我国的期刊业在做大做强方面不断树立新标杆、提出新举措，也不断向世界科技前沿和出版前沿进军。时至今日，期刊的社会功能也在一定程度上发生了嬗变，科技信息检索、学术价值评判和学术资源共享，已经成为期刊的重要功能诉求。

随着我国科研工作者数量的持续增加，我们的科研出产量也急剧增加，寻找发表出口的行为和方式也更加丰富多样。国人对于高端发表平台的需求变得尤为迫切，甚至大量的在华留学生和中外合作科研机构也需要合适的发表平台来展示研究成果。因此，期刊的编辑出版和期刊社的运行与维护只能加强，不能削弱。

与欧美日韩等出版业强国相比，我国在期刊业方面仍面临着诸多矛盾和问题，整体实力还不强，能够排在世界前列的期刊还比较少。特别是人文社会科学领域，长期存在着“自说自话”的行为，且受到国际期刊界存在的意识形态偏见影响，我国的一些优秀成果难以在国外高端平台上发表，因此也就难以形成更加有效的国际传播机制以及明显的对外影响力。可以说，在一些研究领域，成果的足量性、丰富性与发表平台的稀缺性、贫乏性形成了巨大的反差。寻求国外发表的作者越来越多，也带来了越来越多的次生问题和连带损失。一些强势的国际期刊阵营（集团、公司）在世界期刊阵营中享有垄断地位，它们往往具有非常明确的经营和管理意识，可以说更加易于获得物质和精神的双丰收。中国期刊业的高质量发展势在必行，中国人应该兴办自己的一流期刊，这就需要水平更高的经营和管理人才，而不能简单地“在士兵里挑选将领”。人才是关键，培养专门的期刊经营与管理人才亦应该提上日程。具体做法上，既要融入国际元素，又要保持中国气质；既要“走出去”，也要“请进来”；既要服务学术研究，也要服务大众；既要管理得稳，又要经营得棒。

期刊社融合发展脚步逐步加快的同时，也必须快速适应平台的演进和变迁，要始终将触角伸向年轻人，要主动摒弃落后的经营管理理念。期刊的多重服务属性正在凸显，知识型和服务型转变的趋势明显加速。当下的期刊出版主力军存在一定的老龄化趋势，办刊思路已趋于固化，部分已经不能完全适应当今的数字化生存环境。传播平台落后以及传播理念落后也导致一些期刊的生存已岌岌可危，这一部分是由于办刊理念陈旧、人力资源老化、营销意识不强、品牌意识不足造成的。但一直缺少相应的教育支撑，人才培养方面也都是各自划片、独自开拓，客观上就导致高素质人才培养缺乏高效的可行路径。

不同于出版社，期刊社有其独特的经营范围、操作方式和价值追求，期刊社一般小而精，工作人员具有较强的专业性，且一般工作稳定，离职率不高。目前，中国的学术出产量已居全球第一，期刊成为学术发表的主要园地和载体。西方学科的架构体系深深影响了中国期刊的整体布局，中国要建立自己的期刊学理论体系，必须具备强有力的知识储备和人才支撑。

国内数千家期刊社（杂志社）都面临着生存和发展的要务，而读者和市场是其重要考量，要特别重视读者年轻化和市场下移的问题。年轻的“80 后”“90 后”甚至“00 后”读者已经较为习惯直接从网络上获取期刊已发表作品，而仅将纸质版作为凭证加以看待，这就给经营和管理都提出了难题，经营和管理的线上化变革势在必行。既要建设一流的科技期刊，也要建设一流的社科类期刊，目前 5%的头部期刊只能是相对“活得很好”，而且是在国内实现差别化待遇后享有的状况，如放在世界大平台上，这些光芒立刻消失殆尽，因此，国内头部期刊也有诸多短板需要弥补。国际大舞台需要真正的国际舞者，电子网络时代，中国的期刊人应该勇于负起自己的责任与担当，不断向国际舞台进军。

在进一步拓展人财物资源的基础上，期刊社应增强经营思维和管理意识，特别是要熟悉国际化和线上化的商业操作模式和销售渠道。期刊业要不断按照“十四五”规划的方向、指针和要求积极寻求进步，要彻底落实“卓越行动计划”，既要遴选好重点时政社科类期刊，也要让这些期刊真正发挥好作用，担当好舆论重任。要努力打造精品期刊，打造高水平期刊集群和集团，而这些都需要将期刊社的经营和管理工作摆在更加突出的位置。

此外，国内学界长期形成的学术评价机制也存在突出的矛盾和问题，“破五唯”也必然需要期刊社的热心参与，期刊社应该积极参与完善学术期刊评价体系的行动，促进高水平研究成果的呈现。

国内的出版专业硕士培养从 2011 年开始，至今已经超过 10 个年头。“期刊社经营与管理”也成为出版专业硕士的一门必修课程。但这门课程截至目前一直没有适用的教材，课程的体系和规划也几乎成为各位任课教师的自主行为。另外，期刊社与出版社虽具有一定相似性，但是如果以出版社的经营管理理念来运作期刊社，就会发生问题。期刊社是“轻骑兵”，甚至是“先遣队”，有自身的光荣传统和发展要义，期刊业自身必须具备独立于图书业的精神、气质、内涵和风貌。

笔者在积攒多年教学素材、梳理教学理念、转化科研成果的基础上汇编成此书，恳请学界业界专家批评指正，也请广大学子们提出宝贵意见！

金　强

2022 年 5 月 9 日

于河北大学坤舆德翰园

目　录

第1章 期刊社概说

期刊与图书一样，均是承载人类精神文明与智慧结晶的主要载体。近代以来，期刊在传播观点、促进讨论、形成共识等方面发挥了图书难以发挥的作用。相对于图书业而言，期刊业发展的历史虽然不够久远，但发展较为迅速，特别是较好因应了科学技术的进步和文化艺术的繁荣。近年来随着数字技术的迭代，期刊社不断探索新的发展道路，转型升级明显加速。

1.1 相关概念界定

1.1.1 期刊的定义

期刊是一种以统一固定刊名、标有顺序号、装帧基本一致，且刊登不同著者新著，并以一年一次以上的出版频率无限期地连续出版下去的系列型出版物。归纳起来，期刊出版具有以下几个特征。

1. 无限期连续出版

这是其区别于图书的重要特征。实际操作中，由于主客观原因而停止出版的情况比较多见，因此无限期出版一般只作为理念出现，只要事先未制定出版的终止期，就应视为无限期。现实中，只出版一期“试刊号”或“创刊号”就停止出版的期刊，也占一定比例，因其无法预见是否能够持续出版，并不妨碍将其认定为期刊。

2. 有统一固定的刊名

刊名是长期连续出版的系列出版物的必备要素，且其刊名必须是统一和固定的。所谓“统一”，就是要求各个分册以同样的题名出版；所谓“固定”，就是要求题名要相对稳定，不能随意更改。在具体办刊实践中，改变刊名也属常见。按国际标准刊号（ISSN）规定，期刊改名后，原刊号即不能再用，虽卷号或总期号续前，亦须另给刊号，视为新刊。

3. 分册标有序号

期刊因无限期连续出版，因此要采取分册形式次第出版，即一次出版一个分册，通常称为“一期”。在各分册之间，须标有符合逻辑顺序的号码加以区别。通常的序号有卷和期、年和期、年和月以及连续一贯的总期号等。

4. 有基本统一的装帧

期刊各个分册的装帧要尽量保持一致，以方便识别和装订成册。有的期刊，连续出版几十年，甚至上百年，其装帧均基本保持一致。此外，如各分册装帧不一致，也将造成装订合编困难。也有部分期刊的装帧呈现阶段性特征，特别是因应整体的时代特征和风貌，体现其与时俱进性，但期刊的装帧款式不宜频繁改动。

5. 包含不同著者的新著

期刊一般在每期上刊登多位著者的作品，因此汇集性和新颖性成为期刊出版的一大特征。对于这一特征，也有个别期刊不符合，如有些情报性期刊为了迅速传递信息，确有一期只刊登一位著者的一篇作品的。也有一个期刊只有一位著者的情况，如我国著名的“童话大王”郑渊洁在20余年时间里是《童话大王》唯一的撰稿人。

1.1.2 期刊社的定义

期刊社是以期刊出版为主要业务的单位，有的也兼营报刊发行、网络出版业务等。除有专业技术人员或部门承担编审、校对、设计、编辑、印刷以及发行以外，部分期刊社还设有采访和广告部门。有的期刊社为独立单位，有的只设一个编辑部，并挂靠在某一个相关上级单位。期刊社一般应设有独立的编辑部，有自己的办刊宗旨，独立决定每期的稿件内容。

1.2 报纸与期刊的区别

报刊一般指定期向公众发行的印刷出版物，内容涉及关于时政的报道与评述，是一类由开本相对较大、价格相对低廉的新闻纸印制而成，阅后基本可以随意处置的出版品。作为社会传媒的主要媒介，其有着表达与引领社会舆论的作用。虽然大众习以为常的将报纸与期刊这两种连续性出版物合并称为“报刊”，但是通过细微对比可发现，这两者之间又有所差异，具有不一样的出版形态特征。以下从内容定位、出版周期、读者群体、产品价格、影响区域、新媒体六个方面，来分析报纸与期刊的不同之处。

1.2.1 从内容定位角度来看

报纸的内容主要为时事与政治性新闻，具有较强的时效性，更多关注时下正在发生的政治、经济、民生与社会发展进程，表现出鲜明的政治性和专业性特征；报纸也可刊登卡通或其他娱乐内容，但主题也可能限制在相对狭窄的区域，主要发行于特定的读者对象，比如某个产业的商人、喜欢运动的爱好者、欣赏某种艺术形式的画家，或是某种生活方式的人们、具体活动的关注者与参与者等。相比之下，期刊的内容以文化生活、兴趣爱好等细分定位为主，通常是围绕着某一题材、某一专业领域甚至某一研究对象，集中反映随着政治、经济、社会环境的不断发展进而在期刊主题对象上所发生的变化。

1.2.2 从出版周期角度来看

报纸因为其自身所承载内容的时效性较强，基本上可分为日报和周报，属于快速变化的公共文化产品；期刊在出版时间上的间隔至少是以周、半月、月、双月计算，由多位作者的多篇文章编辑而成，以卷、期或者年、月为顺序编号进行出版，属于人们更愿意去进行保存收集，同时更具有专业积累价值的公共文化产品。

1.2.3 从读者群体角度来看

报纸面向的读者群体，从年龄、性别、收入、教育程度等方面来看，涵盖了大多数的社会公众，传播范围广泛，尤其在以往传播载体较为有限的情况下更加凸显了其重要性，如在革命战争时期，报纸发挥了举足轻重的作用。期刊的读者群体一般是特定的，其在内容上具有细分的特点，读者多集中于对该内容感兴趣的特定群体。

1.2.4 从产品价格角度来看

大多数报纸的单期价格一般是在3元以内，而期刊的单期价格多在3元以上，高者也有多达几十元的。对于读者而言，价格是影响消费行为的关键性因素，读者对于价格的意见多会通过零售商、代理商反馈给出版管理者。价格的不同会影响零售商、代理商对待产品的态度，同时也会影响他们的经济收益。

1.2.5 从影响区域角度来看

报纸出版周期较短，在物流配送不够迅捷的年代，订阅与零售的地区并不能在短时间内到达，因此，报纸基本上影响范围仅限于省、自治区、直辖市或者地级以上的城市；期刊出版的时间间隔长于报刊，给予了物流反应的时间，订阅与零售的周期内一般可以按时抵达读者手中，因此期刊的出版发行基本可以面向全国。

1.2.6 从新媒体角度来看

报纸与期刊在传统发行手段上差别不大，但是随着互联网的出现与发展，报纸与期刊顺势而为。借助互联网技术在新兴媒体平台进行发行销售时，出版周期短、定价低等特征的报纸，反而不如期刊更容易采用网店等新兴销售方式进行发行。

1.3 期刊的类型

从广义上来讲，期刊可分为非正式期刊和正式期刊两种。非正式期刊是指被行政部门审批、获得内部印刷许可、用作内部交流使用、不对外公开、只在行业内传播的期刊，属于合法期刊，只是发行范围具有局限性。一些正式期刊的形成也经历过非正式期刊的发展阶段。早期的正式期刊在约定的范围内由国家新闻出版署和国家科委审核，编入“国内统一刊号”①。正式期刊的办刊申请较为严格，基本要求是具有一定的办刊能力和独立的办刊指南。从期刊分类来看，在美国，期刊分为三类：消费类（包括普通兴趣和专业市场）、商业类和学术类。② 在我国，从不同角度对期刊进行分类，会得到不同的分类结果。

我国的期刊一般可以从以下三个角度进行划分。

1.3.1 按学科分类

以《中国图书馆图书分类法·期刊分类表》为代表，将期刊分为五个基本部类：（1）马克思列宁主义、毛泽东思想；（2）哲学；（3）社会科学；（4）自然科学；（5）综合性期刊。在基本范畴上，又分为若干细类，如社会科学又分为社会科学总论、政治、军事、经济、文化、科学、教育、体育、语言、写作、文学、艺术、历史、地理等。

1.3.2 按内容分类

以《中国大百科全书》“新闻出版卷”为代表，其将期刊分为四大类：（1）大众期刊，强调知识性与趣味性，读者面广，如我国的《大众电影》、美国的《时代》等；（2）学术期刊，主要刊载学术论文、研究报告、评论等文

---

① 国内统一刊号：国内统一连续出版物号的简称，即“CN号”，是新闻出版行政管理部门分配给连续出版物的代号。国际刊号是国际标准连续出版物号的简称，即“ISSN号”。

② 参见［美］艾莉森·亚历山大，詹姆斯·奥厄斯，罗德·卡维恩. 媒介经济学：理论与实践［M］. 第3版. 丁汉青，译. 北京：中国人民大学出版社，2008：139.

章，以专业工作者为主要对象；（3）行业期刊，主要报道各行各业的产品信息、市场行情、经营管理进展与动态，如我国的《摩托车信息》、日本的《办公室设备与产品》等；（4）检索期刊，如我国的《全国报刊索引》《全国新书目》和美国的《化学文摘》等。

1.3.3 按声誉地位分类

可分为核心期刊和非核心期刊两大类。

所谓核心期刊就是由一定的遴选体系筛选而产生的期刊。目前，在我国一共有七大核心期刊遴选体系：（1）北京大学图书馆“中文核心期刊”；（2）南京大学“中文社会科学引文索引（CSSCI）来源期刊”；（3）中国科学技术信息研究所“中国科技论文统计源期刊”（又称“中国科技核心期刊”）；（4）中国社会科学院文献信息中心“中国人文社会科学核心期刊”；（5）中国科学院文献情报中心“中国科学引文数据库（CSCD）来源期刊”；（6）中国人文社会科学学报学会“中国人文社科学报核心期刊”；（7）万方数据股份有限公司“中国核心期刊遴选数据库”。

如果一个期刊被两个核心期刊选择系统都认定为核心，则它属于双核期刊，入选北大中文核心期刊和南大 CSSCI 核心期刊为通常意义的双核心期刊。

1.4 期刊出版业的发展历程

时代环境与社会背景直接关乎期刊业的发展，特别是新中国成立以来，期刊的发展经历着巨大的变化，有跌宕起伏时期，也有快速发展时期。以下以期刊出版规模、技术变迁、政策调整三方面的变化为横向切入点，以时代发展宏观环境为纵向线索，将新中国成立以来的期刊发展历程划分为六个时期。

1.4.1 奠基创建时期（1949—1959 年）

新中国成立后，中国共产党高度重视期刊出版工作，并加强了集中统一领导。期刊的主编和编辑委员会主要由一批中国文艺界的名人和专业造诣丰富的专家学者担任，因此在这一时期编辑素质普遍较高，此时期刊的质量也较为优秀。我国逐步由民国动乱时代转入平稳发展期，期刊行业得到了快速的成长，品种不断丰富，但发行区域大多集中在北京、上海等城市，区域分配不平衡。期刊也刻有该时代的独特烙印，这一时期采取了相对缺乏灵活的计划经济管理机制。

新中国成立初期，许多行业都需要重新整顿。期刊业处于百废待兴的状态，此时出版发行的期刊数量较少，类别既不完整分布也不合理，地区分布尤其不平衡，发行渠道也受到阻碍，出版仍处于计划外的状态。面对这样的局势，新中国成立后出版行业马上进入了调整期。1950 年 9 月召开的第一届全国出版大会，期刊组负责人在会上做了报告，报告指出，全国有 247 种期刊，总发行量约 200 万份，大多数期刊在华东地区发行，占全国期刊总数的 43%；发行量以华北地区最多，占全国发行总量的一半；只有《学习》发行量在 20 万册以上，《中国青年》发行量在 10 万册以上，50%的期刊发行量不到 5000 份。《关于改进期刊工作的决议》在这场大会上被通过，该决议明确提出要着力解决有关问题，统筹兼顾，实行专业分工，等等，同时，也强调增加通俗期刊和少数民族期刊，健全编辑机构。①

为推动期刊发行管理工作更加完善和进步，中共中央宣传部、新闻出版总局和相关方面出台了一系列举措：第一，分清情况，恢复部分被国民党政府所取缔的期刊和民间专业期刊；第二，在全国推出一批新期刊，如《新观察》《中国青年》《新体育》《大众电影》等。在新期刊中，通俗、学术、文艺、自然科学、生产技术等类别得到了重视。

新中国第一部期刊管理法规——《期刊登记暂行办法》于 1952 年 8 月 16 日出台。在当时相对安定的社会环境下，期刊工作逐渐恢复并得到蓬勃发展。1953 年，中国平均每人每年有 0.3 册期刊，1957 年则上升到 0.5 册。②

随着社会主义改造基本完成，国家经济发展、政治稳定、社会风气好转，经济文化发展的艰巨任务摆在党和全国人民面前。1956 年 4 月，中共中央发

---

① 参见范继忠．中国期刊史第 3 卷（1949—1978）[M]．北京：人民出版社，2017：7.

② 参见高明光．新中国的期刊出版事业 [J]．出版工作，1989（4）：59.

出“向科学进军”的号召，毛泽东在中共中央政治局扩大会议上提出了“百花齐放，百家争鸣”的方针，并确立了正确的编辑出版指导思想，为我国期刊业的发展指明了方向。

在 1953 年至 1957 年第一个五年计划期间，期刊数量从 295 种增加到 634 种，平均每年增长 21.65%。年度印刷总量从 1.72 亿增加到 3.15 亿，平均每年增长 17.88%。[①] 通过期刊的创办和再版等一系列的实践和探索，期刊获得了前所未有的快速发展。到 1959 年，期刊数量、印数、总印张数分别增加到 851 种、5.28 亿册、12.05 亿印张，其中科技期刊总数从 1952 年的 87 种增加到 356 种。[②] 期刊业基本形成了学科门类齐全、出版水平和结构合理、充满发展活力的新体系，为今后进一步发展奠定了基础。

1.4.2 初步发展时期（1960—1965 年）

1960 年至 1965 年，是中国社会主义建设的一个艰难探索时期。这一时期，思想文化战线受到“左”的干扰，期刊发展遭受挫折。1960 年至 1962 年，中国遭受了最严重的自然灾害，经济困难，资源严重短缺，许多期刊无法正常运转。为了克服困难，党提出了“调整、巩固、充实、提高”的八字方针，并采取了一系列的政策和措施。为了集中有限的资源，确保一批必须出版的期刊顺利进行，有关部门主动停止出版大批出版物。在此期间，期刊种数从 1959 年的 851 种急剧下降到 1960 年的 442 种，印刷总印数急剧下降。其中，出版物在 1960 年、1961 年和 1962 年的出版种数分别为 442 种、410 种和 483 种，印刷的期刊数量分别为 4.67 亿、2.32 亿和 1.96 亿册，总印张数分别为 10.31 亿、5.11 亿和 4.2 亿。

1962 年底，中国经济开始好转，期刊出版数量增加，但印刷量和印刷总量却持续大幅下降，当年全国人均享有期刊量仅为 0.3 册，相当于 1951 年的水平。三年困难时期结束后，全国社会经济事业开始恢复和发展。1963 年和 1964 年，期刊业的发展出现了一个小高峰，期刊的出版种数分别为 861 种和

---

① 参见高明光．新中国的期刊出版事业［J］．出版工作，1989（4）：59.

② 参见宋应离．中国期刊发展史［M］．郑州：河南大学出版社，2000：260，282，284.

856 种，总印数分别为 2.34 亿和 3.53 亿，总印张数为 5.39 亿和 8.19 亿。到 1965 年，受到当时政治形势的影响，期刊出版种类已减少至 790 种，而印数和总印张数则继续上升至 4.41 亿和 9.35 亿。①

1.4.3　停滞不前时期（1966—1976 年）

“文革”期间，许多出版机构瘫痪被撤销，编辑人员被下放劳动，大多数期刊被迫关闭。直到 1976 年 10 月，期刊业才摆脱困境，出现了历史性的转折。

1966 年至 1969 年这一时期是“文革”的开始阶段，国家经济和文化事业被破坏得极为严重，期刊行业也不例外。大多数期刊在 1966 年 6 月“文革”开始后停刊。全国性期刊种数从 1965 年的 790 种锐减至 1966 年的 191 种，再降至 1967 年的 27 种，1969 年仅有 20 种。这是近百年来全国期刊出版量的最低点。② 期刊的总印量也明显下降，从 1965 年的 4.41 亿下降到 1968 年的 2800 万，其中《红旗》杂志占了总印量的一半以上。

1970 年后，在毛泽东、周恩来等老一辈无产阶级革命家的关怀下，中国的期刊事业得到了一定程度的恢复和发展。1970 年下半年，周恩来召见国务院“出版口”负责人，了解情况后，督促制订了图书出版计划。1971 年 3 月 15 日至 7 月 22 日“全国出版工作座谈会”召开后，国务院向毛泽东和中共中央呈报了《出版工作座谈会报告》。毛泽东指示“同意”后，中共中央于 1971 年 8 月 16 日向国家有关部门发出文件，明确指出：“根据需要和可能，恢复和启动一些理论、文学艺术、科学技术、学术研究、教育卫生、体育等期刊，首先要注意恢复工农兵、青年所需要的期刊是迫在眉睫的工作。属于社会科学方面的期刊，报中央组织宣传组批准；属于文学艺术方面的期刊，报国务院文化组批准；其他方面的期刊，报国务院有关部门批准。”③

此时的期刊工作迎来转机，陆续复办并新办了一批期刊。期刊的种数很快

---

① 参见高明光. 新中国的期刊出版事业 [J]. 出版工作，1989 (4)：61.

② 参见高明光. 新中国的期刊出版事业 [J]. 出版工作，1989 (4)：62.

③ 参见方厚枢. “文革”十年的期刊 [J]. 编辑学刊，1998 (3)：4.

从1970年的21种增加到1972年的194种和1974年的382种。1975年，邓小平负责中央的日常工作，进行了大刀阔斧的改组，密切关注需要恢复元气的期刊业。《人民文学》在邓小平的支持下得以复刊。① 至1976年，全国共有期刊542种，总印数5.58亿册。

1.4.4 快速腾飞时期（1977—1999年）

“文革”结束后，我国期刊业步入恢复和发展期。1977年，期刊出版数量恢复到628种，随之数量少、类别不合理、内容单一的状况也得到了初步改善。党的十一届三中全会以后，中国期刊出版业进入快速起飞时期，期刊规模迅速扩大，市场逐步完善。至1999年，我国期刊已达8187种，印数为28.46亿册。从1977—1999年来看，期刊数量和印刷份数的年平均增长率分别为12.38%和7.68%。经过20多年的发展，我国期刊总体上呈现出类型齐全、层次多样、导向正确、质量不断提高、管理科学的新局面。

改革开放以来，国家对新闻出版事业高度重视，陆续出台了一系列政策，政策的支持成为推动期刊业快速发展的主要原因。如1977年10月1日，《新闻出版稿酬及补贴试行办法》出台，中断了11年的稿酬制度得以恢复，这一举措为各类期刊发展吸引了大量作者。新闻出版署1988年11月24日发布的《期刊管理暂行规定》，是新中国成立后出台的第一个关于期刊综合管理的规范性文件，它对期刊的创建、申请、批准和管理以及期刊公司的运营都有具体而明确的规定。1990年3月25日，国家工商行政管理总局和新闻出版署发布了《关于报社、期刊社和出版社刊登、经营广告的几项规定》，建立了期刊广告管理的基本管理制度；国家科委1991年6月5日发布的《科技期刊管理办法》，对期刊类型进行了详细划分，对学术期刊分类管理。

新技术在期刊出版流程中的应用，为推动行业发展注入了强大动力。互联网于1987年进入中国后，推动了期刊业编辑印刷技术再上新台阶。此时的编辑工作效率开始提升，编辑的质量也得到了改善。同时，电子出版业迅速发

① 参见宋应离. 中国期刊发展史［M］. 郑州：河南大学出版社，2000：260，282，284.

展，电子期刊数量猛增。[①] 1989 年电子期刊面世，并凭借其即时性、容量大、交互性和成本低等优势迅速发展，从 1991 年的 110 种增加到 1998 年的近 1 万种。[②] 这一时期，中国期刊数量增加，同时质量不断提高，内容更加丰富多彩，类型更加齐全，整体上较为贴近市场需求。

1.4.5　转型发展时期（2000—2012 年）

期刊业在这一时期呈现新的发展格局的主要原因是市场经济的不断发展、完善和进步。进入 21 世纪后，我国期刊业的发展开始脱离高速增长期，进入缓慢增长、稳步发展阶段，期刊种数、印数的增长速度均放缓，逐步由粗放型发展转向集约型发展。这一时期，期刊业改革也初步展开。

互联网技术深入应用于期刊编印发流程，版权合作急速升温。自 2003 年以来，期刊业不断深入转型发展，但期刊种数的增长与总印刷量的发展之间的不平衡变得越来越明显，期刊种数继续从 2003 年的 9074 种增加到 2004 年的 9490 种。经过稳定发展期后，期刊种数从 2008 年的 9549 种增加到 2009 年的 9851 种，然后再次进入稳定期，2015 年期刊数量突破 1 万种后继续稳步增长。印刷期刊的总数从 2003 年的 29.47 亿减少到 2005 年的 27.59 亿，然后开始了连续 7 年的缓慢增长。2007 年，印刷期刊的总数突破了 30 亿大关，并于 2012 年达到了顶峰 33.48 亿份，之后 2013 年开始连续 6 年下滑。这一时期，期刊品牌化、期刊企业集团化高速发展；期刊跨媒体、跨国界、跨行业深度合作；期刊“走出去”步伐加快，传播力增强；期刊行业组织进一步发挥作用。

1.4.6　融合创新时期（2013 年至今）

互联网技术的迅猛发展，给社会各方面带来了翻天覆地的变化，同时期刊业的发展也再一次遭遇冲击。期刊印数自 2012 年达到 33.48 亿份的高峰后，2013 年起开始逐年下降，到 2018 年时，总印数为 22.92 亿。然而，从 2016

---

① 参见邱薇．网络期刊的发展探讨［J］．科技情报开发与经济，2006（20）：3.

② 参见董毅敏，秦洁雯．新中国期刊出版业 70 年：历程、成就与经验［J］．出版发行研究，2019，11（2）：14.

年开始，期刊利润总额逐渐回春，这表明在期刊行业的供给侧结构性改革初见成效。据国家新闻出版署发布的《2020 年新闻出版产业分析报告》来看，全国共出版期刊 10 192 种，较 2019 年增长 0.2%；总印数 20.4 亿册，降低 7.0%；总印张 116.4 亿，降低 4.0%；定价总金额 211.9 亿元，降低 3.6%；期刊出版实现营业收入 194.2 亿元，降低 2.8%；利润总额 30.4 亿元，增长 1.4%。[①] 在新时期，随着信息技术的飞速发展，深化期刊结构调整、促进期刊知识服务的进一步发展、培育世界一流科技期刊将是未来发展中亟待探索的重要课题。

1.5 期刊社的发展动向

1.5.1 出版形态及方式

媒体的融合发展给期刊出版带来了新的发展机会，各种期刊陆续从自身状况出发，开发新媒体平台，加强新媒体出版实践。期刊采用的新媒体出版形态主要有以下几种方式。

1. 建立独立网站

建立门户网站是多数期刊进行媒体融合出版的首选方式。期刊网站除了发布期刊的基本信息外，还具有显示当前期刊目录、摘要、内容和后刊摘要、内容等功能，并可提供浏览、检索、下载服务，还可以实时更新文章的下载、浏览排名。最为重要的是，期刊网站可以建立一个集投稿、审稿、组稿、稿件编校管理、网络支付等于一体的稿件管理平台。

2. 增强手持移动终端应用

手持移动终端包括手机、iPad、阅读器等工具，目前最为流行的是开通微信平台。期刊申请一个二维码，读者扫码并关注后，即可登录期刊微信平台，查阅期刊信息，浏览目录、摘要、全文和检索等，读者也可以在微信平台发表

---

① 参见中国新闻出版研究院. 2020 年新闻出版产业分析报告［R］. 国家新闻出版署，2021，12.

评论。期刊开通 iPad 和阅读器服务功能的相对较少，因为其对期刊的数字化制作要求更高，甚至需要文章内容的重新编排和格式调整，但手持移动终端也具有用户基数大、人群广、传播速度快、互动性强等优点。

3. 成为数据库的信息源

目前，绝大多数人文和科技期刊都加入了各大主流数据库系统，比如中国知网、万方、维普、超星等，其中中国知网还推出了优先出版和网络首发服务。作者和读者都可以首先通过数据库来获得最新的出版消息，而数据库文献检索的查全率和查准率也在不断提高。

1.5.2 盈利模式

1. 发行收入

依靠发行收入获利，是目前国内期刊业最为普遍的盈利模式。在这种盈利模式下发展的期刊，其广告收入通常较少，经营模式是将其价格定得高于其成本，通过扩大期刊的发行量来获得更大的经济效益，发行收入与发行量成正比。中国大多数大众期刊和教育辅助期刊的收入来源主要取决于期刊发行的利润。以《读者》为例，在 2001 年约 2 亿元的利润中就有近 1.8 亿元来自发行收入。发行量达 400 万份的期刊《故事会》，其很大程度上也依赖发行收入，其他方面则很少。

2. 广告收入

近年来，期刊广告市场逐步兴起，依靠出版物盈利的模式被一批新兴期刊所放弃，转而采取低于出版成本的价格发行，通过扩大发行量以吸引更多的广告投放。“小众化”“专门化”“专业化”的期刊更为热衷这一盈利模式，因为这些期刊的读者往往是特定的群体，广告商需要定期向这个群体宣传他们的产品。期刊可以交付给关注产品的特定人群，而不是无限增加发行量。这样的期刊完全由广告商经营，发行量是固定数量，印刷过多的副本反而会赔钱。在我国，有广告收入的期刊主要有时尚、金融、计算机和汽车等类型的期刊。近几年创办的市场化期刊更是以广告为其生存之本，例如，*Vogue* 系列期刊非常重视广告，其公司成立了广告部，专门拓展期刊的广告市场和业务，类似的还有

《世界时装之苑 ELLE》《汽车族》等。

3. 品牌推广收入

品牌推广收入主要是指期刊通过销售其品牌资源，利用品牌鉴赏等手段研发衍生品。这种盈利模式在欧美发达国家的期刊管理中得到广泛应用，主要方式有再版或装订版、特刊或增刊、图书光盘、数据库、网站、展览、客户名单、品牌授权等。

综之，期刊社的存在和发展有其自身的逻辑规律和行业准则。

思考题：

1. 请了解并熟悉《期刊出版管理规定》，并明确期刊出版的总体原则是什么。

2. 请判断影响期刊质量的因素有哪些。

3. 试举例，按照出版周期来划分，有哪些期刊类型？每一类型列出 3 至 5 种期刊名称。

第 2 章　期刊社的自我宣介与广告经营

期刊作为出版物的一种，主要特征之一是面向大众（公众）发行，而要公之于众，则需要一定的自我展示，明确说明自己是谁，要做什么，能做什么？良好的期刊口碑，自然带来期刊社良好的外部营销环境，也有利于广告经营活动的开展，两者是相得益彰的关系。

2.1　期刊社的自我宣介

2.1.1　自我宣介的内涵

就出版而论，当下中国的社会主义市场经济条件与西方的市场经济条件具有一定的差异。以西方的出版经济理论来分析当下中国出版界的现象和问题，难免会得出相对不妥恰的结论。出版行为干预和出版内容管理，是一个国家主权意识形态管理的重要内容。期刊是集中表达意见和思想的媒体平台，期刊社肩负着思想扩散和文化传播的重要责任，其操作必须符合传播规律，也必须是专业的和可靠的。期刊内容的传播和期刊社本身的机构传播是融为一体的，这不仅是一个被传播的过程，也是主动传播的过程。其中，主动传播的过程就包括自我宣介。

期刊内容经过编辑加工进行思想碰撞而后进入文化流通领域，同时也进入了商品交换市场，因此，必须尊重一般市场规律。期刊具有经济属性，期刊宣介能够加速期刊市场推广，加快期刊物流，促进期刊信息传播更快捷地实现期刊功能。对期刊自身的形象宣传，则要求既要宣传期刊社的知名度和权威性，还要促进期刊内容的再宣传和多次传播。特别是在社交媒体时代，期刊社在发行过程中进行宣传推广是自身发展的重要内容。

2.1.2 自我宣介的内容

1. 办刊宗旨和报道范围

征稿简则是期刊自我宣传的最好窗口，征稿简则中详细介绍的办刊宗旨、服务对象、报道内容、特色栏目、文后参考文献著录等，是作者认识期刊并将稿件投向编辑部的指南和桥梁。有的期刊在征稿简则中会直接给出邮箱，使作者能够快捷、方便同编辑部联系或网上投稿。写好征稿简则是办好期刊的一项重要内容，经常或逐期刊载征稿简则是自我宣传的好办法。

2. 版权信息

版权标识是期刊编排标准化、规范化的具体内容之一。版权页也是文献著录所规定的信息源，版权标识齐全能为了解和研究期刊提供方便。例如期刊在版权页标出总期次和创刊年，可以使读者直观了解该刊出版发行的历史。

3. 编委及编辑部成员介绍

期刊的编委大多由某学科的带头人或专家组成，例如有的期刊编委会聘有多名院士。有的期刊聘请知名的国外专家担任编委，编委会的人选反映期刊的学术水平和期刊的国际化程度。知名专家参与期刊编辑工作，有利于期刊吸收和刊发优秀稿件。

4. 被国内外各种检索期刊和数据库收录情况以及是否是重点期刊

一般大型权威性检索期刊对所收录的来源期刊进行筛选，进入检索期刊则认为是重要期刊。近几年来核心期刊的筛选、优秀期刊的评比，已成为激励期刊竞争的机制，它促进了对重点期刊的开发与利用。在期刊封面显著位置刊出“核心期刊”或“优秀科技期刊”等标识，能够展现期刊的社会效益及所享有的学术声誉。

2.1.3　自我宣介的主要形式

1. 大型专业活动宣传

参加期刊展、书展等国内外大型书展和相关的交流会活动是期刊自我宣介的方式之一。1986 年，北京国际图书博览会举办了第一届展览会，并名声大噪。经过 30 余年的发展，北京国际图书博览会已经成为集图书展销、版权贸易、推出新技术、信息交流、文化传播等于一体的国际出版盛会。[①] 2020 年，第 27 届北京国际图书博览会首次移师线上，通过“云书展”的模式进行图书展销与版权贸易，好评如潮。博览会上的精品出版物采取线下展览与线上全景特展相结合的方式，以多媒体交互技术作支撑，让读者感受真实感，获得 360 度沉浸式体验[②]，这也为诸多期刊进行自我宣介、扩大影响力及提升品牌知名度提供了平台。全国书博会、南国书香节、上海书展、长春书展、深圳书展、台北书展等也是期刊参与展示的重要平台。此外，国际书展如伦敦国际书展、法兰克福国际书展、美国 BEA 书展、东京国际书展等也是助力国内期刊走向国际市场的重要平台。

2. 刊登广告

期刊是主要向读者出售内容以及广告的特殊商品。作为一种媒介传播方式，期刊媒体将出售自己的产品时所得到的存在于读者手中的“时间”再卖给广告商，以此来获得广告收入。而现如今媒体的一大部分收入并不是发行期刊时的报面价值，而主要在于广告收入。[③] 随着期刊市场竞争的加剧，广告宣传越发重要，广告经营与期刊形成了相互关联、相互配合，但又各自独立的感应关系。投放期刊广告的好处在于：最新期刊刊登广告既有收益又不需要额外广告费，还可以积极与其他行业展开广告合作，开辟更广的客户市场。当然在选择广告商合作的同时，期刊应当明确读者定位和需求，从而实现广告效益的最

---

① 参见王鹏飞，刘思源. 出版业的橱窗：新中国书展 70 年［J］. 科技与出版，2019（9）：16.

② 参见中国新闻网. 移师线上！这届北京图博会如何“出圈”？［EB/OL］.（2020-09-26）［2022-12-31］. https://baijiahao.baidu.com/s?id=1678823777416134265&wfr=spider&for=pc.

③ 参见王基德. 期刊采编与广告经营的关系［J］. 青年记者，2008（18）：104.

大化。

总体来讲，期刊广告投放的优势主要体现在以下几方面：一是期刊拥有较为稳定的读者群体。二是期刊作为一种纸质读物可留存性较高，同时其得到重复阅读的概率也相对较高。这样的情况下，刊内的广告流失率低，且能重复给读者心理造成视觉冲击。三是期刊的传阅率高，尤其是在大学宿舍、公司等集体活动和工作环境中。成品期刊一般都印刷精美，相对于报纸等平面媒体，对信息的传达会更加优质和生动，在期刊上针对某类特定人群进行广告投放，目标读者的精准到达率也会大大提高。四是期刊的相互传阅也为广告商吸纳了更多目标读者。期刊自身质量过硬也更容易满足广告客户高质量产品的要求，同时精致的广告版面也更易吸引读者眼球，实现双效。

3. 线下宣传

主要是通过积极开展书店、报刊亭等线下活动，以及通过作家签售，以张贴海报、专员介绍、签名售刊、演讲、邀请知名人士等形式，实现社会多层次的宣传。

（1）新刊预告：在新刊出版以前一般会先进行超前宣传，也就是新刊的出版发行部门向读者预告期刊相关消息，根据所得到的市场信息动向，征询新刊的征订数量。一些期刊社甚至不惜斥巨资来印制精致的单页或折叠宣传品来对新刊进行宣传推广，美国、德国、日本等国的期刊社和书店也都编有制作考究、各具特色的预告宣传品。

（2）陈列宣传：陈列宣传方法是书店进行宣传推广期刊的一种常用方法，主要有以下两种。

①橱窗宣传：橱窗宣传是读者了解相关期刊出版动态的一个窗口，书店通过对部分精品期刊的选取陈列，激起读者的阅读兴趣和强烈的购买欲望。而橱窗陈列的题材也十分灵活多变，有需要专门配合重大节日、纪念日活动而布置的专题展览橱窗；有介绍知名作者主笔的期刊的橱窗；也有介绍书店“本周新刊”或年度、季度“榜单”的展示橱窗。国外甚至有的书店橱窗会根据气候、季节的变化陈列与之相关的期刊，这一活动很受读者欢迎。

②门市部的书架书刊台陈列：门市部书架书刊台上陈列的期刊，一般类目

清晰且陈列整齐，在思想性与艺术性上高度统一。

（3）口头介绍：口头介绍分为两种形式，一种是传统的宣传方式，即营业人员在接待读者时进行的口头宣介，包括介绍本店新刊、年度畅销刊、同类刊等，以及各类期刊的摆放位置、预订办法、后期服务等，同时营业人员要准备充分，随时回答读者询问；另一种方式是举办编辑见面会、主编报告会、专家讲座等，邀请专业编辑介绍期刊编辑理念和选稿标准，提升期刊知名度。

4. 新媒体宣传

除了传统宣传平台的报纸、期刊、广播，数字化时代也出现了新的媒体形式，如微信、微博、网上书店、阅读 App 等网络途径。这类传播能更即时有效地向大众介绍期刊社及其产品，实现较好的传播效果。

（1）期刊网站：伴随移动互联网的快速发展以及数字阅读终端在读者群体中的普及，有的期刊已经率先开始与广播电视等强势媒体进行合作。在原有的文字内容与图片内容基础上开始插入相关的音频文件，从而赋予电子期刊一种多媒体的阅读体验，同时这也是未来期刊发展的一大方向。

为了应对互联网带来的方方面面的挑战，期刊社陆陆续续建立起属于自己的官方网站。从网站和新媒介的发展态势来看，期刊网站建设成为期刊进一步数字化的延伸，对期刊的快速稳健发展起了促进作用。① 新媒介的纵向深入发展，使“期刊＋媒介”融合成为大趋势。在新兴媒介技术越来越成熟的背景下，读者越来越注重阅读体验的回归，参与内容发布的同时进行相关话题的讨论成为读者喜闻乐见的方式。期刊网站要想在期刊媒介融合的大趋势中赢得一席之地，就必须在互动性方面有所突破和作为。

（2）期刊 App：期刊 App 是一种适配于智能手机、平板电脑等智能移动终端设备阅读的新媒体期刊呈现形式，它与移动设备往往紧密相连，不可分割，其优势主要是利用智能终端设备信息互联的特性，打破时空界限，向读者群体推送定制化信息服务，使读者看到自己想看的信息，迎合了读者碎片化阅读需求。这样一来，期刊 App 不仅成为构筑期刊品牌的有利推手，还逐渐成

---

① 参见孙开庆. 新媒体环境下期刊的融合发展策略［J］. 中共四川省委党校学报，2018（4）：70.

为期刊向新媒体方向转型发展的又一重要渠道。

期刊 App 有其内在优势，期刊社应根据自己的市场定位和目标客户精心打磨。当然，期刊 App 的用户使用粘性不高、盈利困难等问题也应值得期刊社警惕，大多期刊 App 用户刚刚下载 App 时热情高涨，但之后持续点击率呈下降趋势，难以更好调动用户活跃度，期刊社必须着重解决这些问题，才能使期刊 App 实现其最大价值。

(3) 社会化媒体：社会化媒体主要是指那些在互联网快速发展进入 Web2.0 时代的微博、微信客户端和社交网站等不断潜移默化改变着传媒生态环境的新兴媒体，其对期刊发展产生了不可忽视的作用。① 例如，期刊社开设微博账号促进期刊编辑与读者的互动，提高读者的忠诚度，促进期刊内容的传播，扩大期刊影响力。由于微博本身具有极强的用户互动性和参与性，可以弥补期刊网站以单向传播为主、互动性差等问题，便于期刊内容文章的传播。微博用户可以将他们感兴趣的期刊内容评论转发以供大家探讨，编辑也能在交流平台进行推广宣传，促进微博用户之间实现双向甚至多向交流，并在来来往往的信息交流中挖掘有潜质的选题。这样不仅可以巩固现有市场，还能培植新的用户读者群体，提高用户读者的参与度和活跃度，从而达到高效传播和推广期刊品牌的目的。

2.2 期刊社的广告经营

2.2.1 广告经营的内涵及意义

广告是大众传媒生存发展的重要支柱，期刊市场的竞争日益激烈，众多定位相似、发展进程相近的期刊社如何在市场中独树一帜，如何脱颖而出是个大问题。期刊社除了期刊的销售额，另一部分获得经济收益的来源主要是广告营业额。广告经营的好坏直接影响期刊社的盈亏平衡，是衡量期刊创办成功与否

① 参见孙开庆. 新媒体环境下期刊的融合发展策略 [J]. 中共四川省委党校学报，2018 (4)：70.

的重要标志。一旦缺乏足够的内容和经营创新力就不足以吸引广告投放，这就要求期刊社在市场化进程中不断加强广告经营，实现快速成长。

2.2.2　广告经营的基本内容

1. 确定目标

（1）经营目标：期刊市场状况（年度发行收入、读者数据、调研租赁服务等指标）是期刊发展方向的指向标，市场好坏直接对期刊社决策层的决策部署产生直接影响。以《读库》为例，出版界把《读库》定义为精英读物、小众读物，认为它的读者是知识分子和大学生，而《读库》的主编张立宪希望《读库》的经营目标就是契合有读书需求的人的精神特质，影响尽可能广泛的群体。

（2）竞争目标：假想竞争对手并将它作为超越对象，进而确定目标。数字时代，业内的共识是大众图书出版将走向两极分化，一极是趋向廉价、实用、方便的方向，网络和电子阅读将在这部分市场占据绝对优势；另一极是趋向高端、精装、礼品化的方向，这部分市场是纸质书可以坚守的阵地，也是目前《读库》出品的发展方向。但是在这方面进行的诸多努力，譬如推出礼品书、建立淘宝店、录制有声书，《读库》的做法都不算业内的先行者。尤其是同行的竞争更是激烈，以“理想国”为例，“理想国”的品牌知名度更高、实力更强、市场份额也更大，因此《读库》在这方面的发展面临着十分严峻的挑战。

（3）客户目标及管理：直接广告主和间接广告主是客户目标的两种基本类型。于直接广告主而言，期刊被视为一种营销工具；于间接广告主而言，广告是通过拉近广告商与期刊关系实现自身经济利益的中介，如广告代理公司。直接广告主需要一个宣传自身产品的平台，会择优选择更具备专业能力的广告代理公司为自己选择更具影响力的合适的投放平台；而间接广告主主要是赚取代理的费用。媒体、广告主、广告代理公司三者关系处理的好坏，直接反映一个期刊管理者的管理水平与协调能力。进行客户管理，一是加强对广告客户的了解，充分了解客户构成以及运营方向，有助于制定适合自身期刊特点的开发策略，实现更好的广告宣传效果和收益；二是注重开发品牌客户。

2. 业务推进

（1）组建经营团队：组建优秀的经营复合型人才团队是开展管理工作的首要任务。在选择广告运营人员时，要有创新意识和整体观念，既能对客户的定位和要求有掌握，也能从期刊自身的角度出发设计出合适的广告文案，在内容改进方面提出建议，对实现更好的宣传效果更有帮助。同时，对广告经营团队进行制度化管理也是促进效率提高的一个重要内容，一般包括以下方面。

①完善业务管理制度，实行奖惩分明的措施；

②优化广告业务流程，使之清晰明了；

③业务规划达到准确有效；

④制定完善长远的职业生涯规划；

⑤激励员工努力向上的同时注意培养良好的团队合作精神；

⑥善于发现员工的长处，为其提供发挥专长的工作环境。

（2）业务拓展：一般包括以下内容。

①广告刊例或媒体推荐内容的确定及设计印制；

②系列广告宣传卡片制作及发放；

③样刊制作；

④广告客户说明会；

⑤重点客户登门拜访。

（3）广告招商：一般流程主要有以下几个步骤。

①举办广告招商会；

②广告代理招商及代理政策说明会；

③签订首月广告发布合同；

④布置广告发布任务；

⑤首发日庆典活动。

3. 选择广告表现形式

（1）常规广告：根据期刊广告版面所占据的大小和所在的位置，常规的广告又可分为封面、封底、内页整版、内页半版等诸多形式。

（2）赠品广告：赠品广告主要是运用包装手段，将产品的抢先试用装附带在期刊内部赠送给购买用户的一种广告形式。这种形式在国外最为流行，近些年来也开始在国内出现。《读库》的广告采用的是赠品方式，杂志本身不做任何改变，而且《读库》的广告制作多为试读本或者正规出版物，对读者来说也有一定的阅读价值。有时候《读库》也会随刊赠送自己制作的精美笔记本。

（3）嗅觉广告：美国香水厂商通过运用时尚杂志中“埋设香水地雷”的小技巧，使读者在翻阅杂志时触及“香水地雷”，能够闻到许多名牌香水的芬芳香气，从而激起女性读者的购买欲。《时尚芭莎》在这方面也早有尝试，2012 年 5 月杂志里赠送了梦幻仙境款识的香水。

（4）隐形广告：隐形广告是指采用热敏印刷技术在期刊的印刷品上进行精细化制作的一种新型广告图画。《时尚芭莎》的广告语就是诱导读者用手遮盖广告页从而使隐藏的画面得以呈现在读者眼前，给读者带来一点儿意料之外的惊喜。甚至有的人预言还说这种颇具新意的隐形广告画或许会在一个世纪内普及推广到世界各地的广告业。

2.2.3　广告经营的主要方式

1. 策划包装式

该方式主要是把期刊的广告进行策划创意设计，一方面通过期刊的传统宣传，另一方面加强期刊多媒体平台的运用，从而吸引广告商。通过创意包装促进期刊走出期刊营销的第一步，可提高期刊在市场的认知度和影响度。

2. 拉动式

该方式主要是广告销售人员主动拉客户找客户，与客户建立销售通道。大部分客户需求能被这种沟通拉动，从而促进一定的广告额度，但这需要开展互动服务，否则效果会适得其反。期刊在寻求广告客户时最主要的还是双方的用户需求是否能够相互满足，期刊能够使广告商相信自己能帮助实现其最大的效益。

3. 活动式

该方式主要通过举行相关的主题演讲会、年度的客户答谢会、年度广告招标会等诸多活动，实现拉近与广告客户的距离、带动期刊广告市场销售额的最终目的，如财经期刊举办商业论坛、娱乐期刊举行当红明星见面会、时尚期刊主办时尚活动等。针对期刊自身风格的痛点，对症下药，无论是主题还是效果都将对期刊广告的营销有所帮助。

4. 人际关系式

该方式主要通过个人力量或整体公关人际关系水平，与广告客户建立亲密的联系，从而快速增加广告收入。但这种交互式的人际关系很难规模化，难以带来后续的实质服务。

5. 广告式

该方式主要利用多种多样的广告作品对期刊的自身形象进行宣传，阐明期刊的发展指向，从而达到预期传播效果。以广告经营广告，是实体产品销售最常用的一种手法。

6. 代理式

该方式主要由专业的广告代理机构行使期刊广告经营权，把期刊社的经营权和生产权分隔开，这种方式是合理配置资源、实现市场最大化的重要形式。这种形式下的广告经营更加专业，对客户服务更周到，能更好地整合资源，实现更高的收益。

7. 产品分类式

该方式主要策划多种产品形式，把广告看作是产品进行分类，对不同客户提出不同的要求并设计不同的产品来满足各种需要。该种广告经营的方式有助于期刊明确自身广告客户定位并进行引导消费，挖掘众多潜在客户。

2.2.4 广告经营面临的问题

期刊发展到今天，虽然一些期刊已经在广告经营方面取得了令人瞩目的成绩，但仍然有一些问题掣肘着期刊广告业的发展。如期刊广告营收增速的迟缓造成部分期刊广告经营出现困境，又如期刊广告版面费大大增加，并呈现出超过广告收入的趋势，这意味着期刊广告的实际价格正在不断下降，广告商对期刊广告的投放或许产生了畏惧心理，这制约着期刊广告的进一步发展。问题还有：

1. 种类单一

由于市面上现有的期刊广告种类较为单一，且征集方式较为传统，很难打开消费市场提升知名度，并且期刊广告承揽方法单一、途径有限，这也就导致期刊社很难获得较大的广告收益。但是如果在期刊中广告占据的版面过多，会导致期刊发稿量减少，进而影响期刊的信息含量和影响力，所以期刊社在选择广告合作时选择的种类也要与期刊社自身定位相贴合。

2. 投放量少

客户广告投放量较少，而全国期刊种类较多，广告商会择优挑选具备更大市场和读者用户的期刊进行投放。对于质量相对较低的期刊社就容易形成恶性竞争，为了获得投放而使期刊广告价格走低。

3. 产品质量难以保证

期刊难以保证所登广告产品的质量，除去具备一定知名度的产品，大多数期刊社可能都会刊登一些较小品牌的产品宣传。但是如果读者在看到刊登的广告产品使用以后遇到问题，作为宣传者的期刊社也要承担一定的责任风险，如果遇到投诉，也会殃及期刊和期刊社的信誉。

2.3　期刊自我宣介与广告经营的创新

2.3.1　建立健全客户数据

期刊发展广告客户市场必须要拓展到多个行业，除了加强对客户的了解和分析以及积极收集整理客户资料以外，还可以按照不同行业和类别对客户进行分类归档，做好与客户的联系工作，能够为不同类型用户提供多样、鲜活的广告服务，从而提升自身的广告经营能力，吸引更多的广告投资，建立期刊自身的品牌。

2.3.2　维护自身品牌形象

期刊应认真贯彻执行《广告法》，追求广告的真实性、准确性、科学性，杜绝夸大虚假的广告，树立良好的广告媒体形象。为了追求经济效益，越来越多的期刊内容质量低下，严重影响读者的阅读体验，也是对期刊自身形象的瓦解。所以期刊不仅要提升内容的创新性，在发展广告经济时也要注重客观性，树立良好形象，也是为未来长久发展奠定基础。在追求经济效益时，应加强对先进管理经验的学习，拓展期刊广告业务，形成广告规模经营。在广告来源上，要不断拓展服务领域和范围，引导消费潮流，展示企业形象，积极发挥社会效益。

2.3.3 以客户为中心提高服务水平

只有真正尊重客户、了解客户的实际需求，才能真正把客户的广告业务融入期刊的整体发展工作中，体现广告特色。在广告经营中要追求有效广告，为客户提供服务的同时使期刊赢利，既树立期刊的声誉和形象，又有助于开辟更广的广告领域。宣传部门要加强学习和创新，提升广告的宣传作用、提高效益，并及时收集反馈给广告主。期刊的广告效益越大，对广告主就越具有吸引力，也就越有助于形成长期稳定的广告源。

2.3.4 创新广告经营管理部门

广告经营管理工作由单独一人是无法完成的，往往需要团队成员和各个部门的协调配合、统筹兼顾，才能保证广告管理质量。以此为基础，期刊社在进行广告经营管理模式建设时，首先要考虑的机构是管理部门。广告经营管理部门的职责是统筹考虑期刊栏目自身特点、定位和广告商的要求，对工作进行合理分配后下发给各部门，并确保团队每一位成员明晰广告经营流程，各部门工作行为达到规范，提高广告经营管理水平，为增强期刊传播力和影响力做出贡献，进而促进期刊良性循环发展。例如，在期刊广告经营管理工作中常常面临广告与广告商接触不足的问题，针对此类问题，期刊管理者可以加强广告部门与客户的沟通与合作，根据客户需求选择合适的广告投放点，结合广告内容修改广告，经过广告商审核后发布。广告部工作人员在广告修改过程中，需要确保广告的编辑制作符合广告主的要求，从根本上消除广告植入的意外问题，提高广告管理的效果，吸引更多的期刊广告商。

2.3.5 加强期刊品牌建设

期刊可以借助自媒体、网络媒体等开展各种活动，或同广告商进行接洽，吸纳更多的广告客户，为品牌建设储备资源，实现期刊的长足发展。其中，品牌建设是期刊发展的关键一环。管理者可以通过锤炼品牌内容、优化期刊设计，来提高期刊的知名度。

2.3.6 注重期刊社人才培养

期刊广告经营的主体是人，因此在工作开展过程中，无法避免人为因素的影响，甚至某些时候人为因素会对整个经营管理工作和经营管理模式产生直接或间接的关键作用。因此，期刊经营管理者要加强人才培养，通过专业的培训活动来提升期刊工作人员的服务意识、广告营销理论水平以及相关技能，要保证到岗人员的工作效率，为期刊部门储备兼顾知识水平与实践能力的后备军。期刊社要积极顺应国家法治化管理大势，将法律知识的学习作为期刊社的常态化任务，如对《广告法》进行定期学习，能够很大程度上规范广告经营管理人员的日常工作行为，使期刊的广告经营管理更加规范化、科学化和高效化。

思考题：

1. 如何理解期刊内容生产与广告经营的关系？
2. 如何突破期刊社广告营收增长迟缓的困境？
3. 如何理解期刊社必须加强自身品牌建设？怎样加强品牌建设？

第3章 期刊社的文化体系构建和社域文化建设

文化企业式管理是现代传媒企业管理变革的重要战略趋势，也是提高期刊社绩效管理效能的有效手段。现代的企业管理方式经历了“经验管理”和“科学管理”两个重要阶段，并进一步发展到“文化管理”阶段，展现了企业的人文精神和人本思想。

期刊社的文化管理可以通过文化体系和社域文化两方面共同构建，做到内外兼修。期刊社的文化体系包含了企业生产经营实践中形成的特色文化理念和行为方式，以及凝结形成的企业价值与企业精神，这些元素有机整合形成的期刊社文化体系，不仅用于管理内部员工，还影响外部社会与文化环境，因此期刊社文化体系可以被称为“外”。而期刊社社域文化可以被称为“内”，是因为所谓社域文化即是期刊社的内部文化，主要用来规范期刊社的员工。

党的十八大以来，期刊社的文化经营管理日益提上日程。期刊社如何“以文化管企业”，并如何开展文化体系与社域文化建设，还尚未形成成熟的路径，亦没有得到理论层面的观照。

期刊社文化体系建设与社域文化建设对新型经营管理十分重要，各类期刊都应树立文化管理意识，以培育企业团队精神和单位文化为工作的出发点和着力点。说到文化经营管理，就要从“企业文化是什么”这个源头说起。一般认为，企业的价值观念、精神风尚、工作准则、道德规范等能够反映企业的价值导向与精神追求的内容共同组成了企业文化。不同于企业文化，期刊社的社域文化内容较为狭窄，包含于企业文化，是期刊社在生产经营过程中展现出来的行为特征与精神风貌，以及以出版物的形象在社会公众心目中的反映。

3.1　期刊社文化体系构建的概述

企业文化是在公司中得到普遍认同的精神观念，是公司在工作实践中形成的有关企业物质生活的、行为过程的、制度规范的、精神的量化的积累，是指在企业活动中所有工作人员遵循的统一价值观、道德标准、基本人生信念原则和社会行为规范原则的总和。企业文化能够形成强大的的凝聚力、影响力和创造力。

企业文化不仅体现在精神文化上，物质文化也包含于企业文化，是企业在生产经营的物质基础和产品服务中呈现出来的生产特色、经营特色和管理特色，反映了企业的战略目标、价值观念和精神风貌。精神文化是狭义上的企业文化，往往以人本精神为最高境界，注重个体的因素，强调精神文化的作用。在精神文化无形力量的推动下，整个企业及其内部员工会在特别的价值观念、道德观、行为力轨道上前进。精神文化是员工与企业之间的纽带，带动员工与企业共进退、共荣辱。

当今社会，企业想要持续发展，最重要的资产之一就是企业文化。文化是企业发展战略的核心内容，先进的企业文化具有引领职工和企业价值取向，影响企业发展水平的巨大能动作用。但是，企业文化的形成需要时间的积累，且会随着时代而发展，在不同的时间、地域和人群中，都有不同的内涵。企业文化的形成，一方面要求企业明确自己的企业文化内涵与价值，在企业发展的不同阶段调整企业文化的具体内容；另一方面要求企业时刻反省自己的文化价值导向，确保始终走在正轨上。

有学者认为，企业文化分为精神文化、制度文化、行为文化和物质文化等四大层次。其中以精神文化为核心内容，它是指企业职工在长期的生产经营活动中逐步形成的文化，是企业传统的结晶，也是维持企业长久发展的精神支柱。在社会主义市场经济条件下，企业首先应该以良好的精神文化底蕴滋养企业文化的发展，紧随高新技术的发展而发展，从改革企业传统观念出发，提高企业对知识经济的理解，让公司文化建设紧扣企业的经济发展。其次，良好的精神文化还要求企业形成以人为本的氛围，尊重知识、尊重人才，人才与知识是当今企业的核心竞争力，也是发展的原动力。

还有学者将企业文化的内涵归结为价值理念、行为规范和技术制品三个层次。其中价值理念处于最内层，也是核心层，包括大家公认的理念与价值体系，比如道德规范、善与恶、是与非；行为规范处于中间一层，指的是受共同的价值理念所支配的行为模式、行事方式和规章；技术制品处于最外层，也是与企业外的社会接触的一层，其具有实用性的物质属性。这三个要素像同心圆一样嵌套，互为表里，相辅相成。期刊社应根据自身所拥有的资源，努力做到：通过准确定位，夯实期刊品牌创建基础；通过强化特色，增强品牌期刊竞争力；注重"以人为本"，为打造品牌提供原动力；注重质量提升，为品牌建设提供保障；注重和谐发展，为品牌文化营造氛围；注重适当宣传，为品牌发展注入活力。应将不同的期刊办出特色、办出品牌，以实现期刊的可持续发展。

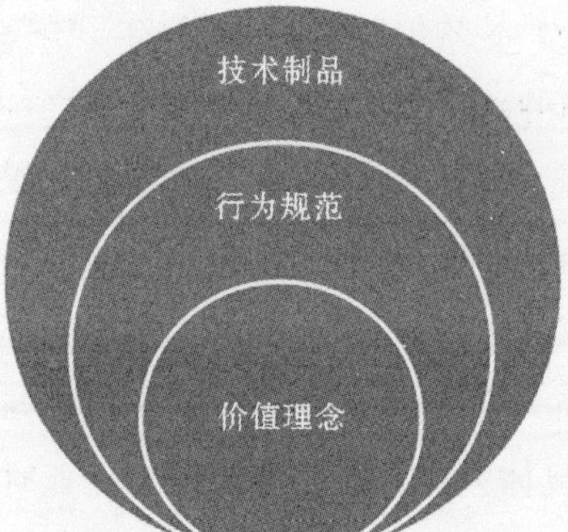

图 3-1　企业文化内涵示意图

一个期刊社要出版优秀的期刊，获得外部各界公众的赞赏，必须构建良好的企业文化，博取内部公众的真诚理解与鼎力支持，培养员工与期刊之间荣辱与共、休戚相关的观念，使组织内部上下左右各方共同为既定的奋斗目标出力，这是办好一份期刊的根本任务和宗旨。①

3.1.1　期刊社文化体系中的价值理念

期刊社的价值理念是指期刊编辑在编辑、校对和加工的过程中所遵循的价值取向与责任观念，包括编校人员的主体意识、心理行为、职业道德、职业目标等。期刊社的价值理念是期刊社全体员工共同追求的目标和共同遵守的思想规范，指导着期刊出版的全过程。不同的期刊社，由于服务的对象、期刊特点和类型不同，价值理念也迥然不同。办刊宗旨和办刊方针往往浓缩了其价值理念，是整个期刊社的发展风向标。因此，期刊社要严谨规划办刊宗旨和办刊方针，充分考虑自身特色与长远发展。

例如《黑龙江粮食》杂志 1990 年创刊，2013 年将价值理念定位为“健康前行、务实创新、科学理性、真实快捷”。作为我国东北地区粮食行业在国内外公开发行的重要期刊，《黑龙江粮食》以服务“三农”和现代粮食产业发展为宗旨，将具体问题与学术理论相结合，在前沿科学的指导下不断创新。该期刊在 2013 年由双月刊改为月刊，每期发文量较之前增长近一倍，更有利于加快捕捉粮食行业的前沿动态，体现办刊的实效性。在核心价值理念引导下，《黑龙江粮食》的栏目愈加固定，稿件越来越多，吸引相关领域的行家与学者也越来越多。

3.1.2　期刊社文化体系中的行为规范

期刊社的行为规范是指全体员工的工作行为所遵守的规范，体现在期刊社整个生产经营的流程中。期刊社员工应该遵守职业道德，端正工作态度，认真对待每一次与读者或作者的沟通，尊重和维护他们的利益。不同岗位的员工要遵守不同的行为规范，如技术岗位员工与管理岗位员工的工作内容和要求截然不同。

期刊社的行为规范具体反映在服务质量上。编辑应全心全意为读者与作者

---

① 参见肖称萍．塑造期刊企业文化 提高期刊竞争力 [J]．江西科技师范学院学报，2008 (5)：116.

服务，对文章内容严格把关，杜绝抄袭、剽窃等问题，及时向作者反馈审稿情况，提供良好的投稿体验。除了文章内容，期刊社还要不断革新出版方式，迎合读者的阅读习惯，并保持连贯、统一的出版时间，按时出版。

3.1.3 期刊社文化体系中的技术制品

期刊社最重要的技术制品就是所出版的期刊本身，它凝结着期刊社员工的劳动精华。一本外形较好、品质上乘的期刊能够传递期刊社特定的精神、价值理念，仅仅凭借外表就能够彰显期刊社的文化底蕴。因此，严格把关期刊的印制也是非常重要的。若想保证期刊的印制质量，要从印前、印中、印后三个环节入手。

具体来说，在一本期刊投入印制之前，工作人员要确认图文排版、格式设计、文稿的色彩模式是否符合标准，严谨地检查印刷内容，实地调查选择最佳的承印厂家，并在投入印制前充分沟通，保证双方在对印刷工艺和质量的要求上达到统一。印前的准备工作结束，进入正式印刷，期刊社也要注重控制印刷质量，一方面可以制定一个质量要求书，给印厂明确的要求；另一方面还要及时发现并解决纸张起皱、有色差、质感差等具体琐碎的问题，保证印刷质量。在印后，期刊社还有两次质量控制的机会，首先承印单位印刷好封面和内文后，先装订几本样刊送出版部门检查，而后大批期刊入库后还可以抽样进行检查。

一本好的期刊，应做到内在美与外观美的统一。例如中国传媒大学广告学院主办的《媒介》杂志，杂志封面上醒目的杂志 logo 设计简约美观，字号与字体设计错落有致，体现了广告学科期刊的艺术底蕴。该杂志不仅印刷质量为人们所称道，封面的折叠设计也是学术期刊中少见的，提高了其辨识度和吸引力。

3.2 期刊社社域文化的功能

所谓期刊社社域文化，是指期刊社在创建和发展过程中形成并共同遵守的最高目标、价值标准、基本信念和行为规范，它是期刊社理念形态文化、制度行为文化和物质形态文化的复合。这种文化是期刊社软实力的体现，有其丰富的内涵，这就决定了各期刊社在建设企业文化时，必须深化对企业文化的认识，赋予新的内容，将企业文化建设的理论付诸实践，使企业文化能广泛应用于期刊出版业，为其繁荣发展做出贡献。

良好的期刊社文化能够把员工紧紧吸引为一个整体，形成内部团结，达成一种群体默契和凝聚力。群体目标、群体领导、群体的制度与规范、编辑的心理满意度[①]等都会影响成员的凝聚力。为社内员工提供归属感、责任感和成就感，从而大大提高员工们的自信心与团结意识，正是期刊社社域文化的功能。社域文化能够为期刊社的发展提供目标导向，在员工工作过程中形成约束、凝聚以及激励的作用，并且将内部文化力量辐射到外界。

3.2.1　目标导向功能

社域文化体现了期刊社预期的发展方向和整体目标，营造积极向上、富有特色的社域文化氛围，使期刊社成员潜移默化地接受共同的价值理念和工作追求。目标导向是期刊社必不可少的一种管理思维，通过文化引导员工的价值取向和行为取向，树立与期刊社利益一致的个人目标，能够提高生产效率、优化期刊质量，让期刊社在激烈的竞争中稳步前进。

3.2.2　约束功能

社域文化是一种无形的、自发的文化环境，人们会按照期刊社社域文化的特定规则自觉规范行为，这是期刊社社域文化的约束功能的依据。

文化能够在思想层面引导和约束员工，包括价值标准、职业道德和职业准则等，这些思想内化为员工的价值观和自我要求，融入思想、诉诸行动，形成所有员工自觉的自我约束，建立共同的情感认同和价值标准。社域文化的落脚点在具体的工作中，也是社域文化建设的重点，员工应该把企业文化融入工作

---

① 参见欧宾. 论增强期刊社群体凝聚力的途径——以西南大学学报编辑部为例［J］. 编辑学报，2009，21（5）：447.

行为中，养成良好的工作习惯。

文化还能通过制度建立，在工作层面约束员工。期刊社应该以社域文化为纲，建立管理标准和流程体系，并要求员工严格执行。建立的制度要有合理性、规范性以及可行性，不仅约束员工，还服务于员工。

3.2.3 凝聚功能

良好的社域文化有利于激发员工的工作热情和创造力，使期刊社形成一个良好的工作环境，而且这种良好期刊软环境的建设，能使员工产生满足感、荣誉感和进取心，能鼓励员工不断发挥自己的特长和创造力，与期刊社发展同呼吸、共命运，树立牢固的主人翁精神。同时，员工把工作不仅仅看成是一种谋生手段，还是发挥个人所长、体现个人价值的场所，从而改变工作态度，进一步激发工作热情。

荣誉文化建设的实质是对公司历史价值的发掘与整理，这对提高公司的凝聚力有促进作用。期刊社全体员工应秉承爱岗敬业、无私奉献的精神，使团队形成和谐向上、充满活力的文化氛围。这种氛围会使领导者对整体工作充满信心，这种自豪感会被无限传递，最终成为编辑的自豪。① 编辑对期刊社的自豪驱使他们在工作中、生活中的忠诚度不断提高，并形成强大的凝聚力，促进期刊社健康、有序发展。在实际工作中，期刊社应注重对员工责任意识和荣誉意识的引导，荣誉文化建设的进一步深入，必将对期刊出版工作产生深远的影响。

3.2.4 激励创新功能

尊重与自我实现的需求是马斯洛需求理论中较高层次的需求，它不同于对温饱的生理性需求，得到尊重会让人更有自信和创造力，自我实现的满足能让人主动挖掘自己的潜力。期刊社应该关注员工的心理状态，适当激励员工，满足他们的自尊和自我实现需求。期刊社不仅是一个期刊“生产工厂”，更是一

---

① 参见陈峰，李雪莲，刘玉明，等. 科技学术期刊社文化体系建设构想［J］. 编辑学报，2012，24（1）：11.

个培养人才、发展人才的地方。让员工感受到期刊社的注重与关爱，才能营造良好的社域文化，使员工与期刊社结成命运共同体。

习近平总书记在党的十八届五中全会上提出“五大发展理念”，“创新”居于首位。作为编辑出版单位的期刊社，最直接而又最重要的资源就是期刊本身。为将期刊做大做强，发挥应有的作用，期刊社应该积极鼓励员工在工作中不断创新，不断寻找新的增长点，不断优化服务接触点，使工作的各个环节健康、有序发展，保证期刊良性发展。

3.2.5　辐射功能

期刊社在出版经营活动中，必然要和社会各个方面产生各种联系，而一种良好的社域文化一旦形成，就会在与外界交流中表现出来，从而对社会文化产生一种示范性的辐射影响，同时也使期刊在激烈的市场竞争中提升知名度，建立信誉，取得社会信任，提高竞争力、市场覆盖率和期刊社的经济效益。①

上述社域文化的各个方面，往往共同地、整体地从不同角度发挥着各自的功能。各种功能力量的有机综合，使社域文化发挥着特有的管理功能，使期刊社内部的管理成为一门软硬兼备的艺术。

3.3　期刊社社域文化建设的要素

期刊社社域文化是空间和时间要素的有效结合，应有一种延续不断并不断更新的内涵，在各个特定的历史时期或阶段，有其不同的存在和作用方式，既要有优秀传统文化和人文精神的弘扬，也要有中西文化的比较和对当代企业文化思潮的借鉴。期刊社社域文化建设的要素丰富，每个刊社的情况不一样，具体内容也不一样。社域文化既有显性的，也有隐性的；既有具体的，也有抽象的。②

---

① 参见张传喜，王松彦．试论期刊社社域文化的建设 [J]．编辑学报，2002（1）：9.

② 参见张传喜，王松彦．试论期刊社社域文化的建设 [J]．编辑学报，2002（1）：9.

3.3.1 期刊社价值观念的树立和引导

期刊社价值观念是期刊社全体员工的共同信念和追求，是期刊社领导和员工据以判断事物好坏的标准。价值观念对期刊社行为起着导向作用，它调控、规范着期刊社行为，是期刊社社域文化的真正核心。价值观念从意识形态深处对一个期刊社产生影响。人们在社会生活中都有不同的人生目的，有不同的物质需求和精神需求。当职工个人的价值观念与期刊社的价值观念融为一体时，人们既是在为期刊社的发展工作，也是在为实现自己的人生目标而奋斗。

期刊社的价值观念还与出版物的质量和价值取向紧密相关。价值取向是期刊社社域文化的核心，出版物的文化追求就是期刊社整体文化取向所塑造的，展现了期刊社领导、编辑和投稿人的思想价值。因此，期刊社建立正确的价值观念，出版物才有正确的价值取向。

3.3.2 期刊社发展目标的确立

期刊社的发展目标指引着企业的未来方向，也能够激发员工的精神能量，影响着全体员工的职业目标。有学者将期刊社的发展目标分为物的目标和人的目标两类。

1. 物的目标

期刊的质量与数量，以及取得的经济收益和文化建设成果，都是物的目标的体现。物的目标对员工起凝聚和激励作用，要让期刊社的每一个员工都围绕这个发展目标创造性地工作。在期刊社的办刊实践中，许多期刊社制定了适合自己的战略发展目标，如有的期刊的发展目标是争取获得国家期刊奖；有的是争取发行量和广告量一年上一个台阶；有的期刊是争取走出国门，在更大范围内和更深层次上参与国际合作与竞争；还有的期刊社实行“3B”（B 是英文“Best”的首字母）管理，即员工积极性实现最佳发挥、工作实现最佳效益、生活实现最佳待遇。

2. 人的目标

人是践行期刊社文化的主体，期刊社整个生产经营活动的执行、发展目标的实现都要靠员工来完成。期刊社不仅要为人制定目标，更要让人参与到目标的制定当中，尤其是对个人的要求必须被当事人接受，这样才能激发员工的工作欲望，在目标的驱动下成长。期刊社一方面要关注员工职业素质的发展，另一方面要促进员工实现自我价值。

3.3.3 具有本社管理特点的制度文化建设

制度文化是本单位职工在一定经济管理体制下，从事经济活动所创造出来的具有本单位特点的一切规章制度、行为方式的总和。制度规范是行为文化的“硬层面”，是用文字形式表述的各种条例、规则、程序和方法，是对本单位各个部门、所有岗位和每个职工在工作活动中的要求所做的规定。制度规范的内容包括生产生活结构模式、群体行为准则、人际关系等。① 非制度规范是行为文化的“软层面”，它是一种无形的约束，可依靠期刊社的舆论力量和心理习惯来维系。

例如，杭州师范大学学术期刊社制定了《学术期刊社编辑工作规范细则》、考勤和请假管理规定、编辑岗位责任事故认定与处理办法等规章制度，来规范社内编辑的工作内容和行为。发布学术期刊社职责、学术期刊社工作制度、期刊编辑部工作制度 3 份书面文件，明确了期刊社的办刊指导思想、发展方向和社内工作人员的职责。在《学术期刊社编辑岗位绩效考核办法》一文中详细规定了考核的内容、标准、方法及影响，通过有效的评价机制激励编辑的工作热情、提高期刊水平。杭州师范大学期刊社有《杭州师范大学学报（社会科学版）》《杭州师范大学学报（自然科学版）》和《健康研究》三种期刊，期刊社的规章制度严格围绕教育部办公厅发布的《高校学报管理办法》展开，充分体现了高校学术期刊社的制度文化建设特点。

3.3.4 尽力培育期刊社领军人物的个性风格

领军人物的风格一般是指期刊社的最高管理者、编辑专家、审稿专家等的

---

① 参见张传喜，王松彦. 试论期刊社社域文化的建设［J］. 编辑学报，2002（1）：10.

个人风格。他们的个人风格融入期刊社之后，可以形成期刊社社域文化的重要部分，因为他们既是期刊社社域文化的设计师，又是期刊社社域文化的塑造者、传播者和实践者。他们在确定目标、制定规划、组织领导以及实施行动的过程中，都渗透了自己的基本价值观、经营管理思想、意志、品质、修养等，对全体职工产生一种潜移默化的影响。在机制健全的期刊社，这种影响不是在缩小，而是在扩大。

邹韬奋先生是我国著名出版人，他在20世纪20年代创办了《生活周刊》，秉持了“没有拘束，避免呆板，力求轻松生动简练雅洁而饶有趣味”的办刊态度。近百年后的今天，韬奋先生关注生活、关注精神需求的办刊精神仍然影响着同类期刊的风格。如今，《生活周刊》已演变为《三联生活周刊》，后者更关注新时代人与社会、人与人间的新型关系，用极富人文关怀的文章传递鲜明的生活观点，吸引了大批粉丝，已成为我国知名周刊。韬奋先生敏锐的洞察力与办刊风格，赋予了《三联生活周刊》蓬勃的生命力和独一无二的个性。

3.4 期刊社社域文化建设中应重视的问题

3.4.1 要贯彻以人为本的思想，重视人力资源

期刊出版部门是作者与读者进行信息交流的媒介，能否正确解读“以人为本”是关系其自身可持续发展的根本问题。“以人为本”的管理思想强调尊重和理解员工，充分调动员工的积极性和主动性，最大限度整合企业的人力资源价值。人本思想要求期刊社招纳优秀编辑出版人才，并将期刊社的主要经济活动围绕人员管理展开，整合人力资源与其他资源，从而推动期刊社的可持续发展。

期刊社可以从三个方面践行“以人为本”的管理思想。首先，建立完善的人本管理体系。期刊社要设立专门的人本管理部门、建立专业的管理评估标准，对公司进行统一管理。其次，建立有效的奖惩制度。合理的惩罚和激励制度能够挖掘员工的工作潜能，督促员工为期刊社做出贡献。最后，要引进专业的人本管

理人才。人本管理思想要由专业的管理人员施行，才能达到最专业的效果。

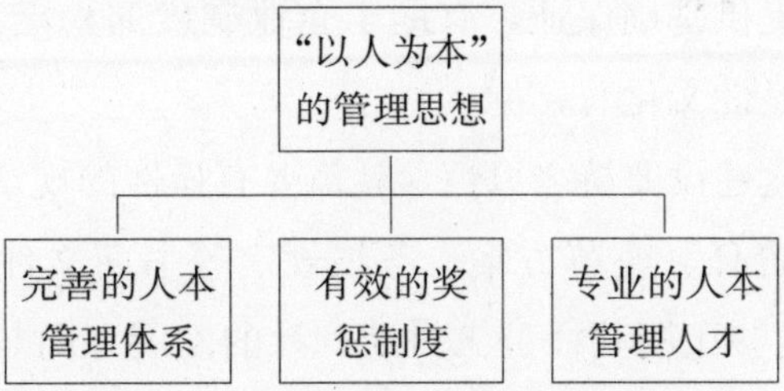

图 3-2　"以人为本"管理思想示意图

3.4.2　追求经济效益的同时，把办刊升华为一种社会责任

期刊发展要追求规模扩张和利润，这是不言而喻的，但期刊社除了创造物质价值外，更重要的是创造社会效益，承担优化社会风气的责任。目前期刊出版业已经成为中国社会主义文化建设和精神文明建设的重要阵地，对广大人民群众树立信念、提升思想境界、积淀科技人文知识等方面都起着重要作用，并产生深刻影响。期刊具有物质属性，它作为一种物质产品，在市场上也是一种商品，但有别于一般商品，期刊包含独特的精神内容，因此也含有精神属性。

期刊的商业价值和文化价值是一对基本矛盾，文化价值居于主要方面，商业价值则处在服从和从属的地位，我国的期刊出版必须遵循这一规律。期刊社必须注意确立正确的价值观和绩效观，努力追求社会效益和经济效益的统一，实现"两个效益"的最佳结合及最大化和最优化。

3.4.3　注意期刊社"显性文化"与"隐性文化"的合理匹配

"显性文化"一词由美国人类学家克拉克洪提出，指表层的、外显的文化。期刊社的"显性文化"表现为一系列规章制度和期刊社的发展目标、刊物的外在形象等。①"隐性文化"是相对于"显性文化"的无形文化影响力，诸如人

① 参见张传喜，王松彦. 试论期刊社社域文化的建设［J］. 编辑学报，2002（1）：9.

的生活态度、行为习惯甚至社会风气等。期刊社的“隐形文化”包括员工的归属感、团队意识、领导人物风格等。“显性文化”让期刊社的文化有章可循，也为“隐性文化”提供基础保证，有助于企业制度的稳定发展。“隐形文化”也有可能转化为“显性文化”。

期刊社企业文化建设要持之以恒，就需要有显性的规章制度做保障。一般期刊社会发布岗位责任、改革方案、考核规定等书面文件，为内部员工做参考。“显性文化”能够让期刊社员工对期刊社的发展方向与目标、岗位职责与要求做到心中有数，对提高员工工作效率、改善工作环境起积极作用。管理制度也是企业文化的重要组成部分，它包括规范管理、制度管理等。要不断完善期刊社有关的管理制度，与时俱进，针对现时期期刊的不足之处对期刊的发行、编辑等工作进行改革或更新，职能责权要清晰，反应迅速，减少无人管、无人理的地带。应建立适当与有效的奖励制度，让能者居之，培养职工的主人翁精神，使期刊社领导和职工真正能做到心往一处想，劲往一处使。

期刊作为一种文化产业，在其运营过程中，自身的文化内涵直接影响产品的文化质量。尤其是在竞争激烈的市场环境下，期刊社一定要建立一套良好的社域文化体系，从而实现期刊社的有效文化管理。良好的社域文化不仅有利于建立和谐的内部关系，提高员工的集体归属感和荣誉感，更有利于打造优质的内容产品，树立良好的品牌形象，扩大市场影响力，实现期刊企业的可持续发展。

思考题：

1. 试总结现代企业管理演变中经验管理、科学管理到文化管理三个阶段的特点、优势与不足。

2. 试述期刊社社域文化的内涵。

3. 试比较某大学期刊社与某大学出版社企业文化内涵中行为规范这一层次的不同表现。

4. 试总结期刊社社域文化的五大功能。

第 4 章　期刊社的数字化转型

数字信息处理技术推动文化传播产生根本变革，麻省理工学院媒体实验室主任尼古拉斯·尼葛洛庞蒂曾在他的《数字生存》一书中说过，“数字化决定我们的生存”，这也是一个众所周知的预言。近年来，互联网的飞速发展也加速了文化传播的数字化，在媒介融合的浪潮下，期刊作为文化传播重要的组成部分逐渐产生了愈发深刻的影响，因而数字化转型是期刊社获得长期稳固发展的必要选择。

4.1　期刊社数字化的概述

4.1.1　期刊社数字化的概念

何为期刊社的数字化？一些期刊社认为，只要将纸质版的期刊内容转化为电子版的形式，将其搬运到网站上，这个过程就是期刊的数字化。但事实上，虽然期刊内容可以在网络上传播，但就期刊社本身而言，其传统的运营方式、管理方式，以及对期刊的编辑方式，并没有发生根本性的改变，所以以上的观点对于期刊社数字化内涵的概括并不全面。而比较全面地概括期刊社的数字化转型应该从两个方面来展开，分别是数字期刊和数字化期刊。数字期刊不以传统的纸媒作为传播载体，而是以互联网作为唯一发行渠道，是一种全新的编辑、出版、发行模式，是一个全新的产品业态；而数字化期刊则是对主要以纸媒作为传播介质的传统期刊进行数字化，改变期刊社原有的运营模式，使期刊介质更加多元化，同时在发行、推广方面更多地依靠网络，而不是仅仅依靠线下，传播的渠道更加立体化。不管是期刊内容的传播介质还是读者的阅读方式，数字化期刊都较传统期刊有了很大变革。

期刊社的数字化应该囊括从编辑到出版的全部环节，即选题策划、投稿、组稿、审稿、编辑加工、印刷、发行、传播、收集用户反馈的整个流程。在其中的任何一环，数字化技术都起到了相当大的作用，比如原创作品的数字化、稿件编辑处理的数字化、印刷复制的数字化、发行销售的数字化、读者阅读消费的数字化等。期刊编辑过程中的每一个环节都实现数字化，才能将数字化的优势最大化。归根结底，信息时代期刊数字化发展的目标是让全球用户能够随时快速获取信息和共享资源。

4.1.2 期刊社数字化发展的内涵特征

传播速度快、获取便捷、存储容量大是数字化期刊的显著特点，期刊社未来的发展也需朝这些方向迈进。

1. 多媒体性

传统出版主要运用平面化、模拟化的技术记载文字、图片等静止的信息；而数字出版的传播介质以互联网为主，内容的呈现方式更加丰富多彩。数字出版采用数字化技术，记载以图像、音视频、动画为代表的动态信息，既实现了声音、文字、图像、视频等多媒体形式的相互融合，又各自独立，信息以更加鲜活直观的方式呈现在读者眼前，优化了读者的阅读体验，更加符合现代人的认知方式，与传统出版相比具有一定的优越性。以电子版地图集光盘为例，它的表现形式相较纸媒能传递更多元化的信息，比如它既能介绍不同国家的历史、政治、经济、民族、风俗、地理环境、人口分布、气候、资源等信息，还可以展示其国旗、演奏其国歌等。

在软件的使用上，数字出版需要运用到多种处理软件，比如文字编辑软件、绘图软件、设计排版软件、动画制作软件、音视频软件等，以便收集不同的素材，按照要求进行设计，使其成为一个整体，形成不同形态的数字出版产品进而发布。如今具备多媒体功能的数字媒体不仅能够满足读者在听觉和视觉上的需求，而且由于数字出版极大地丰富拓展了出版的内容与形式，未来也可能会实现在味觉、嗅觉、触觉等感官方面的内容传播，达到多元和多维出版的效果。

2. 交互性

在传统出版形式下的出版传播过程中，作者决定了传播内容，编辑决定了传播方式，读者对于传播的内容往往是被动地接受，所以传统的出版是一种单向性很强的传播，它在一定程度上阻碍了信息、文化的有效传递，容易形成思想表达等方面的垄断。这种权威、单向的传播方式在公众信息文化需求日益多样化的今天，读者无法与出版人和作者之间形成一种即时互动关系，所以传统出版方式已经很难满足大众的需求。此时数字出版的出现则为满足这一需求提供了有效的解决方式。

数字出版可以将话语权、表达权转交给读者，形成一种交互式的传播方式，满足读者对于个性化服务的需求，增强读者的融入感及参与感。以当今的数字出版阅读平台为例，它不仅能向读者提供丰富的信息知识，还能第一时间接受读者的信息反馈。读者可以到相关的网站发布书评，提出自己的建议、意见，和出版者进行实时沟通，从而实现信息的交流互动，这就是交互性的体现。如此一来，读者的阅读兴趣被调动，他们了解新知识的欲望被激发。这些信息对于出版人了解市场需求、改进产品质量也具有十分重要的意义。

对于数字出版产品而言，交互性不仅可以发生在人与人之间，还可以发生在人与计算机之间，超链接、超文本、超媒体都是互动的方式，输入输出也是体现交互性的数据步骤。在数字出版环境下，计算机技术被用来检索信息，并对内容进行关联和重组，根据不同读者的阅读需求来分发个性化信息，还可以深入挖掘不同信息之间的深度联系。读者与出版人和作者之间可以比以往进行更多方式的互动交流。

3. 个性化

随着互联网技术的发展，信息传播的媒介也更加丰富，在此背景下，读者的阅读需求也随之多样化，传统纸质出版物已难以满足多介质的阅读需求。反观数字出版，在精准定位方面有着非常显著的优势。个性化出版的代表之一——按需出版，有面向读者和面向作者的两种主要类型。前者是按照用户的需求和偏好，借助按需印刷技术对出版物进行数字化处理，用数字印刷机进行批量印刷并传播给读者，是一种以数字方式提供的高度个性化服务的发布过程。后者是作者在自助出版商提供的自助出版平台上获得个性化出版服务的过程，最终发行的出版物既可以是电子书也可以是纸质书。

按需出版具有印刷快、零库存等优点，解决了传统出版业长期存在的短版书、断版书、专业书、学术书的出版难题，在期刊出版方面应用也日益广泛，未来可能会获得更加长足的发展。

4. 海量存储

互联网技术的发展给出版业带来了颠覆性的变革。数字出版媒介可以存储海量信息，与传统纸媒相比容量更大。

一般来说，电子出版物以 CD-ROM 光盘为信息记录载体，若一张 CD-ROM 光盘容量为 650 M，以一本 150 页的文字书为例，页平均字数为 1500 个，总字数为 22.5 万，仅存储文字就需 45 万字节，约合 0.45 MB，一张 CD-ROM 光盘大约可以保存 1500 本这样的小说。由此可见，数字出版媒介的海量存储量是传统出版物无法比拟的，CD-ROM 光盘还可以同时存储图像、音视频等多媒体信息，而这些都是传统出版物无法实现的。

5. 便捷性、环保性

在建立了相应的数字出版系统平台之后，出版物的编辑、复制、发行及传播与阅读都是在数字化的基础上完成。其速度快、效率高，突破了纸质媒介受印刷、运输、发行等因素的限制。这得益于互联网的高速传播效率和实时更新的特点。数字出版的便捷性主要体现在以下三个方面。

第一，数字出版物检索便捷。因为数字出版物有数据库和超文本链接等技术来参与信息的组织、存储、管理，因此不像传统出版物那样只用单一的线性顺序来检索。数字出版的多媒体和非线性的信息组织方式快速、灵活，还可以多次检索、反复使用，符合人类多维、发散的思维活动特点，为用户提供了极大的便利。

第二，不管在何时何地，读者都可以阅读数字出版物。各种数字图书馆、数字服务网站 24 小时为用户提供服务，用户可以随时随地享受这些服务。

第三，复制、保存便捷。数字出版的复制过程所体现出来的便捷性和低成本的优势是显而易见的。在数字出版信息内容的保存方面，低成本、大容量的特点使得数字出版产品的保存更为便捷，也使得个人拥有相当规模的数字产品收藏成为可能。

传统的造纸业、印刷业会对环境造成污染，不仅有化学污染，还有物理污染，一些设备和技术力量薄弱的小型造纸厂所导致的污染更严重。为了使我国文化产业更加繁荣，同时为了保护生态环境，发展数字出版产业是大势所趋。数字出版物具有低碳、环保的特点，可以降低传统造纸工艺产生的污染，有利于建设资源节约型、环境友好型社会，未来会更加贴近人们的生活。

4.2　国内期刊社的数字化转型与发展

4.2.1　国内期刊社数字化的发展历程

1. 萌芽阶段（1989—1996 年）

中国期刊的数字化起步于 20 世纪 80 年代末。我国第一个也是最大的自建中文文献数据库——中文科技期刊篇名数据库，于 1989 年由中国科技情报研究所重庆分所数据库研究中心自主研发并推出。同年，我国最早建设并获国家承认的具有国际信道出口的中国四大互联网络之一——中国科技网开通运营，并于 1991 年首次实现了与国际互联网的直连。1992 年，“中文科技期刊篇名数据库”正式发行我国内地第一张中文数据光盘，同年“中国科技经济新闻数据库”正式发行。1994 年，世界最大电脑图书网络系统 OCLC（Online Computer Library Center）正式编目了第一本中文网络期刊《华夏文摘》，这标志着中文网络期刊正式诞生。1994 年，《电子信息与网络杂志》在上海 CHINA LINK 信息网络上免费发行，它是我国内地首种上网发行的数字化期刊。[①] 1995 年，《神州学人》通过教科网向全球发行。1996 年，《中国学术期刊（光

① 参见陈婕．我国期刊数字化的发展进程和面临的问题［J］．学习月刊，2011（8）：34.

盘版）》开始运作。①

2. 起步阶段（1997—2004 年）

1997 年，国内期刊社的数字化发展进入了一个新阶段，一批包括《中国比特网》《INTERNET 世界》《南风窗》《战略与管理》等在内的网络期刊纷纷涌现。至 1998 年底，我国数字化期刊占中国报刊总数的 5%，占世界上网报刊数的 4.5%。但当时大多数的期刊社将期刊上网的初衷只是为了顺应互联网发展的趋势，抢占一定的地位，尚未有清晰的规划。但是，随着我国一些专业数字化期刊，比如万方数据、维普中文科技期刊、中国期刊网等专业数字期刊平台的建立，一些行业的标准得以规范，我国期刊社的数字化也进入了系统化发展的时期。

“中国数字化期刊群”上网科技期刊，1998 年有 200 种，1999 年有 500 种，2003 年已经将近 3500 种。② 1999 年 6 月，中国期刊网开通，它是在《中国学术期刊（光盘版）》的基础上，集成 3500 种期刊全文摘要、题录、引文信息等信息资源；同年，中国知识基础设施工程（CNKI）启动。2000 年，“CNKI 基础教育知识仓库”发行，中国期刊网全文数据库成为唯一拥有 1994—2000 年 5300 种期刊完整数据的全文检索完备化的数据库。

3. 探索阶段（2005 年至今）

从 2005 年到 2010 年，6 年间，中国期刊社的数字化建设发展迅速。我国乃至世界范围内的数字出版业搭上了从被人们熟知到广泛使用的高速列车。期刊出版业为能够抢占数字先机，从一开始的被动反应转变为如今的主动谋求转型，制定了各项数字化发展策略。2005 年，中国首个 IPV6 核心网建成，网络传输速度显著提升，第三次互联网发展浪潮拉开帷幕；同年，约有 99%的学术期刊已实现网上出版，总数达 7486 种。根据《中国网络杂志出版业调查报告》显示，2006 年中国网民达到 1.3 亿，其中网络杂志用户约 4000 万，约占

① 参见张宜军，杨中启．我国科技期刊数字化现状及发展［J］．沈阳农业大学学报（社会科学版），2010（3）：296.

② 参见向飒．论网络期刊发展的制约因素［J］．现代情报，2003（6）：155.

网民总数的 30%。[①] 毋庸置疑，数字化将主导整个传媒行业的发展方向。

如今期刊及期刊社的数字化发展在方方面面都取得了长足的进步：印刷型期刊上网的内容从部分发展到全文，再到比印刷版本更为丰富；没有印刷版原型的原创型多媒体期刊从无到有，再到越来越多；表现形式从采用单筑文本格式或以图形化方式原样翻制印刷版本，发展到充分运用各种手段的多媒体版本。到 2007 年，我国上网期刊已多达 70 种。2008 年，中华医学会与万方数据合作，成为内容提供商与信息服务商合作的首个典型案例。阅读效果从几乎只有显示功能发展到具有丰富的链接、强大的检索功能和方便的读者参与机制。如“中国期刊网”目前全年检索量超过 2500 万次，《大众软件》杂志的“大众软件网”全年访问量达到 500 万次，极大地提高了期刊的影响力。这一时期，期刊社的数字化内容不仅可以二次出版其他传统出版方式已经出版过的内容，而且还可以直接通过网络媒体进行真正意义上的一次出版。出版形式也不仅是传统的文本，还拓展到图片、视频、音频、动画、软件、网络课程等多种媒介呈现方式。2008 年，国内电子期刊数量达到 9000 种，年产量达到 7.6 亿。2010 年，传统媒体的市场份额从 1995 年的 70%大幅下降到 48%。相比之下，网络电子媒体的市场份额从 30%大幅提升至 52%。由此可见，我国数字期刊产业格局基本形成，向网络期刊、开放获取、数据库等多种形式演进并逐步完善。以知网、万方、维普、龙源期刊网等为代表的数字期刊公司已初具影响力。但是，当时的中国期刊及期刊社的数字化建设还处于探索阶段。

2010 年，数字出版技术日趋完善，技术应用越发广泛，传统媒体经过多年的摸索与实践，找到了相对稳定的盈利模式，伴随着多种移动阅读器以及手机功能等数字技术的快速更迭，全球进入了全媒体时代。各种新技术的应用，期刊与网络的兼容性给各自的媒体经营与发展都带来了意想不到的成功。在 2010 年，国内的三大手机运营商都纷纷建立了手机阅读基地，手机期刊是其重要组成部分。如今，中国大多数畅销的主流期刊都可以通过手机来阅读，带有图片和文字的手机期刊已经成为市场上主流的移动互联网应用之一。移动期

① 参见原辰辰. 浅析微电子杂志的传受与发展趋势 [J]. 东南传播，2013 (10)：106.

刊在用户数量、内容质量和广告投放方面取得了长足的进步。市场上的大多数移动期刊都是传统期刊积极向数字媒体转变的结果。例如，VIVA Rootless 的新媒体平台整合了 70％以上的中国手机期刊，400 种手机期刊中 80％是与传统期刊合作推出的。

近年来，我国期刊社数字化建设取得的成果颇多，和欧美发达国家的差距也在进一步减小，比如中国知网、万方数据、维普资讯、龙源期刊等，目前都初具规模、各有特色。如今，我国数字期刊产业正在形成愈发成熟的产业链，从内容提供到技术服务，再到网络发行、移动电子设备阅读，整个环节都在不断发展完善。传统纸质期刊可以借助这些数字期刊公司实现内容联网，电子版和纸质版同步发行，甚至一些期刊社可以在自身期刊的基础上搭建网站，单独出版数字期刊。

4.2.2 国内期刊社数字化转型的成功模式

部分传统期刊社历经研究和摸索，已经找到了贴合自身发展且富有个性的数字化转型模式。

1. 直接拷贝模式

期刊社使纸质刊和数字期刊分别在线下和线上能够同步发刊，同时，使数字期刊在内容与格式上与原刊尽量保持相同，其目的是为读者提供与阅读纸质媒体一样的体验。数字期刊设置目录、日期等简单类别，读者可以根据自身需要，在任意的时间和地点来选择浏览或下载内容，在这种模式的基础上，读者可以根据自身的阅读需求及便利，来选择不同的阅读途径及方式。

直接拷贝的模式在带来便利的同时也存在着相当大的弊端。一方面，由于数字期刊的获取较为便捷，选择数字期刊节省订阅期刊的时间，且许多数字期刊的阅读与下载都是免费的，相当一部分读者会选择数字期刊，这不可避免地会对传统纸质期刊带来巨大的打击，纸刊的发行会在互联网浪潮的冲击下进一步减少。另一方面，尽管研发人员力求数字期刊能达到纸刊的阅读效果，但事实上两者之间仍然会有些微差别。

2. 第三方合作模式

在这种模式下，期刊机构只需将内容和想法传达给第三方平台，而不需要对期刊进行数字化。数据被放置在内容平台上，成为内容创建的单一数据库。基础分类数据库、应用数据库、消费者数据库相互连接，形成一个网络化的内容数据库群。由于第三方平台的特定技术支持，数字期刊可以将超链接与文本、照片、音频、视频、广告和 3D 效果等多媒体元素相结合，最大限度地提高和增加期刊的表现力。这样，期刊可以更专业地搭建和管理平台，及时更新信息供用户检索。这种模式可以减少劳动力的使用，降低人工成本，更专业地构建和管理平台，降低技术成本。但是，它也有一些缺点，例如出于独特的商业原因，期刊和网络技术公司会遇到进展不同步和内容脱节的问题。

3. “互联网＋期刊平台”模式

期刊社利用数字技术来建设自己的平台，添加例如互动问答、导航等功能，来提高用户体验，开发更多用户，并实施数据统计和数据库营销。这种模式具体有以下的表现方式：期刊社在纸刊的基础上，增加现代纸书的形式，读者通过扫描二维码，可以获得一些额外的补充信息，例如音频、视频、往期资料、纸书订阅等数字化内容，这样扩大了期刊外延，提高了期刊附加值；开发独立于纸质期刊的 App，使其不管是在内容还是在功能上，都有超越纸刊的优势，如《世界服装之苑 ELLE》开发了“ELLE ONE”，在内容和形式上都做了相当多的创新，目的是满足互联网时代读者的“碎片化”阅读需求①；微信公众号通过固定推送内容资讯与用户进行互动，保持更新的热情及连续性是运营的重点。

4. 依托开放获取网站创新期刊论文发表模式

推进开放获取模式，不仅会从根本上改变学术交流和文献获取方式，也有利于学术信息的传播。中国科技论文在线是国内具有典型性与代表性的开放获取集成平台，引领了我国开放获取历史的发展。它的学术资源十分丰富，首页主要包括首发、期刊、学者、资讯等栏目。作为一个比较成熟的开放获取模式

① 参见谭凤珍. 期刊数字化融合发展探析 [J]. 传媒，2017 (15)：40.

学术网站，它的创建主要为解决学术交流障碍多、渠道狭窄、论文发表难度大、无法将科研成果高效转化为现实生产力等难题，并且为学术交流提供了一个庞大、方便、快捷的专业平台。在中国科技论文在线这个平台上，任何用户都可以对其所收录的文章进行统一的检索，这样可以使用户更方便地查看科技期刊、大学期刊和优秀文章，并使文章尽可能公开。借助互联网技术，中国科技论文在线优化了传统的出版流程，作为开放获取平台，它也采用了作者付费发表、读者免费阅读的商业模式，以获取可持续发展。中国科技论文在线为用户提供海量信息的同时，帮助研究人员在平台上免费在线发表和审阅文章。在开放获取模式形势向好、信息传播更加快速便捷、学术成果百花齐放的当今，我国的传统期刊社也需及时创新论文发表模式，提高服务水平，以便更好地向数字化方向转型。

4.3 国外期刊社的数字化转型与发展

4.3.1 国外期刊社数字化的发展状况

西方发达国家最早开始实现期刊的数字化是在 20 世纪 80 年代，此时发达国家已经开始制作数字化期刊并在线出版。20 世纪 90 年代，出现了由大型学术出版集团和学术期刊检索平台共同打造的在线出版平台。随着互联网技术的成熟，电子期刊也越来越多，至 1991 年 9 月，美国科学促进会和俄亥俄大学图书馆中心共同开发了《最新临床实践联机杂志》，这是有记载的世界上第一本联网期刊。据资料统计，1991 年网上期刊只有 110 种，在 1996 年以后才得以迅速发展。据美国商务出版社的统计，其所代表的 1200 种期刊中，1990 年有 20%设立了自己的网站，到 1998 年就增加到 90%。1996 年全世界上网学术期刊约计 1000 种，而 1998 年已达 6957 种，至 1999 年已达 1 万种，涵盖文学、艺术、医学等许多重要学科。至 2010 年，已有 2.8 万多种纸版学术期刊在线提供全文。据英国图书馆协会调查，1994 年馆藏有 174 种电子期刊，1996 年增加到 517 种，在线阅读《英国医学杂志》电子版的人数远远超过纸质版。

国外期刊社的数字化模式主要有以下几种①：一是期刊出版商通过互联网建立自己的期刊网站，来提供数字化内容和服务，著名期刊 *Nature* 和 *Science* 都是学术期刊自建网站的典型；二是以美国威立出版公司的 Wiley Interscience、德国施普林格的 Springer Link 数据库平台、荷兰 Elsevier 出版社的 Science Direct 等为代表的大型出版集团等发行中间商出版；三是科学组织或机构建设的期刊数据库和资源平台，为用户提供在线期刊的检索、浏览和下载服务。这些网上期刊通过作者投稿和审稿人审稿的在线化，实现了文章编辑加工及发布的自动化。多媒体的呈现形式为作者提供了一个有效的平台，使他们的研究过程及结果更加生动直观地呈现给读者。国外期刊数据库基于统一的标准和协议，提供跨库全文链接、库内全文链接和集群支持②，使用超文本技术链接互联网上的各种信息资源。各种信息资源和服务相互整合、链接，形成一个有机的整体。用户可以通过同一界面快速查找和检索他们需要的信息。

4.3.2 国外期刊社数字化转型模式的探索实践

国外期刊社的数字化起步较中国早，经过长时间的探索，目前已经具有良好的发展态势。赫斯特集团、康泰纳仕集团、阿歇特集团等全球媒体巨头以及它们的所属期刊，例如《纽约客》《好管家》《名利场》等都发展不俗。

1. 从注重内容转变为注重产品

传统期刊社立足的根本一直是稳定且持续的优质内容产出，大多数期刊社都秉持内容为王的宗旨与准则，因而也得到了广大读者的支持。但处在数字技术不断变革的环境中，如果只将重心放在内容的深耕上而忽略了读者对于阅读介质的个性化需求，那么同样也会面临被市场剔除的风险。因而期刊社不仅仅需要打造内容，更应该形成塑造产品的意识。《连线》杂志是美国康泰纳仕集团旗下的科技月刊，基于杂志提供的平台，设计了兼容移动设备的新型卡片式

---

① 参见丁佐奇，郑晓南，吴晓明．从《中国天然药物》的网络出版模式展望我国科技期刊网络出版前景［J］．编辑学报，2009（5）：439.

② 参见徐佳宁．中外学术期刊数据库特点及其差异［J］．图书馆杂志，2011（1）：41.

网页，读者通过智能手机或平板电脑等各种终端都可以进行阅读，内容一目了然。[①]《连线》已经超越了单纯向读者传递信息的媒介，转而变成多媒体产品的生产者，满足了读者处于变化中的阅读需求。在向用户传播价值的同时，也提高了他们的阅读体验。

虽然我国的期刊社尽量都在采取多元化的途径来进行数字化方向的转型，但一些平台的运营还是存在着一定的问题。例如期刊的内容往往被直接复制到微信公众号或网页上，长篇累牍的内容不适应类似平台精简化、直观化、重点化的传播要求，因而传播的效果有限，不容易引发读者的深度阅读。所以根据实际情况来具体考虑期刊数字化转型时应该采用怎样不同的模式是非常必要的。

2. 专注互动，提升服务意识

在期刊社数字化转型的过程中，期刊和读者所起到的作用也悄然发生了变化。读者的角色由被动地接收信息转变为主动地检索信息，通过更加多样的渠道去获得他们所需的内容，甚至也会涉及内容的创作和分发，能在此过程中收获颇丰。

康泰纳仕集团旗下的旅游杂志《悦游》为期刊社的数字化转型提供了成功的经验。《悦游》设立网站的时间不算太早，于 2014 年才推出电子版，但是它为喜欢旅行并愿意分享经验和见解的普通读者提供了一个发布平台。无论读者的身份如何，都可以通过这个网站分享与旅行相关的文字、照片、音频和视频，还能够与编辑以及其他旅行爱好者进行互动，在相同的兴趣圈内的沟通交流可以为读者带来满足感与成就感。平台还会对用户共享的内容进行分类、汇总和转售，以此来增加信息内容的价值。[②] 以上案例说明，注重用户的个性化需求是期刊社数字化成功转型的必要条件。期刊社要通过大数据等技术描绘出用户画像，分析读者的需求，从生产和推送层面真正向用户传递精品内容。

---

① 参见李亚卓．刍议数字时代期刊数字化转型的几种模式［J］．出版广角，2017（10）：45.

② 参见李亚卓．刍议数字时代期刊数字化转型的几种模式［J］．出版广角，2017（10）：45.

思考题：

1. 何为期刊社的数字化？

2. 期刊社的数字化发展呈现出哪些特征？

3. 国内期刊社的数字化转型有哪几种主要模式？

第 5 章　期刊社的品牌经营

品牌无处不在，品牌需要经营和维护，没有一劳永逸、永不消退的品牌，已是商界的共识。期刊作为出版物中的一种，主要消费的是内容。期刊的出版要做到内容和形式相统一，要形成自己的独特消费价值，就要树立品牌经营的观念。

5.1　期刊品牌的内涵

期刊社品牌与期刊品牌是不同的概念，但二者联系密切。期刊社的主要品牌是期刊，一个期刊社可以有多个期刊品牌。期刊社品牌的打造，主要是期刊品牌的打造。因此本章主要通过讲解期刊品牌，来强化期刊社的品牌意识。

5.1.1　期刊品牌的概念

1. 品牌的概念

品牌包含两方面的含义：从外在来看，品牌是一种名称、图案、符号，是一个集合概念，是用于识别自身产品与其他产品的商标；从内在来看，品牌是一种品质、服务、市场认同，是企业文化整体形象的象征。

2. 期刊品牌的概念

期刊品牌是用于识别期刊社的期刊或其他出版物，同时也代表着在文化传播过程中其在读者心中树立的知名度和认同感。“期刊品牌是杂志社精心设计、创造的识别体系，是期刊在消费者心目中留下的一种综合印象。它既是一种商品的标志，也是一种无形资产，更是一种文化。”[①] 因此，期刊本身蕴含的文化内涵是期刊品牌的集中体现，从而建立起属于自身的、独特的期刊品牌形象。

5.1.2　期刊品牌的构成

期刊的品牌包括期刊的名称、标记、商标、包装、价格等，或者是它们的相互组合，也包含广告经营、多媒体经营、营销策略、形象管理、读者资源管理等具有竞争力的核心要素。

1. 期刊名称

期刊名称指该期刊的全名，也可称刊名。例如《读者》《中国国家地理》《Vista 看天下》《世界服装之苑 ELLE》等，刊名是期刊品牌的灵魂，体现了期刊品牌的个性和特点，是一本期刊最基本的要素。

2. 期刊标记

期刊标记作为一种符号、颜色、形状等用来识别期刊的品牌，同时也暗含了期刊的理念和价值，能够让消费者通过其标识就能迅速辨认出期刊的名称。

3. 期刊商标

将期刊的名称通过申请商标注册的方式形成自己的期刊标识，用来区别自己和别人的期刊名称。有了期刊商标就有了期刊的专有使用权，可以防止他人侵犯。例如，国内读者非常熟悉的《读者》杂志，在 20 世纪 80 年代创刊时，是以“读者文摘”命名的，后因知名度的提高而引起与美国《读者文摘》（曾经是全球销量最大的杂志，却在 2009 年 8 月 24 日申请破产保护[②]）之间的品牌纠纷。最后被迫更改为现在的《读者》，所以期刊社都应该及时注册商标，树立品牌保护意识。

---

① 龚军辉. 中国期刊品牌营销研究［D］. 湖南师范大学，2009：10.

② 周根红. 美国《读者文摘》破产对我国期刊业发展的启示［J］. 出版发行研究，2009（10）：53.

5.1.3 期刊的品牌表现

1. 期刊属性

一个品牌首先给人带来特定的属性，这是品牌最基本的含义。例如，《世界服装之苑 ELLE》（以下简称“*ELLE*”）表现的就是精美的时装、国内外权威潮流讯息以及国际流行的理念和发展趋势。

2. 期刊利益

品牌的利益表现为此品牌为消费者提供的购买该品牌产品而非其他品牌产品的理由或利益。例如，“国内外的权威潮流讯息”可以转换为功能利益，即“我知道了今夏的服饰搭配”，同时也可以转换为情感利益，即“这本杂志帮助我走在美的前沿，让我更加自信并让人羡慕”。

3. 期刊价值

品牌还体现了该制造商的某些价值感。*ELLE* 体现了“美丽动人、独立自信、品位高雅”。

4. 期刊文化

品牌可能象征了一定的文化。*ELLE* 提倡“生活是美好的，美是自己创造的”，体现女性对自身价值的追求和肯定。

5. 期刊个性

品牌代表了一定的期刊个性。*ELLE* 可以使人想起优雅的女人，巴黎路边的咖啡座，精美的西式餐点。

6. 期刊使用者

品牌还体现了购买或使用这种产品的消费者类型。“ELLE”法文原意就是“她”，它是一本以成熟女性自身为目标用户的期刊。

5.1.4 期刊品牌的发展特征

现阶段，我国许多期刊还没有形成品牌文化优势，但也有一少部分知名期刊迅速发展并形成各自的刊群。比如《读者》刊群、《知音》刊群、《家庭》刊群、《时尚》刊群、《瑞丽》刊群。除了以上五大品牌刊群之外，一些实力较强的出版社也在推进“社刊工程”，刊群的出现标志着中国期刊产业正在走向品牌化和集团化。①

在国际上有一定影响力的期刊占领了我国的期刊市场，我国期刊市场在受到冲击的同时也迎来了新的发展机会，获得了全新的发行方式。在海外期刊市场的影响下，我国的期刊领域产生了股份制、现代市场营销和现代出版网络。在未来的期刊市场中，中国的期刊品牌将实现核心品牌地位，成为新的期刊品牌力量。

5.1.5　实施品牌运营对期刊社的实际意义

1. 有利于打造强势品牌优势

在某种程度上，品牌不仅成为消费者的识别手段，而且成为公司外部人才评价公司实力的标准。强大的期刊品牌意味着社内员工通常会享有良好的工作环境及满意的待遇，因此品牌成为优秀人才选择加入的标准。出版业也是人才、知识密集的高新技术产业，在期刊社一切取决于人的创造。有了良好的品牌，能更好地扩大期刊社的人才队伍，减少内部人员流失，降低期刊社的成本，同时又促进期刊社品牌的发展，由此形成集团化发展的良性循环。

2. 有利于打造期刊的核心竞争力

现如今随着品牌经济时代的到来，越来越多的无形资产占据着至关重要的地位，比如著作权、商标权、商誉、专有技术等。由于技术创新速度的不断加快，期刊社之间出现了大量竞争者，目前消费者对期刊的要求进一步提高，这就迫使期刊社要把竞争的重点放在品牌塑造上，目的是在消费者心目中树立起独特的品牌形象，从而获得消费者的认同，愿意主动去购买该期刊品牌下的产品。

3. 有利于期刊社进行资源的重新配置

我国现有期刊社存在资源、资产配置不当等问题，急需对期刊业进行行业整合。如今，期刊业格局已发生变化，在市场竞争压力和企业内在发展动力的

---

① 参见雷雨晴. 我国期刊品牌战略研究 [D]. 武汉大学，2005，7-8.

作用下，拥有好的办刊队伍是期刊社进行资源配置的核心问题。

5.2 期刊品牌的树立

5.2.1 树立精准的品牌定位

品牌定位是在市场定位和产品定位的基础上，把品牌所蕴含的文化内涵转换成与其竞争对手相互区别的价值认同，同时能迅速满足消费者的情感诉求。当消费者选择其他与之相关产品时，会自然而然想起该品牌，这就说明品牌定位的目标已经达到。对期刊进行品牌定位是构建品牌价值的基础，因为期刊品牌价值的建立重点在于其品质的至上性，这就必须通过了解读者内心的想法，从而营造出特殊的印象，使期刊的品牌价值超越其他品牌，并获得一个无可替代的位置。由此可见，期刊的品牌定位在品牌战略过程中扮演着重要的作用。

提到地理类的杂志，多数人首先会想到《中国国家地理》这一杂志品牌。《中国国家地理》通过报道自然地理和人文地理，形成自身独特的品牌形象。由于生态环境问题一直是国家关注的问题，同时也与人们共同的生存环境密切相关，所以《中国国家地理》从一开始的本土化内容定位，铸就了它今日的成功与辉煌。其本土化指的是其杂志内容是本土的东西，也就是以中国的地理资源为主要内容，讲我们身边的故事，让读者发自内心地产生阅读的兴趣，引发他们阅读的欲望和好奇心。

5.2.2 提高期刊的品质内涵

高质量的期刊内容是期刊品牌树立的关键。期刊内在质量要求严抓稿源质量，而外在质量需要通过高品质编辑、栏目设置、包装设计来实现，内外兼修，实现期刊质量的飞跃。

《中国国家地理》作为我国的优质期刊，在内容选题上坚持三方面的原则，分别是区域综合性原则、差异演替性原则以及原创首发性原则。其中，区域综合性原则指的是在选题方面，自然选题要能够揭示出对人类的影响，人文选题要能够反映兴衰的背景；差异演替性原则指的是不仅在内容方面体现时空跨度，并且在编辑过程中注重差异性的应用，比如说用“颠覆常识”的编辑方式吸引读者的眼球；原创首发性的原则指的是《中国国家地理》注重杂志内容和选题的原创性，其拥有的专家队伍是其内容选题能够进行原创的基础，同时由于互联网检查制度的存在，使得其内容的独家性和原创性得到保证。

5.2.3　培养期刊的品牌个性

如今期刊种类较多、模式大多相似，这导致期刊没有自己的个性优势、辨识度不高。期刊可以通过引入 CI（Corporate Identity，企业识别）战略来培育品牌个性，形成特色；并基于特色向纵深拓展，增强期刊的竞争力。例如，《中国国家地理》具有一种内在的精神品格，与一般的地理杂志不同，它不只是进行地理知识的传输，而是紧跟时代的发展脚步，以“我”为第一人称，增强读者的代入感，紧抓读者比较感兴趣的话题，对地理知识进行比较深刻的解读，从而引发读者的兴趣与好奇心。此外，对于期刊来说，追求每篇、每期均为精品是不可能的，可以借助某一个或某几个名牌栏目，来带动期刊的整体水平，打造品牌期刊，促成期刊品牌个性的形成，增强期刊的知名度和美誉度。

5.2.4　构建版面设计的品牌形象

版面被称为“期刊的脸面”，版面设计又称为版式设计，是通过对文字、图片、表格、符号、颜色和各个栏目板块进行编排与设计，让版面符合审美的视觉需求。对于期刊而言，其视觉识别包括固定性的识别形象和变动性的识别形象。前者如期刊标识、刊名设计、商标图案、开本式样等，后者有封面的版式、色彩、背景、字体、字形、纸质、纸张颜色等。具有一定美感的版面设计，不仅能够体现期刊的特色和品质，成为期刊的品牌标志，而且能够更好地为读者传递信息，提高读者的阅读兴趣。传统期刊也在尝试着突破，一改以往老套的图片设计，大胆采用电脑设计、蒙太奇手法和电影海报式等新的方式，使期刊具有较强的视觉冲击力。

5.3 期刊社的品牌维护——以《中国国家地理》为例

期刊品牌树立后须采取一系列的措施来巩固期刊品牌，使其品牌价值和品牌效应得以彰显，这就是期刊品牌维护。同时，这也是壮大期刊品牌生命力、抵御竞争对手进攻的有效措施。

5.3.1 建设优秀的人才队伍

在培养期刊的品牌价值时，不仅要实施长远的品牌战略，用长远的眼光塑造一个品牌，同时也要建设人才队伍，用专业的编辑出版人员武装出版队伍。期刊社无论是在前期的品牌打造上，还是后期的品牌维护上，都离不开优秀的人才，优秀的编辑人员是进行出版工作的基础，因此期刊社要花时间和精力培养“新人”，对他们要不断鼓励和引导，同时也要防止“老人”的流失，要用品牌留住优秀编辑，用名编辑打造名品牌。

例如，《中国国家地理》一直践行保持优秀办刊人才的理念。《中国国家地理》的主办单位是中国科学院地理科学与资源研究所和中国地理学会，并隶属于中国科学院，由中国科学院监管，有地理专业人士为该杂志做顾问，并有科考一线的工作者提供线索或资源。《中国国家地理》的编辑制作团队有着严格的管理制度和统一的文化价值理念，同时工作成员对于本职工作有着较高的兴趣和忠诚度，并有着令人敬畏的敬业精神。

5.3.2 加强品牌的忠诚度

一个期刊的品牌忠诚度越高，品牌成功度就越大。品牌忠诚度是通过消费者购买行为体现出来的，而行为最终是由人的意识所决定的，消费者对一个品牌产生忠诚度，即对一个品牌的信任、认同以及推荐。期刊社与消费者建立起强大的关系网络，拥有强大的忠诚消费者，是因为消费者对现有品牌非常满意。消费者一旦对自己认定的品牌产生信赖感就难以消失，不会轻易改变对此品牌的认同。因此，期刊社要加强与读者的沟通和交流，避免忠实顾客的流失。期刊记者可以通过定期走访，了解读者的需求并及时反馈相关信息，引导策划、组稿、编稿的方向、动态、目标等，与读者建立长期而稳定的互需、互助关系，提升读者对期刊品牌的熟悉、信赖感，使读者对该期刊品牌产生忠诚感。

例如《中国国家地理》在创刊初期设立了会员部，专门对该杂志的会员进行专项的服务和管理。只要缴纳一定的费用就能成为杂志社的会员，同时该杂志社还会组织一些以科学家为向导的科考和探险的活动，来增加会员与杂志社的沟通与互动。在参与这些活动的过程中，会员读者不仅能够亲自接近大自然，领略大自然的美好景观，同时还能够在不经意间获得知识，这些都是从书本上学不到的。

另外，杂志社为了能让读者多方面了解地理知识，每月还会向大众免费举办两次“中国国家地理大讲堂”，内容涉及与地理相关的各个领域，并由中外知名专家学者进行主讲。这些主讲人不仅拥有渊博的知识，还有着幽默风趣的讲解方式，通常会让读者收获丰厚。① 杂志社组织的这些活动一方面加强了会员读者与杂志社的沟通和互动，另一方面也可以提升该杂志社的影响力和名气。不仅如此，实行会员制更重要的是为那些会员读者提供了一个能够增加读者和杂志社互动与交流的平台，有利于读者在与杂志社的直接沟通过程中将读者自身的信息以及其对杂志及杂志社的意见与建议进行反馈，这对于杂志社以及杂志的未来发展有着重要的意义。

5.3.3　加强品牌活动的策划

“酒香不怕巷子深”的时代已经结束，现如今是“酒香”也怕“巷子深”的时代，期刊社要想在众多竞争对手中拔得头筹，就必须在经过长期沉淀后绽放自己的品牌光彩。“在市场进一步细分、国际国内资本更大规模涌入中国期刊界、品牌运营迫在眉睫的时代里，一份有远见的期刊，要与时俱进，不断创新，努力壮大，才能在兼并重组的浪潮中立于不败之地。”② 只有这样才能加

---

① 参见陈环. 如何塑造期刊的品牌形象［J］. 对外经贸，2015（6）：138.

② 龚军辉. 中国期刊品牌营销研究［D］. 湖南师范大学，2009：51.

深读者对期刊的理解和认识，从而接受和订购期刊。因此，期刊如果要得到更好的生存和发展，就应当对相关活动的策划工作给予足够重视。销售既是一种诉求，同时也是一种个性卖点、形象宣传的推广和维护。在期刊的品牌活动下能够对读者的购买行为产生吸引，读者会觉得在付出等价成本的情况下能够获得更高的价值，因而会极大地提高其购买积极性。这正是期刊开展营销活动的目的——通过这种方式提高市场份额，从而在市场竞争中占据更为有利的位置。

例如《中国国家地理》在杂志社成立 55 周年之际，由专家和各地媒体参与，以中国自然景观为内容进行选美，打造出了“中国最美地方排行榜”。正是这种“选美活动”的成功打造，极大地提高了《中国国家地理》的品牌形象和影响力。“选美活动”一开始就受到社会的广泛关注，杂志一经上市，55 万册杂志便销售一空。杂志社又在之后推出不包含广告的精装版，内容方面又添加峰林和丹霞地貌，由软皮包装换为硬皮包装，定价也由 16 元上升为 68 元。但是，价格的上涨并没有妨碍读者的购买欲望，反而催生了新销售方式的出现，即实行提前预订购买的方式，这样的销售方式使得印制出的 18 万册期刊一售而空。为了满足市场的需求，杂志社又印制出了第 2 版精装版，并逐渐发展为具有收藏和赠送价值的佳品。这次活动对于杂志本身的品牌价值和影响力具有极大的推动力，在期刊的营销界也成为一个成功策划案例。① 在这次“选美活动”之后，《中国国家地理》陆续推出多期活动，并推出与该刊相关的专辑，不仅挖掘和开发了中国丰富的地理资源，将美景以期刊的形式展现在读者的面前，还借着活动的开展和专辑的推出，进一步提升了《中国国家地理》的品牌形象与品牌知名度。

另外，《中国国家地理》在 2021 年进行了“中国最美公路”的评选活动，该评选活动是配合中宣部“建党百年”重大主题报道，由中国科学院科学传播局批准，《中国国家地理》杂志社组织编采力量和专家资源共同实施。活动通过对全国近百条公路进行实地考察，最终选出 30 条“最美公路”，包括不同的

---

① 参见孟志军.《中国国家地理》的品牌营销 [J]. 传媒观察，2007（5）：21.

公路类型。

5.4　期刊社的品牌创新——以《中国国家地理》为例

期刊本身具有图书和报纸所不具备的特点，其有固定名称、按一定的顺序编号，正文会设各种栏目，具有连续性。而期刊在塑造品牌方面更是比图书具有优势，期刊对于读者来说，每一期的封面设计、装帧设计、色彩的搭配以及内文版式都有所不同，每一期都让读者感到焕然一新，每一期都怀着新的期待。期刊总是带给读者内心的寄托和好奇，因此期刊的品牌具有独特性，品牌的创新也具有灵活性和深入性，更容易与读者建立情感的联系。

5.4.1　拓宽营销渠道，实现网络发行

较为宽阔的营销渠道是期刊品牌创新的重要环节。期刊需要通过多种途径进行发行和销售，这样能使读者以各种方式与期刊见面或者获得期刊。传统方式下，期刊的营销渠道主要采取邮寄和发送的形式，且 80％是通过邮局进行销售。因为目前“中国邮政”具备完善的系统和较宽的覆盖面，基本覆盖全国各地，因此，在面向个人或单位销售的过程中，期刊主要采取这一营销方式。

随着互联网技术的发展，在期刊的营销活动中，利用媒体的交互性和数字化信息进行网络营销，带来了更为理想的营销效果。对于期刊的营销渠道来说，网络营销的出现，极大地改善了期刊的销售情况，具有轻松、便利、快捷等优势。通过互联网，期刊能够高效、及时地发布信息，不会受到空间、时间等方面的限制。虽然当前的期刊网络营销还存在一定的缺陷，但是随着网络技术的不断发展和相关政策法规的不断完善，网络营销必将成为期刊重要的营销渠道之一。

《中国国家地理》建立了全国民营代理商渠道，杂志会在全国不同地区选择出一级经销商，并且以销售量为依据分别给予相应程度的优惠，针对代理商会开展定期的业务培训。代理商渠道发行这个形式最终要靠零售商来实现，因而为了保证销售人员的利益，杂志社还将摊主的利益与经销商的利益连在一

起。也就是说，杂志社与一级经销商进行商定，摊主的销售额与经销商的优惠必须紧密连接，摊主的销售量越大，就应该享受到一级经销商更大的优惠。这种激励的方法使得《中国国家地理》在发行这个环节享受到了较为丰厚的回报。

另外，邮局发行也是《中国国家地理》发行渠道中重要的方式之一。这种方式的实现大多是图书馆的订阅，同时还包括一些企事业单位部门的订阅。采用邮局订阅的方式与他们订刊报销有关，因为他们每年的订刊单据需要报批，并且只能通过邮局开报销单据才能通过，因而这部分杂志的发行必须通过邮局才能够进行。[①] 然而，在这种邮局订购中的价格不同于其他方式，是由邮局自己来掌控的。比如通过邮局订阅《中国国家地理》，单册价格由之前的 16 元，于 2009 年 1 月上调为 20 元，全年的订阅价格也由 190 元上调为 240 元，并且不享受任何优惠。

5.4.2 全媒体整合传播，实现品牌推广

全媒体整合营销已经成为期刊品牌进行推广的有效手段，资源整合是优化资源配置、增强期刊竞争优势的必由之路，同时也为期刊品牌创新提供有力的物质保障。期刊社应在新媒体领域尝试突破，整合媒体资源，实现纸媒内容的数字化。通过打造系列新媒体矩阵，实现良性互动和关联，比如微信公众号、视频号、微博号及其他较为活跃的新媒体平台等。

《中国国家地理》于 2002 年 6 月正式开通中文网站，这有利于杂志社获得更多来自于读者的反馈和意见，了解读者对于杂志的不满意之处以及希望的改进和变化，这些都有利于杂志根据读者的意见和需求进行调整和改善，建造成为一个既专业、权威又有特色和吸引力的网站。同时，《中国国家地理》还在网站方面注重频道的设立和论坛的打造。比如其设立的“商城”频道，就是为了方便读者进行杂志的购买进行开设的，有利于读者采用电子支付方式进行购买。在论坛建设方面，《中国国家地理》网站努力打造中国最具特色与吸引力

---

① 参见庞春燕.《中国国家地理》做中国的《国家地理》[J]. 传媒，2005 (11)：34.

的地理论坛。这个论坛的建立有助于地理爱好者在论坛进行交流和分享，并且论坛非常注重对最新在线形式的利用，这些都更有利于该网站的建设以及用户黏合度的提升。

《中国国家地理》还与其他网络媒体合作，其战略伙伴有腾讯网、新浪网等。《中国国家地理》群博客的开通，有利于《中国国家地理》的相关话题能够在更广泛的人群中进行传播，同时也有利于读者对该杂志的关注和了解，不仅增加了传统媒体与网络媒体间的交流与合作，还有利于进一步提升《中国国家地理》的品牌影响力。

《中国国家地理》也注重对手机等客户端的开发和利用。为了满足读者每天能够看到不同的精彩内容的需要，该杂志专门创建一个制作团队，进行手机客户端内容的原创，并在每天的栏目设置方面借鉴日报的编排方式，从而呈现出新媒介的表现方式。

5.4.3　坚持以人为本，进行人本创新

坚持以人为本，是品牌期刊的基本原则。“人”有作者、读者，也有办刊人，这里所说的人本创意即从期刊人包括编辑、营销者自身素质下功夫，培养风格各异的从业人员队伍。建设期刊的品牌需要壮大编辑出版队伍，优秀的人才队伍是期刊进行创新、创造的来源，只有每个期刊人拥有创新意识并付诸实践，才能实现真正的人本创新，为期刊品牌的塑造提供源头上的支持。

以《中国国家地理》为例，其编辑既要具有非常专业的地理学术知识与水准，又要具有在既有地理学术水准的基础之上进行研究发现并创新的能力。在《中国国家地理》进行一个选题内容时，其编辑记者不仅需要搜集和研究相关的学术著作和论文，还需要从中挑选出最新的学术成果并在其基础之上进行进一步的研究和认识。之后，便是将较为深奥枯燥且乏味的单纯地理知识通过独特的叙述加上精美的图片向读者展现。比如《中国国家地理》做过的水坝和河流的专题，这些题材都是读者比较感兴趣又不是特别了解专业知识的题材。《中国国家地理》的编辑记者通过仔细研究和发现，将这些专题的相关知识与故事以优美的文字和精美的图片进行传播。

《中国国家地理》在传播地理知识的同时，把对关心自然环境的责任上升到人类共同的生存环境，传播生态保护知识的同时也宣扬了期刊核心的人文价值。这就使得其传播的不仅仅是地理相关的知识，更是将人文思想以一种潜移默化的方式进行渗透和传递。其做出的多数专题都是讲人文思想，在无形中渗透给读者，因而读者看完杂志后获得的不仅是地理的相关知识，而且是对人类生存环境意识的提升。

5.4.4 加强品牌延伸，优化品牌服务

简单来说，品牌延伸就是在现有的品牌名称基础上，进行系列的开发或者开发出新的品牌名称，但主要是依托于现有品牌的知名度、认同感。其实，这只是品牌延伸的一个方面，凡是依托现有期刊品牌的影响力，例如举办论坛、读者俱乐部、公益事业等各种有助于提升期刊形象的活动，都可以称为品牌延伸。一般来说，期刊有三次销售，即第一次卖内容、第二次卖广告、第三次卖品牌和资源；品牌的延伸即属于第三次销售的范畴，也是期刊品牌经营的重要战略。

现代期刊的另一重要特征是价值链不断拉长，要突破传统的内容、广告、发行三大环节，不断追求延伸发展。这就需要从战略高度上把握社会和读者的需求，深度开拓服务的内涵。期刊的延伸必然是服务的延伸，服务的深化必然是资源整合的深化。

自《中国国家地理》的品牌逐渐建立起来之后，该杂志社开始在此基础之上对其进行优势利用并挖掘，探索其未来发展的延伸策略，实现期刊影响力的延续性发展。因而杂志社在该杂志成功之后决定发展多个子期刊，从而实现期刊产业链的延续和完善。子刊有《博物》《中华遗产》，出版的单本图书有《中国国家地理摄影技巧》《野性亚马逊》《发现之旅——探索黄河文明》《中国最美的地方排行榜》《康巴红新龙》等，系列丛书有《中国国家地理博物丛书》《十年经典丛书中国景色》等。除此之外，杂志社会根据实际需要出版特刊或者增刊，比如 2021 年“中国最美公路”增刊、2022 年“发现黄河”增刊、“四川甘孜州”特刊等。

期刊是当前社会中一种十分重要的出版形式，近年来随着期刊市场的不断发展，越来越多的期刊品牌出现，给期刊的市场竞争带来了更大压力。但不少办刊人缺乏期刊品牌意识，甚至忽视期刊的品牌建设，更缺乏期刊品牌的竞争观念，所以首先应该树立期刊品牌，它是期刊品牌营销的前提与基础，而品牌维护是品牌营销的有力保障，品牌不断创新是期刊实现长久发展的新力量。

思考题：

1. 什么是期刊品牌？如何理解期刊品牌的构成？
2. 结合某一期刊，谈一谈它是如何树立品牌形象的。
3. 期刊社维护品牌的策略有哪些？
4. 结合某一期刊，谈一谈如何对其进行品牌创新。

第 6 章　期刊社的媒体公众号运营

在全媒体时代，媒体公众号[①]已然成为用户了解相关信息、获取新闻资讯以及发表评价和观点的主要渠道，成为各媒体机构高度关注的信息平台。目前，各大期刊社多数都已开设自己的公众号，其主要目的是及时发布信息以宣传和推广自身产品。随着社交媒体的演变，公众账号的经营也需要与时俱进。

6.1　期刊社媒体公众号的概述

对于媒体公众号的确切分类，目前学界还尚未认定统一标准。本章主要介绍三种媒体公众号，即期刊网站平台、微信公众号和微博账号，这是目前各媒体及文化机构使用较为普遍的公众号。在此需要说明的是，广义上的期刊包含杂志，狭义上的期刊一般专指学术类期刊。本章节所提到的期刊、期刊社均偏向学术类期刊及其期刊社。

6.1.1　期刊网站平台

目前，国内常见的期刊集群平台形成模式有两种：一是基于学会和协会而搭建的期刊集群平台，其学科优势明显，专业性较强，在行业内具有突出竞争优势，如中国地学期刊门户网、中国光学期刊网等；二是基于开放共享目标而搭建的综合性期刊集群平台，较为知名的有国家哲学社会科学学术期刊数据库（NSSD）和中国科技期刊开放获取平台（COAJ）。此外，在我国，只有极少

---

① 此章所述“公众号”为广义，即媒体公众平台和账号的简称。

数高校将本校期刊网集群平台交由高校图书馆创建运营，绝大多数高校都以出版社期刊中心或期刊社为主搭建本校的期刊网站平台。我国部分高校期刊网集群平台建设情况如表 6-1 所示。

表 6-1　我国部分高校期刊网集群平台建设情况①

序号	网站名称	期刊收录数量（种）	主管机构	期刊收录是否具有 ISSN 号	网站主要功能
1	清华大学出版社期刊中心	22	出版社期刊中心	是	期刊导航、新闻动态、学术交流、开放获取等
2	浙江大学出版社学术期刊网	20	学术期刊网	是	期刊导航、学术服务等
3	中国人民大学期刊管理中心	4	期刊管理中心	是	期刊介绍、期刊征订、编辑风采等
4	西安交通大学期刊中心	23	期刊中心	是	期刊导航、期刊订阅、新媒体等

在高校期刊网建设中，北京大学期刊网围绕编者、读者、作者，以搭建此三者间的互动交流学习平台为宗旨，力求为用户提供流畅而便利的一站式服务。在吸收与参考国内外期刊网络平台搭建经验的基础上，建成“北大期刊网”。该平台的主要服务内容包括动态信息、期刊导航与简介、论文成果、数字出版、集成检索和用户管理等，获得用户好评，既推动了北京大学学术期刊的发展，又提高了品牌影响力。除此之外，北大期刊网还建设了统一的期刊采编系统用以收录高质量期刊文章。2017 年 10 月，北大期刊网作为北京大学开放学术内容资源加入北大图书馆，此后该网站浏览访问量不断上升，并已经成为北大图书馆的热门资源。

6.1.2　微信公众号

微信公众号是开发者或商家在微信公众平台上申请注册使用、可与 QQ 账号互通的账号。账号申请方可以通过微信平台与相关群体进行文字、语音、视

① 参见张丽姝，赵黎黎，王大可. 高校图书馆期刊网建设初探［J］. 才智，2019（25）：248.

频、图片等多形式、全方位的交流与互动，进而形成一种线上和线下有效互动的主流微信营销方式。一般来说，微信公众号可分为企业号、订阅号和服务号。企业号主要供企业内部员工、上下游合作伙伴通信使用。订阅号不限制申请注册，但认证前后每日只可群发1条消息。服务号只对企业或者机构组织开放申请，认证前后每个月可以群发4条消息，不支持主动添加微信好友。相较于企业号，订阅号和服务号在日常生活中使用更多。表6-2是关于企业号、订阅号、服务号功能与区别的介绍。

表6-2 企业号、订阅号、服务号的功能与区别

账号类型	企业号		订阅号		服务号	
业务简介	帮助企业和组织在内部建立员工、上下游合作伙伴间的系统连接		为媒体和个人提供一种新的信息传播方式，为读者提供更优的沟通与管理		给企业提供更强大的服务，提升用户管理能力，搭建全新的公众号服务平台	
适用群体	适用于企事业单位、政府和其他组织		适用于个人、组织		不适用个人	
类别细分	普通企业号	微信认证企业号	普通订阅号	微信认证订阅号	普通服务号	微信认证服务号
消息能否直接在好友对话列表中显示	能	能	否	否	能	能
消息能否在“订阅号”文件夹显示	否	否	能	能	否	否
每日是否可群发1条消息	否	否	支持	支持	否	否
每月是否可群发4条消息	否	否	否	否	支持	支持
保密消息是否禁止转发	支持	支持	否	否	否	否

续表

类别细分	普通企业号	微信认证企业号	普通订阅号	微信认证订阅号	普通服务号	微信认证服务号
关注时是否需验证身份	支持	支持	否	否	否	否
能否接收/回复基本消息	能	能	能	能	能	能
页面底部能否自定义菜单栏	能	能	能	能	能	能
能否定制应用	能	能	否	否	否	否
高级接口能力	否	部分能	否	部分能	否	能
在线支付(商户功能)	否	支持	否	部分支持	否	支持

这里以学术期刊《出版参考》和《出版发行研究》的官方微信公众号为例进行分析比较。1988年，《出版参考》创刊，历经多年发展，成长为我国唯一囊括中外新闻出版的咨询期刊；1985年，《出版发行研究》创刊，凭借其期刊优质内容成为我国最早被原国家新闻出版广电总局认定的学术期刊。《出版参考》微信公众号注册于2018年1月10日，其宗旨定位是为出版产业的发展提供服务，并进一步促进国际视野内的出版交流。可见，该公众号与该期刊的定位是一脉相承的。《出版发行研究》微信公众号于2018年7月10日认证成功，其宗旨定位是打造行业内具有权威性的出版发行学术平台，搭建业界具有时效性的新闻出版资讯发布平台。截止到2022年2月28日，《出版参考》共发表206篇原创文章；《出版发行研究》共发表506篇原创文章，在原创文章发表数量上远超前者。目前，这两个学术期刊微信公众号推送文章的频率均保持在每天一篇左右。在公众号的栏目设置方面，《出版发行研究》相较于《出版参考》，其栏目的功能更为丰富。

目前，大部分期刊社都开通了与期刊业务内容相对应的微信公众号，然而每年只有极少数公众号能够产生相对可观的运营收入，如《中国中药杂志》微信公众号和《金属加工》微信公众号等。大多数学术期刊公众号并未产生可观的实际运营收益。今后在微信公众号的运营方面，期刊社还要进一步探索其运营方式，形成自身的核心竞争优势。

6.1.3 微博账号

微博，即微型博客的简称，是依托关注机制实现信息分享的广播式网络社交平台。注册用户可在网页端、手机端通过 QQ、微信、电子邮箱、手机号码等方式进行登录使用。此外，微博也提供开放式上墙服务，企业可以使用电脑和投影仪等设备在自己的活动中实现微博上墙。

虽然微博的影响范围较大，但该平台并非学术传播与推广的主阵地，因此期刊社并未将其作为主要的宣传平台。许多学术期刊的微博账号中没有及时更新本期刊最新内容，也缺少定期的维护更新。在这些因素的影响下，微博平台的粉丝转化率很低，通过微博平台实现期刊订阅与使用的读者用户数量较少。在这里，以学术类期刊《出版发行研究》和新闻类期刊《中国新闻周刊》的新浪微博情况为例进行说明。

截止到 2022 年 6 月底，关注《出版发行研究》的粉丝数量为 10.9 万人，粉丝数量较少。最新的信息更新时间为 2019 年 9 月 10 日，已有两年多未进行更新，可见该期刊已基本放弃新浪微博平台的运营。观察其以往平台数据可知，该账号更新时间不固定，间隔较长，每篇文章的评论数量在 20 至 40 之间，点赞数量基本不过百。而关注《中国新闻周刊》的粉丝数量较高，达 6 093.3 万人。这与其“挖掘新闻背景和内涵，做比报纸更具深度、更有质量、更成系统”的宗旨定位不无关系。该微博账号的信息内容更新及时，每条信息的评论数量与点赞数量都在百位数以内，而其刊登的热门事件的评论数量与点赞数量较高，可达 1000 左右，为用户了解事件最新进展提供便利。由于二者的类型不同，前者属于学术类期刊的微博，后者则属于大众类的微博，因此存在粉丝数量和关注度的差异。但学术类期刊理应学习大众类期刊的运营模式，及时更新内容，体现期刊的时效性与观念性，以此吸引更多的粉丝和用户。

6.2　期刊社微信公众号的运营

6.2.1　期刊社微信公众号的运营现状及问题

在互联网和新媒体技术快速发展的时代背景下，传统学术期刊要顺应时代发展方向，积极向跨媒体融合出版转型，公众号运营便是跨媒体融合发展的有效措施之一。以往微信公众号运营往往依靠粉丝红利和团队红利，随着市场竞争的加剧，如今的微信公众号运营已过渡到内容和资本红利时期。学术期刊的内容生产优势，成为其提高运营水平和获取盈利的重要资本，但如何在运营过程中发挥内容优势仍然处在探索之中。当前，学术类期刊微信公众号的运营现状有如下问题。

1. 战略定位不明确

在订阅号、服务号和企业号中，订阅号和服务号主要为学术期刊目标读者提供内容服务与销售服务，而企业号则主要用于学术期刊的内部及其上下游沟通管理。在学术期刊的运营过程中，要将不同微信公众号的定位、功能和推送方式等与自身的运营定位和需求相匹配，制定不同的运营方式。微信公众号的功能多样，主要涉及传播学术信息、广告推送、为读者提供便捷服务和新媒体传播等，因此也要根据不同的运营目的发挥不同功能，制定不同运营策略。事实上，学术期刊的目标用户主要为高校教师、科研学者和硕博士学生。然而，当前的大多数学术期刊微信公众号定位不够明确，其功能大多局限于推送期刊目录和搜索、查阅部分文章，并未真正发挥出微信公众号的运营优势。

2. 价值定位尚存偏差

与传统媒体不同，微信是在社交属性基础上形成的裂变传播，微信公众号传播的核心动力在于是否有利于用户快速获取所需信息、满足用户需求。事实上，学术期刊微信公众号是学术期刊与微信媒体相融合的成果，在内容生产、传播模式、阅读行为方面体现出强烈的互联网社交特性，但其在运营过程中并未充分体现这一价值理念。

用户关注期刊微信公众号的目的是获取知识信息、满足自身需求，但因公众号基于互联网而存在并无强制阅读的特点，因此要格外关注用户的阅读行为与阅读习惯，据此制定微信公众号内容推送的时间与推送时间间隔。根据中国微信500强24小时发布规律的数据显示，前500强的头部大号最爱在21：00至22：00推送文章；其次是18：00至19：00；再次是中午12：00至13：00。这些时段推送学术信息与期刊内容消息，往往可以取得更好的传播效果。大多数期刊虽然能够据此制定合适的信息推送时间，但在内容选择方面难以满足用户阅读动机与阅读兴趣等多方面的综合要求，实际阅读率和转发率等客观阅读数据表现并不乐观。这与期刊公众号现存的“学术自娱自乐”的传统价值观念不无关系，与微信平台“价值分享”“缩小知识差距”的理念尚存偏差。

3. 缺乏基于微信平台的互联网思维

期刊社要认识到，学术期刊的运营与期刊微信公众号的运营并不相同。首先在出版目的方面，学术期刊旨在出版最新的学术成果，而微信公众号则旨在传播学术信息与相关学术知识；其次在经营方面，学术期刊一般刊登硬性广告，而微信公众号一般推送软性广告和在线培训信息等；再次在出版形式方面，学术期刊的出版规范较为严谨，以体现严肃的学术风范，而微信公众号为吸引读者阅读兴趣，可以采用较为灵活、不拘一格的方式进行排版和内容撰写。因此，学术期刊微信公众号的运营相较于学术期刊而言，要更契合互联网时代背景，更体现互联网思维，更体现互联网用户的实际需求。

如“人卫健康”微信公众号，是人民卫生出版社于2015年注册的官方微信账号，其办刊宗旨是“根植卫生健康、服务健康中国”，微信平台粉丝已超50万。该公众号的运营编辑有着专业的医科背景，具有向读者进行医学知识普及的专业能力，但由于医学知识本身的专业特性，使得普及效果一般。运营团队在发现这一问题后，逐渐意识到医学健康知识的普及既需要科学严谨，又要便于科普。只有将医学知识“打包重组”，才能帮助没有相关专业背景的读者用户进行理解与吸收，达到传播与普及的目的。实际上，使用通俗话语解释医学原理对作者的语言表达和逻辑思维是一种更高的考验，因为作者不仅要具有严谨的逻辑思维与专业的知识框架，还要运用灵活生动的语言文字将逻辑思维与专业知识轻松地表达出来，如此方能形成一篇篇能够真正吸引读者用户的科普文章，获得用户认可。

6.2.2　期刊社微信公众号的运营模式

在互联网环境下，微信已经成为社会公众获取信息的重要社交平台，微信公众号也成为宣传和推广期刊的重要阵地。学术期刊微信公众号的运营固然存在一些不足，但同时也有成功的微信公众号运营案例，这些成功的运营案例模式在获取经济效益、传播期刊内容、塑造品牌形象方面起到了积极作用，推动了期刊、微信、网站的融合发展。

1. 模式一：以承接广告为主的盈利模式

任何期刊微信公众号想要取得良好的传播效果，都离不开专业的内容、读者用户的细分和优质的传播力。唯有在形成大量且稳定的粉丝群体的基础上，公众号才有获得经济收益的可能性。在此以《金属加工》和《中国有色金属》这两个工业技术类学术期刊的微信公众号为例进行简要说明。

《金属加工》于 1950 年正式创刊，原名《机械工人》，分“冷加工”和“热加工”两个版本。该刊以刊登机械工业生产实践的专业学术文章为主，在机械工业和金属加工领域享有高知名度，是中科双效期刊和我国百强报刊，在业内有着广泛的影响力。《金属加工》微信公众号的活跃度极强，基本能够做到每日更新，单次推文数量较多。据 2013—2021 年新榜微信公众号数据显示，该公众号在科技期刊新媒体领域内处于领先地位，在科技期刊公众号排行榜中名列前茅，传播效果与传播力度居行业前端水平，是金属、机械行业领域微信公众号的典型代表。由于其良好的运营效果，该公众号有着优质流量和极强的行业影响力，其盈利能力也随之获得提升。除了刊登大量与行业相关的常规广告外，《金属加工》期刊微信公众号也有付费线上线下活动、付费课程和视频直播等多种盈利方式，每年的经济效益可达数百万。

除《金属加工》微信公众号外，《中国有色金属》在公众号运营方面也表现优异。《中国有色金属》也属于工业类期刊，其微信公众号名为“有色新闻”，主要发布和传播与有色金属行业相关的资讯与专业知识，具有较强的专业性。该公众号主要以文前广告和售卖微信期刊为主要盈利模式。投放在该公众号中的广告一般由奥图泰公司投资，这一公司的业务范围与期刊公众号的定位相同，即主要与矿物加工和金属生产相关，因此其消费者与公众号用户存在交叉，有助于公众号粉丝转化为期刊消费者。

2. 模式二：从学术类公众号向科普服务类转型

随着国家加大对科学普及的号召，部分学术期刊公众号凭借自身的学术优势将其定位转向服务大众，为社会公众科普和宣传相关知识，以此拓展读者用户规模与范围。在此以《中国中药杂志》和《植物保护学报》的“人呆手户”等微信公众号举例说明。

2014 年，《中国中药杂志》微信公众号正式上线，其页面可以向用户粉丝提供社群交流、文献查询、投稿进度查询、期刊阅览与订阅等多种服务。该公众号依托自身专业期刊资源与互联网时代背景，不断探索新的运营模式，将公众号定位于面向大众推广与科普中医药知识与文化，拓展了用户范围，对期刊起到良好的宣传效果。经过近几年的发展，目前微信公众号的用户已达数十万人，也已形成与原纸质期刊定位不同但相辅相成的全新内容体系。在公众号拥有稳定用户群体后，该公众号对用户习惯与需求进一步细分并进行商业运营尝试，取得了一定经济效益，形成了独具特色的将学术背景与学科特征相融合的盈利模式。该微信公众号主要通过自建电商平台、承接广告和推广活动与学术会议、版权使用等方式进行盈利。该账号所发布的文章内容不仅丰富多彩，而且几乎每天都会发布一篇原创文章以介绍养生知识与方法，深受用户喜爱。

《植物保护学报》是微信公众号“人呆手户”的运营主体。“人呆手户”公众号的内容定位为科普昆虫植物知识，其公众号内所发布的文章写作手法十分生动，常运用拟人手法和网络语言等使得各类动植物“活起来”，表现出对大自然的探索精神与热爱情怀。该公众号不仅内容有趣，还设有“形色识花”的小程序，用户可以上传植物的照片以鉴别植物种类，识别成功后，还可以通过点击“趣说花草”“诗词赏花”等栏目获取该植物的养护指导，欣赏与该植物相关的诗词，操作便捷，并且具有较强的实用意义和趣味意义，获得用户的一致好评。

3. 模式三：以多种方式售卖公开课程

《新闻与写作》微信公众号具有精准的定位，即为新闻从业人员、新闻专业学生和有意愿学习新闻写作技巧的特定用户提供服务，其公众号主要发布与新闻采写编评技巧、新闻传播行业动态有关的内容。其中，写作技巧类的文章内容占比高达 70%。基于此，该公众号对用户实行进一步市场细分，将新闻从业者、在校大学生等群体作为重点用户，聘请专家学者有针对性地讲授新闻写作技巧，并以在线课程的形式成功将用户转化为消费者，实现了知识付费与流量变现，盈利空间进一步扩大，盈利能力进一步提高。

4. 模式四：投票互动模式

微信作为社交媒体，为用户提供贴心服务是其制胜法宝。只有与用户保持高互动性，不断满足用户需求，提高用户对平台活动的参与度，才能不断提升用户粘性，才能提升微信公众号的运营水平与运营效果。

《中国护理管理》作为医院护理行业的知名期刊，其微信公众号自 2017 年开始连续 4 年举办“全国护士微电影节”活动，对投稿作品进行投票，对票数优胜作品进行展播与颁奖，获得了广大用户与相关企业的支持，活动期间平台互动性良好。这一活动不仅使得公众号在短时间内收获大批关注，同时也塑造了该刊的品牌形象，增强了其影响力，获得了一定的经济效益。此外，该微信公众号立足于用户实际需求，设立“互动服务”专栏，通过这一专栏，可以为用户提供相关话题讨论、搜索美食菜谱和查询机票信息等服务，为用户的生活提供便利，提高了用户的互动参与热情，进一步提高了用户粘性。

5. 模式五：借时事热点抓眼球

《质量与认证》杂志社微信公众号自注册成立以来，便一直以及时发布行业最新动态与资讯为服务要求，十分重视信息的时效性，帮助用户及时获取最新的时事信息，数量不少的热门文章也收获了用户的大量关注。

该公众号常以某一人物或某项活动为中心进行文章组稿与撰写，既及时发布与行业相关的实时热点新闻与重要事件，又降低了由于文字表达过于学术化而使读者失去阅读兴趣的可能性，因此该公众号所发布的文章阅读量较高。如

2022 年所发布的《用坚韧在雪域高原书写忠诚——记中国中检援藏干部周方高》《独家专访：中国工程院、中国检科院首席科学家庞国芳》等均获较高浏览量与点赞数，《刘鹤，为什么如此重要?》一文阅读数量更远超 10 万。

从 2014 年开始，传统媒体广告市场处于负增长态势，互联网广告市场的发展态势向好。因此，学术期刊微信公众号要借助明确定位和自身学术优势，积极向用户传达行业最新信息，重视公众号内容的选择与策划，发挥互联网下信息传播速度快、传播范围广的优势，以此形成适合自身发展的公众号运营方式。

6.3 期刊社媒体公众号的运营模式与发展方向

移动社交媒体的出现使信息传播的形态发生改变，也使用户的媒体使用习惯发生改变。在期刊社今后发展的过程中，除了可以借鉴与参考上述几种微信公众号运营模式外，还应特别关注期刊公众号的发展趋势。

6.3.1 信息化运作趋势

如早在 2007 年，上海大学期刊社就与北京玛格泰克科技发展公司开展合作，建立了“上大期刊网”，其由上海大学期刊社门户网站、8 个上海大学主办的期刊网站和期刊论坛共 10 个版块组成。

期刊社网站和各期刊网站的同步开通，还有网上审投稿系统的全面使用，为作者、审稿专家和读者提供了便利，也给编辑的工作带来了极大的方便。通过信息化系统，可以对稿件流转的进程、费用的收支情况等进行实时的监控。通过授权，社领导可以在线了解每一刊的编辑出版情况，及时发现问题加以调整，在必要时还可以汇总输出相关数据，为决策提供依据。如 2015 年 6 月，一些期刊社就建立了由各部门年轻同志组成的信息化研究工作团队，对期刊社今后的信息化工作进行规划和研究，提前进行信息化布局。

6.3.2 移动互联网应用（App）出版模式

学术期刊的 App 出版模式并不限制学术期刊的数量，即既可以是在一个

App 内出版多种学术期刊，也可以是在一个 App 内出版一种学术期刊。

学术期刊 App 出版模式的优势，一是为读者能够随时随地获取学术研究成果提供便利，高效延伸读者用户的阅读时间，同时也能将学术研究成果系统、完整地呈现给读者；二是学术期刊 App 出版模式与传统纸质期刊相比，在内容和表现形式方面有更多可发挥的余地，可以实现立体出版。

如中华医学会期刊系列 App，依托于中华医学会的优质内容资源，将 180 多种中华医学会系列期刊的近百万篇文献收录到该 App 中，该 App 还同时收录了部分指南、病例、视频等内容，资源丰富。其 App 的主要定位为发现知识与存储知识的电子库藏，用户可以通过该 App 在线或离线阅读期刊、浏览过刊、检索信息、实现社群互动等。

6.3.3　微信公众号 PPP 运营模式

PPP（public-private partnership）是指政府与社会资本进行合作，二者共同承担风险、共同分享利益的运营模式，是一种全新的理念。这种模式能够最大限度发挥政府和社会资本双方所具有的优势，有利于合理进行资金分配、技术研发、有效管理，最终达到优化资源配置的目的。

期刊类型众多，不同期刊类型具有不同的优势与特点。学术期刊的优势在于出版具有专业性的学术成果；其劣势则体现在不擅长通过社交媒体营销内容，实现知识变现。为此，与擅长社交媒体运营的机构进行合作，进而发挥自身在学术内容方面的优势，就成为提高学术期刊微信公众号运营水平的选择。

我国学术期刊数量较多，但发展水平存在较大差距。其中既有规模较大、水平较高的学术期刊群，如清华大学出版社期刊中心、浙江大学出版社学术期刊网等，也有仅能发行一两种期刊的发行单位。而使用聚合式和联盟式的 PPP 运营模式则是解决这种现象的有益尝试。

聚合式运营模式的特点是能够开通多个微信公众号，第三方代运营机构便能够同时代理这些公众号进行系列化、多学科的运营，通过微信矩阵互推文章，进而达到引导用户相互流通的目的。这种运营模式适合拥有系列化或多种期刊的学术期刊单位。

联盟式运营模式则更适用于学术期刊种类单一、运营成本不高且运营能力相对有限的期刊单位。例如，高校学报微信公众号一般体量较小，运营机构若能将同一地域内的高校学报微信公众号整合起来并共同管理运营，则有利于实现代运营机构与高校的双赢。这种运营模式的优势是能够打造更具竞争优势的学术期刊微信公众号联盟，进而提高联盟内学术期刊的传播效果和学术影响力。

在移动媒体传播时代，互联网的出现改变了社会公众原有的思维方式和阅读习惯，传统纸质期刊也开始纷纷转型从而探索适合自己的运营模式，其中最不能忽视的就是期刊媒体公众号的运营。它已经成为一种用户了解期刊的重要方式与途径，成为期刊宣传、塑造自身品牌形象的重要手段。

在今后发展的过程中，期刊社还应立足于自身的学科背景和内容优势，对用户进行精准定位，善于转变思路，顺应互联网的发展趋势，适应当下新媒体的运作规则，顺应期刊社媒体公众号运营的发展方向，找寻适合自身发展的公众号运营模式，从而获得更大的社会效益和经济效益。

思考题：

1. 什么是期刊社媒体公众号？常见的期刊社媒体公众号有哪些？
2. 如何做好期刊社媒体公众号运营的价值定位？
3. 如何看待期刊社媒体公众号的运营模式？

第 7 章　期刊社的营销策略（以学术类期刊社为例）

期刊营销策划是期刊系列策划中的一个重要类型，在期刊社的生存发展中占有重要的地位。作为一种战略决策，其得失关系到整个期刊策划乃至期刊社的成败。期刊作为一种特殊的精神文化商品，其营销策划应更多地呈现自己的特色和风格，可以运用一定的手段与技巧，打动和说服读者订阅或购买自己编辑出版的期刊，使期刊社获得社会效益和经济效益。随着科学技术的不断发展和读者需求的不断增加，期刊营销的方式也在不断丰富，尤其是以迅猛的速度向数字化方向发展，以达到传播期刊信息、发展读者数量和扩大宣传的效果。

7.1　期刊社营销策略的概述

7.1.1　期刊营销策划的概念

期刊营销策划是期刊编辑出版过程中的重要环节，在出版物创作、出版物变更、专题策划等各类专项策划中扮演着重要的角色。期刊营销策划是系统推出期刊文化产品乃至期刊社的全方位的决策，它的发展与整个期刊策划乃至期刊的成功息息相关。同其他商品一样，期刊也离不开营销活动，期刊的营销活动与市场经济相联系。它以市场为中心，以销售为重点，以扩大发行和赢得更多利润为目的，以读者消费需求为导向，是一种有计划、有组织的涉及期刊整个经济活动的经营活动。发行量是营销成功与否的一个指标，但不是唯一指标，不能片面追求发行量的增长；调动多种手段，使期刊销售收入与广告收入同步增长，社会文化进步与期刊社效益共同提高，是现代期刊营销策划的主要内涵。期刊营销策划关系到期刊社的整体利益，是上至总编，下至编辑、营销、发行人员的集体工作项目。在市场营销定位的三个组成部分中，市场定位是策划的基础，产品定位是策划的前提，战略定位是策划的关键。期刊市场定位的确立有助于期刊社后续产品的推出和营销策略的制定。

7.1.2 新媒体环境下学术期刊的发展困境

1. 缺乏完善的数字出版技术和传播主动权

近年来，我国学术期刊发展趋势良好，但并未形成完整的产业链，一些学术期刊出版商不具备独立运营数字出版平台的能力，缺乏资金、技术和运营团队方面的经验。据相关数据显示，中国 WAJCI 指数均在 0.929，而美国、英国、荷兰的 WAJCI 指数均在 2，远超我国。虽然我国涌现出一批优秀的学术期刊，像《国家科学评论》《科学通报》《绿色能源与环境》《纳米研究》等 SCI 期刊，但其国际出版在一定程度上仍要依赖国外出版集团。一些学术出版巨头在开展国际出版合作业务时，不但向国内期刊索要高额发行费，而且要求获取文章的全部或部分授权。由此可见，数字化出版平台的建设与学术期刊的国际化竞争存在一定的联系。

2. 人才与组织结构转型迟缓

在人员结构方面，学术期刊专业性较强，对其从业人员的科学文化和职业素质要求较高，但编辑经验并不是一蹴而就的，需要长时间的积累与实践锻炼，因此其人员结构老龄化，且缺少多样性。我国学术期刊出版单位大多由高校、社会科研机构、学会或协会提供资金支持，不用自负盈亏，在缺少经济效益的推动下，其工作活力较低，也难以通过竞争性的薪酬架构来吸引具有一定技术或运营管理能力的人才。在组织结构方面，传统编辑部在出版单位中的重要性占比高于数字出版部门，市场运营部门的发展空间没有得到充分的利用。人力资源和组织结构的变化对于出版业务转型延缓有一定的影响，需要同时着手，从根本上解决问题。

3. 缺乏公平的利益分配格局

学术期刊在科学技术发展的推动下，与数字技术不断融合，大多数学术期刊走上了数字化出版的道路，创建了官方网站、微博、微信公众号等自媒体平台，在促进信息传播、增强期刊社会影响力的同时，也带来了很多问题。在数字出版之前，出版单位的收入主要来自于期刊版面费、广告费和订阅费等，其收入都属于出版单位。但数字出版之后，期刊订阅费和广告费的获取越来越困难。目前我国学术期刊数字出版的方式主要是与学术数据库合作和自建网站，学术期刊社不可避免地要与数据出版商进行利益分配。据相关数据显示，我国学术期刊数字出版发行利润的 90％都归于网络出版商，仅有 10％的收益由出版单位获取。但出版单位承担了整体出版环节中的大部分工作。这种出版单位干活、网络出版机构挣钱的利益分配格局在一定程度上已经初步形成。

7.2　学术期刊社的主要营销方式

7.2.1　品牌营销

品牌营销是企业发现消费者的品牌需求并满足这种需求的过程，主要包括品牌识别、品牌定位、品牌形象塑造和品牌推广四个方面。学术期刊社的崛起并不是一蹴而就的，而是通过不断的努力实践出来的。在实践过程中，学术期刊社对其出版的期刊进行合理定位，一方面，要基于自身特色进行合理定位；另一方面，要随着社会需求的变化调整定位。随着科学文化知识的不断更新和国家对出版事业的大力支持，学术期刊的出版发行获得良好的发展环境。越来越多的学术期刊已经意识到营销对其生存和发展的重要作用，品牌营销已经成为学术期刊营销活动的重要环节。人们依靠期刊品牌来识别期刊，期刊品牌营销需要首先建立期刊品牌。有研究者认为，期刊品牌通过期刊的内容信息和装帧风格进行展现，也有研究者认为，满足消费者知识需求的产品质量、信誉及风格就是期刊品牌。因此，期刊品牌是期刊的内在表达和外在形式高度一致的产物。具有自身特色的品牌营销对于期刊社持续性发展具有重要的推动作用。

7.2.2 自媒体营销

在互联网时代，学术期刊社为推动自身发展路径更为顺畅，开始接触数字出版。而自媒体在网络和社会关系网络中的传播渠道丰富，有助于扩展传播范围，增加读者接触信息的机会。

1. 学术期刊社自媒体的类型

（1）官方微博。学术期刊社官方微博是指专业出版机构在微博上建立的官方媒体网络平台，宣传专业资源，提供专业服务，以激发专业期刊粉丝与潜在读者的关系。微博平台在 2016 年之前有字数限制，学术期刊社官方微博发表的信息大多为文章摘要和文章相关导读，读者要通过附加的文章链接进行浏览下载。在 2016 年 3 月后，微博取消了这一限制，读者可以直接浏览微博全文。学术期刊社对微博的利用率较低，多是发布科学资讯信息，与读者的互动交流较少，缺少精细的期刊微博运营方案。

（2）微信公众号。微信公众平台是一个自由的创作平台，任何企业或个人都可以通过实名制认证，申请到属于自身的微信公众号，参与到新媒体的创作队伍当中。它在 2018 年 8 月开始运营，主要类型有三种，即订阅号、服务号和企业号。在申请主体方面，服务号适用于媒体、企业、政府或其他组织，订阅号在服务号的基础上增添个人。在推送内容方面，服务号更趋向于为企业和组织机构服务，而订阅号更趋向于给用户提供咨询。在推送频率方面，服务号通常一个月内能够推出 4 期，而订阅号每天推送 1 条消息。学术期刊开通微信公众号，可以推送相关的学术信息，将自身的期刊特色与微信公众号平台的传播特点相结合，不仅为用户提供优质、及时的内容，也增强自身期刊在公众视野的曝光度。

（3）官方网站。随着科学技术的不断发展，学术期刊数字化出版不断完善，其传播和应用功能不断增强。学术期刊官方网站的功能通常是传播其官方信息，如期刊基本信息、发刊资讯、投稿方式、咨询邮箱等。而由于学术期刊所依托的主管机构不同，其官方网站在栏目设置上也有所差异，但大多包括网上投稿管理系统、在线往期检索管理系统、在线编辑管理系统等基础性板块。

在学术期刊社进行数字化转型战略中，有的期刊社与中国国家知识基础设施（CNKI）等信息资源共享网络平台合作，对受理论文实施了优先数字化发布、数据发布、按需发布的管理模式。

2. 学术期刊社自媒体的特征

（1）不同自媒体路径信息传播内容、范围、方式不同。伴随着科技发展和用户需求的变化，自媒体类型不断增加，其多样的形式在很大程度上满足了人们碎片化阅读的需求。官方微博、微信公众号、官方网站作为主要的自媒体类型，其传播内容、传播范围和传播方式都有自身的特点。微博是一种发散式的传播，其传播范围由点及面，读者群体比较模糊。官方微博主要通过发布相关专业领域的前沿观点，与公众进行交流，来聚集"人气"。学术期刊微博平台与其读者之间的关系并不稳定。微信公众号是一种半开放式的读者传播，它的读者群较为清晰，在信息传递机制与交互中都是一对一的，有助于与读者形成深层次的粘性关系，并且有时间预定的功能，能够在特定时间向目标读者发布信息内容。而官方网站在某种程度上是读者和期刊编辑部在内容稿件方面展开交流的对外合作渠道，与读者之间的粘性较低。

（2）自媒体平台运行水平参差不齐。随着数字出版的不断发展，学术期刊积极转型，开始了数字化的探索与尝试。但学术期刊行业内部、自媒体网络平台本身电子化的水平不尽相同。而且，由于行业以及学术期刊读者人群的局限性，再加上各个平台的信息传播能力也存在一定差距，使得每一个学术期刊的自媒体运营都有所差异。相对而言，人文社科类期刊自媒体运营的效果较好。以新闻传播类为例，《参考消息》和《南方都市报》的每一篇推文的阅读数量基本上以万为单位，其中一些优秀文章的阅读量甚至可以达到 10 万＋，而与之同类型的微信公众平台的文章阅读量大多停留在千的量级。

7.2.3　众筹模式营销

随着科技发展和互联网的普及，学术期刊社也关注到了网络的力量，因此，在之后的发展中，它不仅不断完善传统出版模式，也注重通过网络来展现自身优势，进一步拉近与群众之间的距离。众筹商业模式是在网络上形成的一种新型商业出版方式，学术期刊数字发行采用大众募资方式，打造全新发行模式，有助于解决长期以来学术期刊数量发行供给和市场不对称的问题。“众筹”一词最初出现于美国，意为众人投资。①“众筹”在2011年引入国内后，受到国内理论界和业内人士的普遍关注，但始终缺乏成型的理论模型。众筹分为4种类型，分别是回报众筹、股权众筹、债券众筹和捐赠众筹，主要有垂直型平台和综合型平台。② 目前，在中国普遍使用的是综合型网络平台，还没有产生专门性质的出版众筹平台。众筹出版作为一种新的图书出版方式，在一定程度上解决了传统出版单位出版成本过高的问题，但其在实践过程中也产生了新的问题。众筹收益的分配、众筹流程的合理性和监管的权威性等方面都对其发展提出了挑战。其收益主要来自项目的投资者和消费者。一个项目可以拥有多个投资者，参与人数与出版成本呈负相关，参与人数越多，出版成本越低。参加人员的数量并不是无限增加的，它要根据当时的市场需求来决定。

表7-1 众筹出版与传统出版的比较③

比较项目	众筹出版	传统出版
筹资渠道	网友作为购买者和投资者	出版社或作者本人投资
规划主体	读者和作者可以参与出版规划	出版流程全由出版社规划
读者回报	获得纸质书、激励品及参加研讨会、交流会等	只获得纸质书
作者回报	先众筹后出版，稿酬可预先收到	先出版，之后获得稿酬
出版风险	提前获得市场反馈，预测需求，降低风险	无法预测需求，可能滞销，风险相对更大
失败结果	失败后众筹资金原路返回	失败后出版社出版亏损

① 参见郭泽德．众筹出版模式对出版业创新的启示［J］．出版发行研究，2014（8）：57.

② 参见李贞．学术期刊数字出版盈利模式探讨［J］．新闻世界，2014（1）：111.

③ 参见刘永斌著，马民虎总主编．网络众筹法律风险防控［M］．北京：中国民主法制出版社，2017：142.

7.3 学术期刊社的营销策略建议

国内学术界拥有丰富的学术期刊资源，但综合来看，中国国内的学术期刊质量和国外相比，差异仍然很大。国际期刊的发展为国内学术期刊的发展提供了经验借鉴，并带来了挑战与机遇。国内学术期刊社应抓住机遇，不断进行办刊理念和经营管理理念的更新，精准制定发展策略、精准定向、提高质量、不断创新，进一步提升期刊的品牌知名度和国际影响力。

7.3.1 学术期刊社的品牌整体营销策略

1. 期刊品牌树立的策略

（1）精准定位期刊品牌。期刊的品牌定位有助于开发潜在读者和明确开发目标，从而更好推动期刊的宣传推广。其中读者定位是关键部分。读者需求是多种多样的，根据读者需求选择期刊内容，能够明确找到适合的读者群体，从而对其进行精准营销，提高期刊的购买率，并且还可以根据需求的变化对期刊内容进行相应修改。期刊品牌定位主要是树立期刊在消费者心中的形象，强化消费者对期刊的印象，因此，要重视期刊定位的作用。

（2）提高期刊质量。不论期刊形式如何变化，内容仍是“王道”，高质量的期刊内容是建立期刊品牌的关键。期刊内在质量要求严格关注稿源质量，外在质量需要通过高品质编辑、栏目设置、包装设计来实现，从而实现期刊质量的飞跃。

（3）培养期刊品牌个性。如今期刊同质化严重，辨识度不高，凸显的品牌个性无实际内容支撑。[①] 可以通过引入 CI 战略来打造品牌个性，将办刊理念视觉化，形成特色并基于特色向纵深拓展，形成独有的品牌个性，提高期刊的市场竞争力。

（4）培养和储备一支高素质的人才队伍，包括编辑团队、评审团队和经营

---

① 参见任健. 从系统品牌观看期刊品牌营销工作战略方向与实施重点［J］. 编辑之友，2011（12）：44.

管理团队。期刊竞争归根到底是人才的竞争，人才是必备的生产要素。[①] 名编辑意味着名栏目、名策划和独特的视角。审稿在出版过程中具有“把关人”的作用，要建立由老中青三代结合的权威审稿人队伍。在激烈的市场竞争中，优秀的管理队伍能够在市场变化中保持自身经济和社会效益的稳定，因此要培养社会责任感强、市场反应灵敏的管理人才。

（5）注重期刊色彩的运用。色彩是世界性通用语言，抓住受众的视觉在一定程度上吸引了读者的注意力。通过运用合适的色彩，将期刊的特点展现给读者，有助于在读者心中留下品牌印象。因此期刊色彩的设计应充分体现期刊品牌的思想精髓和内容特质。[②]

（6）更新品牌传播理念。期刊作为传播媒体，其品牌的塑造有赖于传播的社会效果。[③] 期刊应更新其传播理念，合理地运用各种传播方式。活动营销和事件营销也是塑造期刊品牌、实现期刊品牌传播的重要途径。这就需要在进行品牌推广活动时，注重期刊市场定位以及明确期刊风格偏好。《中国国家地理》通过举办大讲堂、科学考察、读者见面会等各种具有延续性的活动来提升其品牌知名度。[④] 打造期刊品牌是一项长期的系统工程，期刊经营者要充分利用品牌优势留住广大消费者。

2. 期刊品牌创新的策略

期刊品牌创新包括理念创新、内容创新、技术创新和经营创新，其中理念创新是关键，内容创新是根本，技术创新是手段，经营创新是动力。[⑤] 不是所有的学术期刊都具有创新价值。只有那些具有一定的思想深度、文化内涵和满足用户需求的学术期刊才有创新价值。因此，在进行创新行为前一定要对学术期刊文章做好把关。在创新过程中，应把期刊看作产业，提出适合的商业理

---

① 参见姬沈育. 期刊品牌化的核心因素与路径选择 [J]. 河南师范大学学报，2008（5）：234.

② 参见周根红. 谈封面色彩在期刊品牌营销中的作用 [J]. 出版发行研究，2008（3）：72.

③ 参见李维. 寻找读者：期刊品牌化营销的主导策略 [J]. 黑龙江高教研究，2008（2）：170.

④ 参见孟志军. 《中国国家地理》的品牌营销策略以及目前存在的问题 [J]. 中国科技期刊研究，2008（2）：269.

⑤ 参见武超群，张向丽. 期刊品牌营销新视野——“三次售卖”理论的启示与实践 [J]. 现代出版，2011（1）：33.

念，并根据市场的变化对自身品牌策略进行调整。内容创新主要体现在期刊所传递信息和期刊表现形式的创新；技术创新主要体现在其发行方式；经营创新则指走集约化经营道路，改变期刊靠版面费维持盈利与运行的现状，使期刊品牌发挥出其溢价性和附加值。[①] 除此之外，品牌延伸也是品牌创新。品牌延伸是基于现有品牌效应的二次创新过程。期刊品牌产生的特殊价值链是一种无形资产，能够在横向和纵向的拓展中为期刊后续发展提供更多的内在动力和价值。孟志军指出："期刊品牌延伸可以看作是期刊的第三次销售，期刊的第一次销售是卖给读者，第二次销售是卖给广告商。"[②]《读者》运用自身成功的形象，实施品牌延伸策略，先后发行《读者》原创版、乡土人文版、大字版，以持续地发展品牌的附加价值。

7.3.2　学术期刊社自媒体的营销策略

1. 文章选择注重差异化

随着互联网的发展，自媒体平台数量不断增加。2020 年，微信公众号数量已近 3000 万，截至 2019 年第一季度，仍保持活跃的公众号累计 175.6 万个。但各个自媒体网络平台的传播逻辑有所差异，学术期刊在进行自媒体传播时，要考虑自身的具体情况及各个媒介网络平台的产品特点和传播特点，有针对性地发布信息，对读者人群形成有效的信息传播。由于自媒体数量越来越多，而学术期刊可选择的题材又有限，因此内容的同质化情况也越来越明显。这会使得用户产生审美疲劳，继而丧失对内容的兴趣。因此，在自媒体平台上发布的信息应该具有思想性、及时性和趣味性，从而引发读者的互动和分享行为。具体来说，官方微信平台和用户之间的粘性较大，可以选择新奇和及时的内容进行发布。官方微博的传播范围更为广泛，可以选择紧随社会热点、话题性较大的信息，增强用户"眼缘"，增加文章对读者的吸引力。官方网站发布的信息较为严肃，大多为期刊目录、出版内容、期刊发行等，有些期刊官方网

① 参见袁桂清，杜杏叶，刘培一. 我国科技期刊品牌建设发展战略与对策研究［J］. 编辑学报，2010（10）：377.

② 参见孟志军.《中国国家地理》的品牌营销［J］. 传媒观察，2007（5）：22.

站为丰富内容，也会增加一些具有自身特色的栏目。以《读者》为例，该网站除了基本的信息栏设置之外，还有“电子杂志”“读者新闻”模块。

2. 内容编排遵循读者需求

学术期刊的自媒体传播受到很多因素的影响，如国家政策、经济发展、数字技术、人员结构等，但不论形式如何变化，其内容要与当时人们的思想文化观念和审美取向相契合。学术期刊自媒体传播是在纸质期刊基础上进行二次传播，但自媒体平台的编辑与传统纸质图书的编辑存在差异，自媒体平台在进行内容编排时要注意用户、平台系统和文章内容的特点。在文章编排方面，也不能只是对其进行单纯的复制粘贴，而是应该根据用户的实际阅读情况，创新信息的表达方法。以微信公众平台为例，可以针对文章特点，适当添加图表、文本框、文字线条等内容，或者利用秀米、小蚂蚁、易企秀等不同内容编辑器对文字进行特色编排，从而给用户带来更好的阅读感受；还可以添加一些细节化服务，例如根据文字起始时间可设定“文章阅读共需几分钟”“文章导读”等个性化服务，或者根据期刊特点设定自媒体平台的专栏名称等。图文结合的方式能在视觉上抓住观众，而按照文章特点进行稿件编排又能引起观众的深入思考。

3. 传播推广多元化

传统媒体与新兴媒体的融合已经成为必然，出版业发展至今，每一次信息技术的变革都会为出版带来巨大的变化。而网络信息技术的出现，不仅为自媒体平台提供了技术支持，还促进了网络营销的形成与发展。学术期刊自媒体的发展，应该从内容题材和外部表现形式两方面考虑，在内容上反映时代内容和满足读者科学文化需求，在形式上要创新，对其进行合理的延伸，而不是仅仅在自媒体平台上发布纯文字类内容。充分开发学术期刊自媒体的功能，提高与读者的交流频率，从而稳固与读者的关系。此外，学术期刊还可以与有关数据分析检测机构合作，采用统计方法来分析文章的目标读者需求，从而做出有针对性的文章推送。在微博方面，可以直接阅读文章，也可以利用文章链接推送和文章转发功能来促进信息的传播，还可以设置转发抽奖活动，运用更加实际性的奖励方式来留住更多的读者。

7.3.3　学术期刊社众筹模式的营销策略

学术期刊众筹模式是在互联网的基础上发展起来的，既是一种出版理念，也是一种运营模式。出版业发展至今，一直与信息技术密切相关，VR、AR等新技术与出版的融合为读者带来了全新的阅读体验。这些数字技术的进步，为出版方式的转变提供了技术支持。学术期刊众筹出版要注重消费者想法，这一理念与4R理论有相似之处。4R理论主要指关联、反应、关系和回报，是以消费者利益为中心的经营思想和市场营销战略。这一理论有助于促进众筹出版平台与消费者之间建立联系，根据消费者的需要开展信息营销，推动学术期刊数字出版市场科学、规范发展。

1. 建立以消费者为核心的出版关系网络

关系营销以无形抽象的情感、诺言和信任为交换基础。其概念的提出最早可以追溯至20世纪80年代，Berry（1983）从服务营销的角度切入，认为要通过多样的服务来强化企业与顾客之间的关系。随着数字时代的到来，网民在互联网上进行信息的获取、交流与传递，形成了一个巨大的关系网络。学术期刊数字出版的众筹营销是在网络平台上进行的，处于互联网中的网民都可以是其潜在的消费者。因此，学术期刊数字出版项目的发起方和众筹平台应以更宽广的视野认识与用户以及相应受益人群的关系，充分发挥互联网的社交功能和互动优势。① 在学术期刊众筹出版的过程中，要明确消费者定位，制定细致的营销策略，寻找和创造营销热点，创建和维持网络学术社群，在各种互动中获取消费者的信任。出版单位还可以通过运用数字技术建立相关的网络数据库，对出版物信息和消费者信息进行整理。并在此基础上对自身服务进行优化，进一步稳固与消费者之间的关系。

2. 以内容创新为纽带建立关联

关联营销简言之就是把媒体利益与广告主利益进行关联。一般而言，投资者对自己有把握的项目的资金支持会更高，因此，众筹出版平台上对于项目信

---

① 参见张久润，陈鹤杰，向子璇. 基于4R理论的众筹出版图书营销策略研究［J］. 今传媒，2017，25（3）：90.

息的展示越丰富，获得的投资者支持越多。所以，在进行关联营销时，一定要注重项目信息的全面性和消费者需求的多样性。在碎片化阅读时代，人们阅读信息的时间减少，与纯文字的内容相比，简单明了的图片和具有动态性的视频更能吸引读者的注意力。因此众筹出版应在内容上进行创新，并运用具有创意的、紧跟时代的方式进行呈现，从而提高投资者对项目的众筹筹资额度。除此之外，学术期刊数字出版众筹平台应采用小额投资的参与形式让用户参与到出版项目的运营中，使用户与众筹发行的参与者构成一种利益关联体，共同参与项目的融资、运作、发行流程，从而及时预测市场需求，确定印发规模，减少发行损失。学术期刊和出版众筹平台的推广需要建立起供求价值链，从而形成作者与用户间长期协作、互利共赢的合作机制，推动出版市场的良性发展。

3. 制定出版市场应急策略

反应营销是指市场的反应速度，是能够对瞬息多变的消费者需求变化迅速做出反应，快速满足消费者需求的营销策略和营销能力。[①] 学术期刊由于自身的出版特性，对于市场信息接收速度较慢，市场反馈迟缓，消费者需求反馈缺少及时性。众筹出版为赢得更广阔的发展前景，应该对其自身的反应机制进行不断优化，以满足其丰富多样的商品需要。对于信息的获取与反馈来说，众筹出版平台要学会与投资者换位思考，聚焦于一些常见的问题，之后做出仔细详尽的解答，在最大程度上解决投资者和消费者的疑问，从而促进项目获得持续性发展。相较于传统出版行业而言，众筹出版以抢占“人”为核心内容，其用户拥有量、用户对出版项目的感兴趣程度和满意度直接关系到众筹出版项目的完成度。学术期刊数字出版众筹平台上融资方式的开放性和文章选取的独立性，为学术期刊数字出版创造了一个较为开放的学术渠道，不但可以募集到出版的资金，也能筹集到优质的人才资源和品牌资源，促进消费者与品牌之间持续的价值交流，不断增强用户粘性。[②]

---

① 参见武东升，贾雅军．关于市场营销的新理念——4R 理论理解和应用的探讨［J］．生产力研究，2004（9）：189.

② 参见赵文义．学术期刊数字出版的众筹模式研究［J］．出版发行研究，2017（2）：56.

4. 制定多梯度回报策略

一般来说，投资者参与众筹出版的目的各不相同，可能是欣赏该期刊的作者、对众筹出版有新鲜感或对期刊内容感兴趣等。虽然出发点不同，但最终都要落实到实际的金钱支付行为上。因此，大多数人都会权衡利弊，考虑项目的投入与产出是否平衡。因此可以设置多种回报档次供消费者选择，在满足消费者需求的同时也增加了众筹资金额度。我国众筹出版收益的获取采用物质和精神相结合的方式，精神回报更侧重于消费者的情感满足。消费者进行投资后可以参与到项目的运行中，在项目顺利完成后可以根据自身投资的梯度获得相应的回报。而众筹出版平台和出版项目的发起者不仅降低了图书出版成本，还降低了出版风险，在提高期刊社知名度的同时也赢得了更多的经济效益。

思考题：

1. 如何理解期刊社的营销策略？
2. 目前，我国期刊社营销主要有哪些方式？
3. 如何对期刊社进行整体性的品牌营销？

第 8 章 期刊社的多元化经营

多元化经营的理念在国外提出得较早，在我国的实践最早兴起于对外经贸行业，21 世纪的第一个十年，相关理念开始在出版业中得以实践。特别是2009 年开始的出版单位转企改制，进一步催生了跨媒体、跨行业和跨地域的从事多元化经营的出版类企业出现。时至今日，一些大型出版单位的多元化经营仍在持续，部分较大型的期刊出版集团也有较多实践。

8.1 期刊社多元化经营的概述

8.1.1 期刊社多元化经营的内涵

多元化经营又称多样化经营，是指企业在经营的同时使用两种或两种以上的经济产品或服务的一种发展战略。期刊社多元化经营是以期刊社为主体，根据自身发展需要，从多方面拓展业务，涉足多个行业或部门，增加盈利渠道，以实现规模优势，降低组织风险，创造持续竞争优势的战略调整行为。期刊社的多元化发展是一个世界性的现象。

8.1.2 期刊社多元化经营的必要性

随着文化出版体制改革的深化及数字出版、网络技术的飞速发展，传媒业的内外环境与格局正发生着深刻变化。中共十八大后，中国传媒产业迎来大转型时代，体现为两个方面：一方面，党和政府对媒体的管理方针和管理体制都发生了比较大的变化；另一方面，传媒产业的发展迎来数字化转型。突出的特征为纸媒广告收入逐年呈负增长态势，而数字化出版广告却呈大幅上升趋势。

一本面向市场的期刊，要想生存发展，准确的定位、精品化的质量，只是期刊起飞的前提，实现期刊最大的社会经济效益，还须依靠多元化的经营。期刊社的多元化经营是出于以下几方面的需要。

1. 可持续发展的需要

期刊社的一般盈利来源就是期刊的发行和广告费用，然而，在新媒体的影响力不断扩大、纸媒的话语权越来越衰微的形势下，期刊社仅凭原有的经营模式是无法获得更多盈利的，甚至难以在信息世界生存下去。所以，期刊社要想保持长久的生命力，获得可持续的发展，就必须根据自身情况采取多元化的经营策略，紧跟时代的潮流，才能扩大盈利范围，将期刊社长久地经营下去。

2. 分散风险的需要

只要是市场经营行为，就有一定的风险存在。对于面向市场的期刊社来说，主要的经营活动就是发行期刊，当然，这也是其最大的利润来源。但是相应地，一个期刊社的重点业务和盈利都放在期刊发行上，也就相当于把经营的风险全都押在了期刊的发行上。这种风险集中的情况对经营来讲是非常危险的，这意味着，一旦期刊的发行出了问题，期刊社的经营也将面临危机。假设一个期刊社的发行渠道出现问题，期刊无法按照预期的情况顺利发行出去，那么出版这本期刊的成本也就无从收回，更不用说获得盈利了。“不要把鸡蛋放在同一个篮子里”，出于分散风险的需要，期刊社也有必要进行多样化经营管理。

3. 对无形资产进行深度开发的需要

所谓无形资产，对于一个期刊社来说，就是其在长期的经营中形成的，让读者印象深刻的品牌形象。这种品牌形象是由于期刊风格鲜明的内容、让读者信赖的优异质量甚至期刊装帧设计特点等多种因素长期积累形成的标签，这些贴在期刊社身上的标签往往蕴含着更丰富的情感意义，是期刊社长期经营中积累下来的无形的资产。许多作者和读者都说过这样一句话——“我从小就是看某某期刊长大的”。这句话足以体现一本期刊或一个期刊社的品牌形象是多么重要。

期刊社的品牌形象是一笔宝贵的无形资产，若将其加以巩固维持并且能充分利用起来，必然会为期刊社带来更多的盈利。要想充分开发期刊社无形资产的价值，就必须采取适宜的多元化经营策略，全方位地对期刊社的品牌形象加以利用和开发。

8.1.3 期刊社多元化经营的一般策略

期刊社多元化经营策略通常有同心多元化、水平多元化、纵向多元化和集团多元化四种，四个策略不是相互孤立的，它们通常相互补充，共同服务于期刊社的多元化经营活动。在期刊社进行多元化扩张时，通常会综合采用多种策略。

1. 同心多元化

同心多元化又称集中多元化，是指利用原始技术、专业知识、经验和各种优势资源，面对新市场、新客户增加新业务，生产新产品不同用途，扩大现有业务范围。例如，电脑制造商制造电脑，也制造手机等电子产品。这一策略有助于期刊社利用其原来的优势来获得整合优势。期刊社的同心多元化管理意味着期刊社利用原创内容、作者、渠道等资源来扩大现有的业务范围，增加新的项目、新的内容，发展新的渠道和读者。

2. 水平多元化

水平多元化是指根据原市场客户的其他需求，利用原市场采用新技术，跨行业开发新产品，增加产品品种。例如，上海的依曼琪，不仅做床上用品，还开发窗帘、布艺沙发等与家纺相关的产品，还有不同的技术新类别。水平的多元化是指现有产品和新产品的基本使用不同，但有很强的市场相关性，可以利用原有的分销渠道销售新产品。期刊社的水平多元化就是指期刊社利用原有的渠道，针对已有的读者群的其他需求开发新产品的行为。例如，文艺类的期刊社就可以针对文艺青年类的读者群制作书签、信封等文创产品。

3. 纵向多元化

纵向多元化是指在现有生产阶段的基础上，在整个生产过程中开发新产品、新技术、新市场的策略。例如，钢铁厂设立了家具厂和塑料钢门窗厂。纵向多样化的特点是原产品和新产品的基本用途不同，但它们之间存在密切的产品加工阶段相关性或循环相关性。期刊社的纵向多元化就是指期刊社在现有发展阶段向同产业链中的纵向其他环节拓展业务。例如，依据纸质期刊内容开发电子版期刊、数据库等。

4. 集团多元化

集团多元化是指通过合并其他行业的期刊，或投资其他行业，开展与现有技术、产品、市场无关的业务活动，将业务拓展到其他领域。期刊社的集团多元化经营就是指期刊社在本身经济实力较强的基础上，向其他原本不相干的行业进行投资或收购，最终实现集团化发展的经营活动。

8.1.4　期刊社多元化经营的原则

1. 保持核心竞争力

期刊社的多元化经营取决于其自身的品牌知名度和价值。只有当期刊自身发展并形成了其核心竞争力时，它才能利用这个品牌来扩展。如果期刊本身的竞争力是有限的，盲目的多元化就会导致力量的分散，影响它的进一步发展和增长。期刊社多元化经营的成功要素，不在于追求经营领域的简单叠加，而在于利用更广阔的经营空间，实现自身资源的优化配置与盈利目标的战略拓展。

2. 坚持创新思维

云计算、互联网等数字技术促进了媒体环境和媒体生态链的不断创新和重建，使媒体、通信状态和媒体商业形式更加方便和经济。在这个大变革、大转型的时代，一些期刊社故步自封，靠纸媒的单一运营模式盈利，最终在时代的浪潮中被淘汰。残酷的现实告诉我们，守旧抱缺、故步自封是不行的，要想使期刊社保有长久经营下去的可持续发展能力，就必须用创新的思维去拓展新的业务，探索新的边界，只有坚持创新思维，才能全方位地实现期刊社的多元化经营，使盈利最大化。

3. 以读者（用户）需求为中心

现代期刊经营者处处体现着“以读者为中心”的经营理念。能够在期刊销售中起决定性作用的是读者。只有赢得读者忠诚度，才能促进期刊的发展，这就要求经营好读者市场，收集读者市场信息。不管是纸质期刊阶段的读者群，还是数字期刊的用户，毫无疑问他们都是期刊社进一步拓展新业务、开展多元化经营的基础，没有了读者，期刊社也就失去了用户基础。因此，在期刊社制定多元化经营策略的时候，必须把读者的需求放到中心位置去考虑，只有摸清了读者的需求，才能准确制定出切实可行的多元化经营策略。

4. 围绕品牌进行延伸

以品牌为核心，拓宽市场半径，实施品牌推广战略，已成为在注意力经济中开发媒体资源、扩大市场份额的重要手段。以期刊为媒介，开展各类相关的社会活动，开发期刊的潜在资源，使已有的期刊品牌得到巩固和延伸。品牌形象是一个期刊社做好多元化经营的核心要素，期刊社必须在创新的基础上，始终紧紧围绕着品牌形象，其多元化经营才会取得更好的效果。

8.2 专业期刊社的多元化经营

8.2.1 专业期刊社多元化经营的必要性和可行性

专业期刊社包括学术期刊社和行业期刊社，它们共同的特点是：一般盈利来源是期刊发行收入；读者群体较为垂直，一般为专业领域的学者或专家；除了期刊社的品牌形象和固有的读者基础外，专业期刊社还拥有一批高质量的作者资源作为其固有资源。盈利来源主要依靠期刊发行的收入是专业期刊社长期发展的难题。受到新媒体迅猛发展的冲击，传统纸媒已经几乎没有读者订阅，这就使期刊的发行量大大减少，期刊社的盈利当然也就随之锐减，这对于原本读者群数量就不大的专业期刊来说，无异于生存危机。因此，要想持续经营，获得盈利，专业期刊社必须要探索多元化的经营模式。由于专业期刊社与生俱来就拥有较为垂直的读者群体和高质量的作者群体，再加上长期积累的品牌形象，专业期刊社的多元化经营也就具备了多种可行性。

8.2.2 专业期刊社多元化经营的一般路径

专业期刊社进行多元化经营的一般路径主要有：对内容精细加工，深度开发原有栏目；积极拓宽发行渠道（电子杂志订阅、知网合作等）；依托原有资源，重视数据库的建设与管理；利用积累的品牌形象及读者和作者资源，组织学术会议、研讨会、技术培训等活动；参与图书出版；利用新媒体、新技术进行跨媒体、融媒体经营；等等。

8.2.3　案例分析——《中华医学超声杂志（电子版）》①

《中华医学超声杂志（电子版）》（ISSN 1672-6448；CN 11-9115/R）于 2004 年创刊，是由国家新闻出版总署批准，国家卫生和计划生育委员会主管，中华医学会主办，中华医学电子音像出版社出版的医学界第一本在载体形式上与纸质媒体互补的多媒体光盘期刊（CD-ROM），刊期为月刊。自创刊以来，该刊始终贯彻理论与实践、普及与提高相结合的办刊方针，反映我国医学超声临床和科研工作的重大进展，促进国内外医学超声学术交流的办刊宗旨；充分发挥电子期刊信息量大、图文声像并茂的优势，全面报道超声医学的新技术、新方法。该刊是以超声医学专业临床工作者、各科临床医师、超声医学工程技术人员以及医学物理学工作者为主要读者对象，国内外公开发行的超声医学学术期刊。该刊编辑委员会阵容强大，包括名誉总编辑、顾问、总编辑、副总编辑、编辑委员、通讯编委共 145 人，编辑委员会分布于国内 23 个省、自治区和直辖市。该刊编辑部每年组织策划 12 期重点号报道内容，其内容和执行编委均先由各学科负责编辑与相关专业的专家沟通，初步确定后，经编委会讨论，由总编最终确定。编辑部根据重点号报道内容进行全国范围的组稿，并适时调整增加专题内容，充分保证重点号报道内容的实施。重点号内容均为超声学术领域中的热点、难点和新兴交叉学科的课题，可以及时报道学科发展动态，推动学术交流，提高期刊影响力。该刊对所有来稿和视频严格执行以同行审稿为基础的三审制度，即编辑初审、专家外审、编委会终审，充分保证稿件和视频资料的学术质量。在编校方面，该刊严格执行中华医学会系列杂志编排规范和编辑加工规范，从试验设计、统计学处理、文题、篇章布局、逻辑层

---

① 参见李军亮，裴燕. 医学电子期刊多元化经营策略探讨——以《中华医学超声杂志（电子版）》为例 [J]. 传播与版权，2019（3）：154.

次、语言表达、图表、参考文献等方面认真审查、修改稿件，最终达到稿件发表要求。该刊所发表的文章均具有题名、明确的作者及所属机构、摘要、关键词以及完整的参考文献，并且论著类文章题名、作者、机构、文摘、关键词均具有英文对照。视频为该刊特色栏目，每期由超声界著名专家做 30—40 分钟的视频讲座，信息量大，图文声像并茂，具有很强的互动性。

超声医学是超声医师通过超声仪器获取脏器不同切面超声图像，并分析其图像特征进而进行诊断的学科。因此，一名超声医师做出标准的超声图像，对疾病的诊断显得尤为重要。在经过作者的许可后，《中华医学超声杂志（电子版）》将发表在该期刊上的文献中涉及孕妇孕期不同时间检查胎儿不同部位的正常超声图片进行系统整理，以挂图的形式进行展示，受到了产前超声医师的欢迎。为了更加形象生动，便于超声医师理解与记忆，每张超声图片配一张相应的模式图，最后请专家审核，最终印制出一套不同怀孕时间、不同胎儿部位的标准超声图像与其对应的模式图，共 3 张，每张尺寸为 80cm×130cm，定价为每套 100 元。该套挂图适合张贴在产前超声检查科室，方便超声医师随时查看，可以一边进行超声检查一边对照。截至目前，该套挂图已经印制 4 万余套，几乎覆盖了我国大部分医院产前超声科室，不仅进一步发挥了期刊的学术交流作用，还取得了较好的经济效益。

《中华医学超声杂志（电子版）》在广告刊登形式上进行了大胆尝试。2017 年，该期刊发现其策划的“超声介入活检”多媒体视频中，手术操作专家均使用的是某品牌穿刺活检针，于是联系该企业，共同策划了系列穿刺活检手术，共 5 部手术视频。整个手术视频不仅得到该企业独家冠名，而且该企业还购买了一定数量的该手术视频光盘，这既扩大了期刊和企业产品的社会影响力，又提升了编辑部的经济效益。其官方网站上显示有 5 个专题知识库，分别为产前超声、妇产科超声、乳腺超声、ISUOG 超声共识解读和健康体检超声规范化培训全国行（合肥站），并显示有 2 个合作伙伴，分别为飞利浦公司和西门子公司。

自 2021 年 1 月以来，该刊所组织的相关学术活动有：“春风工程”胃肠充盈超声造影系列培训班、《中国基层医生超声诊断教程》全国巡讲、健康体检超声规范化培训全国行（合肥站）、第九届产前超声检查指南解读及胎儿畸形产前超声风险防范研讨会、超声医学新技术与临床应用、中华医学儿科超声影像经典病例解读等。

《中华医学超声杂志（电子版）》刊载的多媒体视频，其内容的丰富、全面、系统程度不亚于对超声专业某些领域的精心策划，其中既有多个指南和共识的解读，又有各种操作技术、知识点的精彩讲解，而且视频的录制者大多为该领域的学术带头人。而这些内容受目前电子期刊载体和发行量的限制，并未能真正推送到广大医务工作者的面前。该刊每年会举办一次产前超声培训班，在此培训班上，该社会根据本次会议的主题将历年来期刊出版的精彩视频资料进行整理、重组，重新推出一些系列新产品，进行重新包装、重新出版、重新定价、二次销售，在这些学术会议上举办新产品的首发式以扩大影响，并通过专家的现场签售活跃气氛等形式，将这些内容按需定向推送到有此需求的超声医师面前。

8.3　大众期刊社的多元化经营

8.3.1　大众期刊社多元化经营的必要性和可行性

大众期刊与专业期刊相比，其娱乐性更强，因此读者基础也就更加广泛。从盈利的来源来看，大众期刊一般依靠期刊发行收入和广告收入这两大方面，因此大众期刊一般较专业期刊经济实力更强。就其内容而言，大众期刊所涉内容广泛，娱乐性更强，虽然也有垂直领域的分化，但由于竞品较多，形成长期固定的读者和作者资源较为不易。在数字时代，大众期刊的发行量也必然下滑，影响力减小，进而也导致广告主的逐渐退出，广告收入微薄，盈利也相当困难，所以，进行多元化经营的探索对于大众期刊社来说也是十分必要的。大众期刊社进行多元化经营的优势在于其广泛的读者基础、较强的经济实力和多角度的内容，因此，大众期刊社在多元化经营上还是大有可为的。

8.3.2 大众期刊社多元化经营的一般路径

大众期刊社进行多元化经营的一般路径主要有：分化内容，开发不同版本和副刊；精选内容集成出书；针对用户需求生产周边产品，拓展产业链（音乐、影视等）；利用新技术，搭建全媒体平台；依托影响力，组织相关领域内的论坛、活动；引入其他社会资本；进行集团化扩张；等等。

8.3.3 案例分析——《知音》杂志社的多元化经营①

靠3万元起家的《知音》，发展了20多年，已经成为一个总资产6.86亿元，净资产4.55亿元的知音传媒集团（以下简称“知音”）。知音下属7种期刊、2家报纸、5家子公司、1家网站、1所学院，产业涵盖出版、网络媒体、广告、出版、印刷、房地产开发、高等教育等领域，形成了多元化、规模化发展模式，是国内期刊社多元化经营的突出典型。

知音的多元化产业格局由四个层次组成：第一级是核心层，即品牌产品《知音》；第二级是从第一级延伸出来的知音系列报刊；第三级是与出版密切相关的知音系列子公司；第四级是战略投资项目。第二、三层级的多元化产业的核心产业，在业务内容和方法上与《知音》密切相关，是在核心品牌《知音》及其编辑、出版、管理和管理资源的基础上扩展的。这种充分发挥品牌资源优势、通过拓展品牌资源实现产业多元化的方式，可以大大降低投资风险和运营成本，实现低成本扩张，快速实现产业发展目标和效益预期。

《知音》创办了一系列期刊，从1996年8月开始的《知音（海外版）》，第一期的发行量达8万份，目前的发行量为40万份。2000年11月，《知音》在竞争激烈的市场中推出了《打工》杂志，这进一步细分了《知音》读者群，因为其文章风格包括标题风格都与《知音》非常类似，它的读者通常称其为“打工知音”。后来，《知音》又创办了《好日子》《知音女孩》《知音文摘》《知音漫客》《第一生活》《新周报》等报刊。知音向期刊出版相关行业的拓展，几

① 参见胡勋璧. 相互助推方能相得益彰——知音传媒集团的品牌延伸与多元化经营 [J]. 传媒，2008 (9)：55.

乎与一系列子期刊的建立同时保持一致。于 1996 年成立的知音广告公司、发行公司、印刷公司都是跨行业经营，不仅使用“知音”的品牌，而且是在利用和挖掘《知音》的广告、发行、印刷等业务资源的基础上发展。这三家公司税收收入超过亿元，取得了良好的经济效益。知音网站、知音物业公司和武汉信息传播职业技术学院属于战略投资项目，不像《知音》系列和相关产业那样可以在短期内实现盈利，而且投资规模较大，开始较晚，但经过规模发展后，各方面的实力积累达到了一个新的水平，是一个新的里程碑。

8.4 国外期刊社多元化经营的实践及启示

8.4.1 美国期刊社多元化经营的实践——以《时代》杂志和《国家地理》为例

1. 《时代》杂志的多元化经营实践①

《时代》杂志成立于 1923 年，现已发展成为时代华纳集团，是世界上最大的媒体集团之一。时代华纳公司主要有六大业务：网络（美国在线）、电视和广播、有线电视网络、时代出版、电影娱乐和音乐。时代华纳拥有一系列极有价值的品牌，包括美国在线、CNN、HBO、时代出版公司。在出版业务方面，目前其发行了超过 64 种杂志。时代华纳公司占据了全美 5 种最畅销杂志中的 4 种，包括《时代》《人物》《体育博览会》和《财富》，其他著名杂志包括《娱乐周刊》《金钱》和 *In Style*。其电影电视和音乐娱乐业务是并购华纳公司以后才全面发展起来的，而网络业务则通过与美国在线并购全面确立其统治地位。目前，在时代华纳公司的收入结构中，包括期刊出版在内的整个出版业务已经只占其收入比例的不到 10%。

从 20 世纪 40 年代开始，《时代》推出了各种语言的海外版本。1968 年，《时代》收购了小布朗出版公司，涉足图书出版。1973 年，《时代》收购了家庭影院有线电视网络（HBO），并开始进军有线电视和娱乐业。后来，有线电

① 参见徐升国，刘彦. 主业的基石与多点支撑——美国期刊多元化经营带给我们的启示 [J]. 传媒，2008 (9)：57-58.

视的快速发展为时代公司带来了丰厚的利润，并为时代公司向整合媒体产业的转型做出了贡献。20 世纪 80 年代，随着出版业的增长有限，时代公司开始完全向媒体和娱乐业转型。1989 年，已成为媒体巨头的时代公司以 140 亿美元收购了主导音乐和有线电视行业的华纳公司，成立了时代华纳公司。1996 年，时代华纳以 76 亿美元收购了 CNN 的所有者 TBS，从而使时代华纳成为世界上最大的娱乐通信集团。2000 年，时代华纳与互联网巨头美国在线合并，建立了世界上最大的媒体帝国。以《时代》杂志的发展之路来看，其从一本杂志延伸出新杂志，并发展新兴的电视、电影、娱乐、网络等产品和服务，随着时代一起变化成长，成为其不断成功的秘诀。

2.《国家地理》杂志的多元化经营实践①

《国家地理》杂志成立于 122 年前，它已经从一个纯粹的学术专业杂志转变为世界上发行量最大、最赚钱的大众杂志之一。当杂志建立了自己的品牌和核心竞争力，拥有相当数量的读者时，多元化是占领更多市场的必要发展阶段。《国家地理》以该杂志为基础，利用其成功的品牌形象开发了其他产品，形成了多元化经营的商业模式。

（1）期刊系列化：《国家地理》有四种子期刊，即《国家地理·旅行家》《国家地理·探险者课堂》《国家地理·探险》《国家地理·孩子》，其发行量已在百万份以上。期刊系列化，形成了“国家地理”的品牌王国。

（2）跨媒体多元化：《国家地理》生产书籍、地图和照片集，建立网站，运营国家地理频道，在全球范围内播出和交流电视节目，并在海外发行和销售 VCD 和 DVD。这些产品都受《国家地理》杂志的品牌辐射，使用统一的“黄色框架＋国家地理”标志。这种对于维护品牌的统一性使品牌产品基础坚实、活力旺盛，具有较强的市场竞争力。

（3）跨地区多元化：《国家地理》将其版权输出到海外。1995 年，《国家地理》杂志落户日本，发行了该杂志的日文版。这是国家地理杂志的第一个外语版，开发了其海外市场。如今，《国家地理》杂志已有 30 多个海外版本，影

① 参见李兰．企业多元化经营下财务风险探讨［J］．经济视野，2014（14）：189．

响遍及 170 多个国家和地区。在向海外扩张的过程中，根据不同国家的国情或商业环境，《国家地理》的本地营销也采用了灵活、务实的商业模式，从而为杂志获得了更多的不同肤色、不同语言、不同文化背景的忠实读者。

8.4.2　日本传统文学期刊社的多元化经营探索

在日本，传统的文学期刊是出版业的主体。目前，日本约有 4000 种期刊，其销售代码和广告是其利润的主要来源。然而近年来，日本期刊的发行量一直在下降。以《周刊新潮》为例，现在它只能维持大约 8000 名忠实读者。当然，无法与《周刊新潮》相比的其他传统文学期刊情况更加不容乐观。面对这样的困境，日本传统文学期刊必然要进行多元化经营的转型。

围绕多元化的经营理念，日本的传统文学期刊社进行了以下转型探索。

1. 拓展文学边界，实现期刊内容的多样化

日本传统文学期刊的发展非常困难，对他们来说，很难在一般意义上的转型中取得实质性的突破，因此必须寻求新的转型思路。日本传统文学期刊认识到，它们不仅仅是文学圈的展示平台，其存在的意义应该是创造一个全方位的传播平台。许多年轻的日本读者对目前主要出版单一类型作品的传统文学期刊，如推理和言情类等单一类型的作品感到不满。出于对读者意见的尊重，许多日本作家现在已经打破了纯文学和娱乐文学之间的界限，并开始创作更多类型的文学作品。在日本出版市场上著名的传统文学期刊中，《文学界》刊载了剧作家和演员长冢圭史的戏剧，《群像》刊载了新兴剧作家前田司郎的长篇小说。因此，扩大文学边界、实现期刊内容多样化，是其转型的一个重要方面。

2. 加强新技术的应用，实现传播形式多样化

从期刊的本质角度来看，其市场化经营必须满足读者群体的个性化需求。只有这样，才能实现多样化的传播，从而选择适合其自身的转型模式。在今天的日本，许多期刊已经推出了电子期刊，但仍存在一些问题，如电子期刊无法探索更多的利润模式；许多电子期刊只是将纸质版转移到互联网上，并不是真正适合互联网的电子期刊。这些问题需要日本传统文学期刊的深入研究和本质上的多样化。

3. 走产业化发展之路，实现多元化经营管理

产业化是指在市场经济条件下，以行业需求为导向，以效益为目标，依靠专业服务和质量管理，形成序列化的品牌管理模式和组织形式。对于日本传统文学期刊社来说，产业化转型应该从根本上改变其商业模式。例如，期刊社在与电影行业合作的基础上推广电影，这是互惠互利的，也可以促进期刊发行后的销售。因此，日本传统文学期刊可以将自己出版的一些文学作品与电影产业相结合，进行期刊多元化，实现开发周边产品等盈利模式的发展。又如，与其他行业合作举办一些与文学作品相关的文学大赛，并逐渐把低关注度的文学作品包装为热点，宣介这些作品的同时也可以扩大期刊本身的影响，可以说是一石二鸟。虽然日本传统文学期刊社的产业化发展值得期待，但如何探索利润模式和如何实现最大化收益应该是其长期要探究的问题。

8.4.3 国外期刊社多元化经营对我国期刊社的启示

1. 期刊多元化必须先形成自身的核心竞争力，把主业搞好

有道是“打铁须得自身硬”，只有期刊自身发展成熟，形成自身的核心竞争力并成为一种知名品牌时，才有可能利用这个品牌进行延伸，也才有能力和条件进行品牌延伸。如果期刊本身竞争能力尚未确立就开始盲目多元化，不但不会促进期刊的发展，反而会由于力量分散，影响期刊本身的发展壮大。大多数成功的国外期刊都是先培养自己的核心竞争力，然后在此基础上逐步考虑多元化经营。无论期刊实施何种形式的多元化，培育和增强核心竞争力都是非常重要的。稳定而又具有竞争优势的领域是期刊利润的主要来源和生存基础。期刊应通过保持和扩大自身熟悉和擅长的领域，努力扩大市场份额，实现规模化经济效益，以提升期刊核心竞争力为首要目标，在此基础上考虑多元化。

对期刊多元化来说，形成自身的竞争优势，除了保持自身的竞争能力外，还要分析期刊的竞争优势是否有助于进入其新扩张领域，这包括期刊可以与新领域共享的内容、资源、渠道、管理、营销、品牌、人才等因素。这些因素是期刊能否实现多元化的重要因素。一些期刊在多元化经营上的失败往往是由于高估了自身的进入优势而造成的。随着市场经济的发展，期刊在多行业、多地

区的阶段性投资中筹集资金的能力、资本整合运作的能力越来越强，具有吸引力的市场机会也越来越多。然而，并不是所有有吸引力的市场机会都能为我所用，期刊社还必须衡量自己利用机会的可能性有多少，是否能占据有利地位。

2. 期刊多元化是一种品牌延伸，应注意品牌协同效应

在我国，一些期刊进军教育、影视、报纸，既无法利用原有品牌有效延伸，又在新领域缺乏相应资源与优势，盲目无关联地扩张，缺乏核心竞争力。还有一些期刊看中房地产业的暴利而盲目进入，这种多元化也许可以短期获利，但对期刊长远发展来说，极有可能存在致命的风险。期刊的跨地区多元化，同样需要遵从品牌协同原则。如果该期刊内容或品牌在其他国家或地区缺乏品牌、内容的可扩展性与延伸性，那么这种看似简单的跨地区多元化，同样是具有风险的。目前国内流行“走出去”跨地域扩张，殊不知，对绝大多数期刊来说，无论其内容还是其品牌资源，都根本不存在跨地区扩张的品牌延伸基础，这种扩张的后果也是可想而知的。

多元化投资的基本原则是依托原有基础，逐步稳步扩张，围绕原有产业及相关产业扩张，逐步向其他产业转移，在进入新产业时形成新的优势。近年来，西方国家传媒业并购浪潮最显著的特点之一就是关注相关行业，尽可能追求业务的相关性。从国外的经验来看，期刊主要选择与自身多元化经营相关的业务。

3. 期刊多元化需要量力而行，不能不顾自身整合能力而盲目做大

多元化经营使得期刊面临多种行业、多个市场，从而造成部门和子公司的增多，势必形成更加复杂的管理体系，增加了经营管理的难度，这就要求企业经营者必须具备非凡的跨行业综合管理知识和能力，具有领导大企业的才能。但在现实中，期刊社在技术、经营管理方面的人才储备不够，一旦采取经营多元化，人力资源的缺陷就成为企业发展的严重障碍。另一方面，多元化尤其是非相关的多元化经营会增加管理的复杂性，使管理的协调变得困难。

从这个角度讲，我国一些期刊社的多元化，无不令人担忧。例如，有的名牌期刊牵头组建出版集团，将经营不善的图书出版社整合进期刊集团。但无论是业务的相关性，还是对期刊读者群与品牌的利用，这种整合的作用都是非常

有限的，更多的是行政性的捏合，这种多元化不仅不会将期刊通过多元化壮大，反而有可能将品牌期刊积累的资本和品牌拖垮。

思考题：

1. 什么是期刊社的多元化经营？
2. 如何理解期刊社多元化经营的一般策略？
3. 比较分析专业期刊社和大众期刊社多元化经营的异同点。
4. 试分析知音传媒集团的多元化经营历程。
5. 分析我国期刊社多元化经营的现状，并结合时势分析其新产生的问题。

第9章　期刊社的国际化营销

随着全球化进程的逐步加快，全球各地间的联络越发密切，跨文化交流变得更加重要。期刊作为文化传播的重要载体，因其自身的特点，成为中国传统媒体发展最快的版块之一。在后全球化时期，各种期刊间的市场竞争已不再仅限于在某个国家或地方，而是全球平台上展开激烈的竞争。随着几年来对国内读者阅读需求的深入研究，加上先进期刊市场的运营成功经验，海外强势品牌期刊（集团）以不同方式渗入国内期刊出版业和相关产业，取得了很大的市场占有率和经营优势。当谈论过去的期刊国际化战略时，我们可能会认为中国读者的基数相当大，只要精心耕种自己的一亩三分地，即使是市场份额相对较小的期刊，其潜在读者的数量以及随后的发行和广告收入都会相当惊人，何况文化又有其民族性、地域性，似乎本土期刊天然可以抵御海外期刊的冲击，站稳市场。然而期刊出版的现实情况使我们更加清醒地看到，中国期刊出版业在整个世界期刊业中的位置——中国是期刊大国，却还称不上是期刊强国。

9.1　期刊社国际化营销的概述

我国出版的期刊按照语种来分，大致可以分为中文、英文和其他语种。中文期刊主要面向国内读者，大多数期刊专注于国内市场，以满足各种读者的需求。英文期刊主要面向国外读者，其中一些期刊负责国家的对外宣传、解释中国政府的观点、全面介绍中国的情况，以增强国家软实力。据2020年数据显示，国内期刊有 10 192 种。①

9.1.1 我国中文期刊的海外发行现状

从覆盖的全球区域来看，中文期刊以亚洲和欧美地区的发行量为最多，分别占据全球总发行量的 55.8%和 40%，西亚非洲及拉丁美洲地区所占发行量较少。从涉及的国家来看，在日本、美国、加拿大、韩国、德国、澳大利亚、法国、英国、新加坡、意大利等 10 个国家的发行量占每年总发行量的 90%。订阅对象以机构类客户如图书馆、研究机构、行业组织，以及大众类客户包括专家学者、海外华侨、爱好中国文化的外国读者等为主。②

真正了解国外客户的需求，要参加各种文化活动，参加和组织国际书展等活动，主动拜访国外客户，并与国外读者进行深入交流。外国客户主要对文学、历史和哲学期刊感兴趣。据数据显示，历史地理类期刊占年发行量的 15%，文学类期刊占 10.7%，社会科学类期刊占 7.1%，生物科学类期刊占 6.9%，政治和法律类期刊占 6%，语言和文字类期刊占 6%，经济类期刊占 5%，文化、军队、体育、中医等类期刊占 4.7%。从海外客户的视角出发，一些国际教育科研机构，特别是图书馆，主要对以下这两种期刊感兴趣：一是以文化、历史和哲学为代表的学术期刊，如考古学、文化古迹、历史哲学、民族、文化、艺术、教育、科学和技术，这些期刊代表着我国有关领域的学术发展阶段特征，是我国对外学术的主要资料和思想源泉；二是传统文化期刊，如中医、针灸理疗、中国烹饪、武术、中国书画、戏曲、民俗等期刊，这些期刊为外国读者了解和研究中国历史和文化提供了丰富的资源。而普通读者对生活期刊的需求量很大，尤其是那些对反映普通中国人生活和习惯的期刊感兴趣的外国人。外宣类期刊的读者主要是各类图书馆、研究机构和各国政府首脑、政要以及对中国问题感兴趣的一般外国读者。

我国的英文期刊在海外的发行状况相对于中文期刊来说情况不容乐观，整

---

① 参见国家新闻出版署. 2020 年全国新闻出版基本情况[EB/OL].（2021-12）[2022-12-31]https://www.nppa.gov.cn/nppa/upload/files/2021/12/cb1263408943e406.pdf.

② 参见袁舒婕. 期刊走出去：成就辉煌 任重道远 [N]. 中国新闻出版报，2013-09-12（015）.

体上存在的问题较多，在海外的发行状况不佳，在国际化的进程中正在艰难前行，尤其是中国独立办刊的英文期刊数量相对较少。由于中国对新期刊的创办和审批非常严格，中国现有的英文期刊主要是学术期刊。中国现有的英文期刊在出版发行过程中面临着许多问题，应该引起国内出版商和企业的注意和思考。

9.1.2　我国期刊国际化营销的贸易逆差问题

2019 年我国期刊出口 294.87 万册，金额 516.34 万美元；进口 295.34 万册，金额 13 365.54 万美元，贸易逆差是显而易见的。目前，我国期刊业的发展与期刊大国的发展还有很大差距；与发达国家相比，中国人均期刊份额仍然很低。在中国大多数类型的期刊中，只有不到三分之一的期刊是定期面向市场的。中国期刊业仍处于新旧标准的转换和交替过程中，经过改革开放初期的快速增长，目前出现了缓慢增长的现象。

进出口逆差的主要原因表现于国内外重点期刊、科学教育先进期刊领域以及许多高等院校、科研院所、专家学者以及海外科学文献学者的强烈要求。其次是语言困难。毕竟，在海外，除华人外，汉语程度较好的读者偏少。而我国的期刊又以中文居多，在一定程度上影响着中文期刊的出口。

9.2　期刊国际化营销存在的问题

国外出版实践表明，国外需求的变化直接影响到期刊在国外的发行。国际关系的变化、经济的兴衰、读者的需求以及替代产品的出现，对期刊在国外的出版提出了更高的要求。近年来，期刊国际化发行面临着更多的困难和挑战。

9.2.1　我国英文期刊国际化营销存在的问题

1. 中西方文化差异明显

中西文化差异是英文期刊国际化进程中最重要的问题之一，尤其体现在思想和写作的差异方面。中国文化和西方文化在意识形态和思维方式上都有着显著的差异。由于文化地理的限制，中文期刊对其他国家的读者来说缺乏必要的文化背景。此外，写作上的差异使外国读者很难理解中国文章的结构和表达习俗。一些外国作家和作者的写作风格比较随意，文章的逻辑结构不强。中国作家在创作科技作品时，有着严格的逻辑结构和整体风格。这是一种特殊的思维方式，其基于国内期刊严格的写作形式和要求。

2. 翻译质量偏低

总的来说，国内英文期刊的翻译人员和编辑在确保专业性和语言翻译方面面临一定困难。尽管近年来中国的翻译水平有了显著提高，但仍缺乏高素质的翻译人才，这使得中西文化难以实现充分沟通，文章的翻译质量仍然偏低。同时，由于大多数外国人不了解中华文明的肌理，即使文章翻译后保证了较高的水平，外国读者也很难从中国传统文化的角度理解文章的内容。此外，在中国科技期刊上发表的文章一般更为注重语言的统一性和连贯性，概念相对清晰，论证相对严密，专业性强。一些翻译的文章不能保证严密和准确，很容易偏离外国读者的理解轨道。

3. 英文期刊经济效益不高

国外大部分的期刊都由出版社管理。在出版业向商业过渡时，效益已变成主要的考核因素，许多期刊都自负盈亏。对一般的英文科技期刊（尤其是学术期刊）来说，虽然版面费和发行收入不是固定的，但资金投入却是相对固定的，因此效益相对不够稳定。发行英文期刊的支出一般分为编审委员会费、编译费、编审费、设计与标准化费、出版费、印制费等。从目前英文期刊发展的视角考虑，支出大大高于收入。因此，出于自我管理和自负盈亏的要求，科技期刊出版英文期刊的积极性很低。作者也不愿意翻译文章或自己检查翻译。因此，出版英文期刊基本上是亏损的，大多无利可图。

4. 发行数量偏小

我国英文期刊国际化最明显的问题在发行。在我国，期刊发行渠道基本畅通，高校订阅量很高，期刊发行数量相对稳定。在国际化进程中，英文期刊面临着外部发行渠道有限、发行成本高、发行渠道建设成本高、读者分心、订阅量低等问题，这导致期刊的实际发行数量非常少，进而难以提高对英文期刊的理解，而且增加了发行成本。

9.2.2　我国中文期刊国际化营销存在的问题

作为世界上最大的期刊发行国，中国每年发行约万种期刊，期刊总量也基本保持稳定，其中受一些资助项目的支持，出口产品有明显上升。基于国内外市场需求不同，富有民族特色、知名度和影响力的优秀期刊数量还显不足。目前，各类中文期刊的期刊类别划分仍有待完善的余地。部分期刊的模糊界定造成同类期刊的重复出版，也在一定程度上消解了部分期刊的阅读兴趣。

此外，由于一些期刊出版严重延误，加之运输距离长、投递时间长等因素，期刊给读者的投递往往从出版之日起就被推迟，这也影响了外国读者的订阅积极性。在发行外国期刊的成本方面，为了加快出版发行时效，期刊通常通过航空寄送，而邮寄费用占了期刊海外发行成本的很大一部分，高昂的国际邮寄成本对于普通读者来说是难以承受的。

9.3　期刊社国际化营销的路径

9.3.1　我国期刊的国际化路径

1. 集团化是市场竞争的必然选择

集体化是企业拓展服务期刊范围、优化资源配置、提高综合竞争力的必经之路，同时也是周期性行业在国际市场竞争中的必要抉择。顺应市场竞争环境，寻求自我发展，是期刊社的内在需求。期刊群的创建为商业期刊的发展，特别是商业期刊的国际化提供了有力的支撑。

2. 本土化是国际运作的重要策略

本土化是国际期刊运营的一项重要战略，就是公司试图将其融入目标市场并成为目标市场的一员。一般来说，就是要做到入乡随俗。周期性产业作为一种文化产业，具有民族性和地域性的特点。为了让本土读者接受期刊作为一种文化产品的价值，就必须走本土化的道路。因此，在国际化战略中，有必要充分考虑当地读者的社会文化背景和接受能力，深入研究当地读者的阅读心理和需求。外国品牌期刊本土化进入中国市场的策略也值得我们学习。*Vogue* 与外国期刊在版权领域开展合作，自成立以来就树立了“国际视野，本土意识”的座右铭。正是因为选择了本土化策略，才在中国期刊市场取得了成功。

9.3.2 国际化是期刊面对现实的正确抉择

一般来讲，国际化进程似乎与经济靠得更近，如今，随着全球经济一体化趋势的日益增强，时尚概念在强大的经济支持下有了更强的渗透力。更重要的是，中国时尚期刊比以往更加注重国际融合，一些时尚期刊在努力提高自身修养。国内的期刊应该首先以开放的姿态学习外刊的成功经验，对其运作规律有一个基本的了解，然后在国际规范和行业准则的指导下，在更深层次的本土精神和内容方面寻找并挖掘自己的“富矿”。

9.3.3 网络平台国际化是期刊未来发展的重要战略

近年来，越来越多的外国期刊关注中国，希望凭借自己的品牌和良好的管理进入这个巨大的市场。中国出版业的优势在于内容丰富、用户群大，以电子期刊的形式进入国外市场，可以成为中国文化产品走向世界、打造国际双向渠道的最实际有效手段之一。期刊数字版将开辟出新的渠道，为中国期刊带来新的活力。电子期刊的发行节省了运输和订阅等管理成本，并为出版商增加了新的空间。在图书馆的支持下，电子期刊阅览室提供了更加优质的公共服务，并有力保障了硬件、软件或技术的运行。用户可通过互联网选择并定制他们所需要的期刊，然后自动建立个性化阅览室。在几分钟之内，这种服务就能够在全球的各个角落实现。经过数字化处理后，电子期刊在互联网上广泛传播，为读者提供服务。

9.3.4 努力提高国际化办刊质量

当前国内期刊的发展参差不齐，有些期刊的办刊思路脱离实际、脱离生活、脱离读者；有的格调不高，在内容上把关不严；有的在编辑、校对、装帧上出现质量问题，这对于中国期刊业的发展与竞争是极其不利的。质量是期刊的灵魂，是期刊的生命，中国期刊要走出国门、走向世界，就必须在办刊质量上下功夫。期刊应建立起严格的质量审查标准和质量保证体系，从策划、选题、组稿、编辑、校对、装帧设计到印刷包装等各个方面，把握好编辑流程的每一个环节，杜绝无谓差错，并应立足于不断推出格调高雅，兼思想性、艺术性、知识性于一体的文化精品。文章作者的国际化也是期刊国际化的标志之一，其代表了期刊内容来源的国际化。同时，编辑委员会和编辑专家的国际化也可以促进期刊文章特别是学术文章在世界范围内的相对地位。期刊社应当拥有一批国内外的著名人士、著名作家、学者为期刊撰稿、评论和编审，以此来提高期刊的知名度。

此外，还要注重调查研究，寻求改进读者服务的方式方法。国外期刊界，尤其是期刊发行人十分重视调查研究，这类调查的内容包括诸如读者分析、产品评估、心理实验和生活方式研究、阅读率、易读性以及版面设计等。各种研究经常出现否定预先假设的结果，但这并不意味着调查的失败，而是解释了现存的事实，从而能够使媒介经营者利用此类信息做出行动与否的决断。长期以来，我国期刊少有这类调查，固守多年不变的办刊方针，满足于传统模式和现状，心中没有真正装着读者，更缺乏市场钻研能力。因此，要走出期刊社、走近读者，聆听社会和读者的心声，进行市场调研、建立读者信息数据库等。

9.3.5　提高编辑人员的国际化素养

应特别重视期刊出版人才的培养，要培养具有国际思维和全球理解能力的跨学科专家。人才知识潜力的开发应适应市场经济和社会发展的需要，刺激专家的合理流动，建立有效灵活的人才激励机制，加大吸引优秀人才的力度。面对期刊的全球化，中国期刊应该清醒地认识自己的处境，客观审视自己的情况，为进入国际期刊的竞争领域创造条件。在全球化的今天，不同期刊之间的市场竞争不再局限于一个地区或国家，而是进入了一个激烈竞争的国际平台。中国期刊要想在竞争中立于不败之地，就必须提高编辑人员职业素养，深化营销力度，创新商业模式。

9.4 个案分析——《中国国家地理》的国际化营销

全球范围内有 3 本极具影响力的“国家地理”类期刊，其一即是美国的《国家地理》期刊。创刊于 1888 年的美国《国家地理》期刊，从 1995 年发行日文版开始，至今已经发行了含英文版在内的 34 种语言版本。其英文原版期刊也被全球的读者订阅，2011 年美国《国家地理》期刊英文版的月发行量是 445 万册。在国际化的大趋势下，《中国国家地理》应时代之需，紧跟市场的步伐，积极调整出版结构，争做国内地理科学期刊中的领头羊。同样都是国家地理，两者的国际化营销各不相同。因此比较分析研究《中国国家地理》和美国《国家地理》的国际化进程对于其他品牌期刊具有一定的借鉴意义。

9.4.1 《中国国家地理》简介

《中国国家地理》是中国大陆第一本出售版权作品的期刊。该期刊主要关注中国地理，它结合了不同地区的自然、人文景观和事件，揭示了其背景和秘密，并涵盖了天文学、生物学、历史和考古学等领域。该期刊的文章和图片经常被中央和地方媒体转载，具有很强的可读性和专业价值。

9.4.2 美国《国家地理》简介

美国《国家地理》是美国国家地理学会的官方期刊，于 1888 年国家地理学会成立 9 个月后出版，现在它已成为世界上最著名的期刊之一。期刊封面上明亮的黄色边框和月桂图案成为其象征，这些徽标也是《国家地理》的注册商标。该期刊每年出版 12 次，并偶尔出版有特刊。自 20 世纪初以来，该期刊开始刊登大量的独家且罕见的彩色照片。

9.4.3 《中国国家地理》的国际化进程

《中国国家地理》期刊的前身是创刊于 1950 年的《地理知识》期刊，2000 年 10 月，《地理知识》正式更名为《中国国家地理》。2001 年 1 月，《中国国家地理》的日文版在日本正式发行，这是中国期刊首次进入非华语市场，该刊从出版发行的第 3 期开始赢利。2009 年，《中国国家地理》英文版双月刊创刊，并进入欧美市场。改版至今的这些年来，《中国国家地理》期刊一直努力开拓海外市场。

9.4.4 美国《国家地理》的国际化进程

1995 年，美国《国家地理》开始发行日文版，这也是第一个本地化版的《国家地理》。《国家地理》有多种不同的语言版本，除中文版（含简体、繁体）外，还有英语版、保加利亚语版、克罗地亚语版、捷克语版、丹麦语版、荷兰语版、芬兰语版、法语版、德语版、希腊语版、希伯来语版、匈牙利语版、印度尼西亚语版、意大利语版、日语版、朝鲜语版、挪威语版、波兰语版、葡萄牙语版、罗马尼亚语版、俄语版、塞尔维亚语版、斯洛文尼亚语版、两种西班牙语版、瑞典语版、泰语版、阿拉伯语和土耳其语版。2005 年 4 月，印度尼西亚语版开始在雅加达由格拉梅地亚马加拉出版社（Gramedia Majalah）出版发行。2005 年 11 月，保加利亚语版由萨诺玛出版联合公司（Sanoma Publishing Joint Venture）出版发行。2006 年 5 月，斯洛文尼亚语版由罗库斯（Rokus）出版公司出版发行。中国大陆的《华夏地理》在 2007 年 7 月经中国新闻出版总署批准，与《国家地理》进行版权合作，和全球 32 个版本同步刊出《国家地理》的内容。2006 年 11 月，塞尔维亚语版由萨诺玛出版联合公司和格鲁纳亚尔出版公司（Gruner Jahr）联合出版发行。2007 年，希伯来语版正式在以色列出版发行。2010 年 10 月，阿拉伯语版由阿布扎比媒体公司出版发行。在美国，国家地理学会的会员资格是唯一可以得到该杂志的途径，除了订阅，其他世界不同的版本只能在报摊上才能买到。

9.4.5 《中国国家地理》国际化进程中的启示

1. 互利的内容合作方式

一本期刊要想打开国际市场，要遵循传播规律，即“内容为王”。任何一本期刊在开拓新的市场时，都要首先在内容上动脑筋，所思所想仍然离不开

“传播的受众是谁”这个问题。中国的期刊要想获得国际市场的认可，就要研究当地读者的兴趣特点，研究当地读者的阅读习惯，进而从内容选择到装帧设计都要“投其所好”。

期刊走出去有三种内容合作方式：一是当地版期刊是原版期刊的同步化翻译版；二是当地版仅对原版期刊的部分核心内容进行同步化翻译，而期刊的其他内容则由该国自己的编辑队伍组采写，反映各国本地的情况；三是原版期刊向各国的合作出版社出售原版期刊的内容版权，当地版可以根据实际需要，重新编选原版期刊以往各期所做的内容，但要保证标题以及文字内容不得更改，可以根据当地读者的喜好适当更改图片及版式设计风格。

《中国国家地理》期刊在发行日文版、中文繁体版和英文版的过程中，采取的都是上述第三种内容合作方式，即授权合作出版人对《中国国家地理》历年刊登过的作品进行重新汇编，当地版的编辑部可以根据所面向的读者市场，选择当期期刊以及过往期刊中的任何文章进行重新组合，文章中的正文、图片说明以及地图不能更改，图片和版式设计则可以根据当地版本的特殊需求进行改造。通常，当地版本的封面与原版的封面是不一样的。这样的内容合作方式的好处在于，当地版本可以灵活地使用原版期刊多年积累的文章资源，依据当地的市场特点，最大程度地制作本地化的期刊。同时，原版期刊中的往期内容也可以得到再次利用。

2. 坚持中国本部对各海外版本的内容终审权

各地版本在内容上的合作，根本的原则是要适应当地的市场需求。然而，对于像《中国国家地理》这样的地理类期刊而言，由于其内容涉及大量地图以及与国家版图有关的主权问题，因此，这类期刊在与海外出版人进行内容合作时应特别重视对期刊内容终审权的谈判。

根据经验，就期刊的最终授予权进行谈判比就版税收入进行谈判要困难得多，这通常需要几个月甚至更长的时间。由于一些西方国家对人类文明史，特别是对中华文明史的一些误解，期刊的主导力量成为国内期刊能否作为一个完整的中国媒体形象的关键。在外文出版物和中国传统出版物的合作中，中国保留对编辑内容做出最终决定的权利，除了可以根据当地语言习惯修改当地版本的文本内容外，还必须遵守期刊的原始外观。当地版本的地图不得违反中国领土和主权完整的原则。

3. 多渠道开拓海外市场

中国期刊开拓海外市场可以多种渠道并行。对外出售版权是比较常用的海外合作方式，这种合作的关键在于找准合作出版人。因为期刊的内容出售之后，还应该关心当地版本在当地市场上是否能扎下根来并且发展壮大，这要求合作出版人的能力要强，所以要寻找在当地出版业有实力的出版人。

期刊开拓海外市场也可以依靠在境外开设专卖店的方式。在专卖店里一方面售卖当地语种版本的期刊，另一方面可以售卖企业旗下的品牌商品。还有一种渠道就是在当地设立编辑分部，派驻本部的人去管理，雇用当地人，这样做的好处在于，人员成本和投资风险相对较小；缺点在于本部派去的人需要较长时间才能在当地立足并熟悉当地的市场。

4. 培养外语人才

中国期刊走出国门需要的是既熟悉出版业务，又熟练掌握外语的人才，所以每一个想开拓海外市场的期刊领导都要重视员工外语水平的提高。《中国国家地理》期刊社十分重视对社内员工的外语培训，如资助期刊社所有中层管理者参加高质量的英语培训，为将来期刊社向更广阔的海外市场开拓夯实基础。

9.4.6　美国《国家地理》国际化进程中的启示

1. 适合自身的内容合作方式

美国《国家地理》期刊凭借全球人民对其英文版期刊核心内容的喜爱，成功走过了多年的海外扩张道路。在发行海外版的早期阶段，美国《国家地理》期刊的最高决策层经过市场研究，了解到全世界市场上都需要英文原版的信息，因此便让每个海外版市场都保持着英文版的原始信息，以便于在同样的发行日期下，各国的本地版都可以看到与英文版同样的文章。后来，美国《国家地理》期刊的决策层决定各地版本中要有 10%—15%的内容交给当地的编辑队伍组织采写，以适应当地人民的口味。这样做的结果是，《国家地理》期刊的海外版本既拓展了英文原版的选题触角，又避开了与英文原版在各国出版市场上的销售竞争。

2. 经营模式多样化

美国《国家地理》日文版选择了不同的订阅方式，对初始订阅费打折，销售人员根据目标群体采取小成本营销策略，分销渠道取决于合作伙伴本身。拉丁美洲版本则采用了软着陆方式和小成本的推广战略，分销渠道则主要依靠报摊，有选择地在人口情况相似的地区取得订阅客户。西班牙版本发行时，只在报摊出售，初始分布非常广，但价格较低。德国版以略低于竞争对手的价格发布新刊，并利用大型展会吸引客户，同时利用媒体广告进行宣传，分销策略是首先将其销售给报摊，然后再销售给订阅者。韩国版本不支持发行时使用分销商，而是通过在线订阅的方式，而价格也更高。

3. 多元化经营

国家地理研究所向市场提供多种衍生产品，如书籍、期刊、地图、电视节目、日用品和数码产品等，并以美国《国家地理》期刊为核心，全面覆盖和扩展多种语言的产品。例如，国家地理将触角伸向数字媒体，建立国家地理频道，通过电视媒体进行国际传播，制作发行光盘等电子产品到国际上发行。

我国发行出口的各种期刊是我国的“全球转型”的重要一部分。经过境外期刊出版机构的共同努力，我们可以在海外出版更多更好的中文期刊，充分适应海外大众文化各领域的需要，真正成为期刊出版单位和用户沟通的桥梁与纽带。虽然国内期刊因其性质和发展水平不同，在实施国际化战略的紧迫性上有所不同，但今天开放的社会、经济和文化生活、读者和市场，将支持中国期刊业在内容和形式上跟上时代，并符合国际标准。中国的期刊唯有积极深入国外期刊出版的前沿，主动向海外寻求读者，才能从学习和比较中发展。因此，国内期刊社一方面要培训外语人才和国际版权谈判人才，另一方面要参加新闻出版业的各类国际研讨会，并及时抓住发展机遇。我国期刊的国内外出版发展具有漫长的历史历程，但同时也面对着前所未有的挑战与机会。期刊社要认真总结历史经验，让辉煌历史成为未来发展的强劲发动机，与时俱进，变革创造，以实际行动支撑出版业转型与现代化，不断谱写出版新篇章。

思考题：

1. 我国期刊社的国际化经营采取了哪些策略？

2. 目前，我国期刊社国际化的路径有哪些？

3. 谈谈我国期刊社国际化经营中有哪些不足。

第 10 章　期刊社的人力资源管理

现代管理学大师彼得·德鲁克曾说过："企业只有一项真正的资源：人。"对于已经转企改制的期刊社来说，人才是最为重要的资源。期刊社如何进行有效的人力资源管理，提升自身在当今市场的竞争力，是一个需要严肃对待和认真研究的课题。

10.1　期刊社人力资源管理的概述

人力资源管理作为期刊社基本的管理内容之一，涉及范围广，关乎期刊社和每一位员工的切身利益。传统人力资源管理主要包括以下 6 个方面的内容：企业人力资源规划、新员工的招聘与配置、员工的培训与开发、员工薪酬管理、员工绩效管理以及员工关系。[①] 这 6 个模块之间相互衔接、相互促进，共同实现员工的"选、用、育、留"，推动期刊社持续发展。

伴随互联网的兴起，传统的人力资源管理内容也在发生着巨大的变化：一方面，互联网在加速信息传递、减少信息不对称的同时，也在改变着期刊社的招聘形式、培训形式与内容，甚至改变了期刊社的管理模式，传统的人力资源框架和内容受到严重冲击和影响；另一方面，互联网技术的发展迫使期刊社转型升级，改变着期刊社内部人员考核评选的方式和内容，这使得期刊社的人力资源管理模式不得不重新架构。虽然人力资源管理在互联网的影响下发生了很大的变化，但是期刊社作为传统行业，具有专业性、学术性，人力资源的模块

① 参见顾晓菲. W 期刊社人力资源管理问题及对策研究 [D]. 北京理工大学，2016：10.

划分依然十分明显；另外，依据传统人力资源管理六大模块进行优化和改进，依然是期刊社主动适应市场的行为，有利于制定符合现代要求的人力资源管理措施，进而推动期刊社发展。

10.1.1　人力资源规划

人力资源规划是整个人力资源管理活动的基础和前提，为期刊社的发展提供人力保障。人力资源规划的具体内容有：确认期刊社的办刊宗旨、期刊定位、目标要求和中长期发展方向；对期刊社的人力资源战略、需求结构、政策制度等进行研究与制定；决定达到目标要求所需的员工人数和对其知识、技能等方面的要求。其主要解决期刊社组织在机构设置、人员需求、供给情况、岗位设置与岗位职责制定等方面的问题。以上即期刊社人力资源规划的基本工作，具有期刊社战略人力资源管理意义，其工作质量的好坏直接关乎期刊社后续人力资源管理布局的设置和工作的进行。

10.1.2　招聘与配置

广义的招聘与配置，包括新员工的招聘、配置和离职解聘三个过程。首先，期刊社需要制定相关的招聘需求，依据招聘需求情况制定招聘岗位要求和岗位胜任素质要求，并通过多种方式和渠道开展招聘宣传和招聘工作。期刊社在招聘过程中需要注意招聘流程的科学性和考察应聘者技术的全面性，只有这样才能够为期刊社招到合适且合格的新员工，实现新员工与期刊社岗位的匹配，从源头上来保证期刊社人力资源的质量。其次，关于期刊社人力资源的配置，主要解决招聘新员工的岗位匹配问题。员工和岗位能够实现匹配，员工的工作积极性能够得到大幅度提升，工作效率和效果也会在很大程度上得到提升。最后，当员工出现离职的时候，要注意对员工进行离职面谈。离职面谈可以了解员工的离职理由和打算，增进对员工的了解，减少相同情况的发生。

10.1.3　培训与开发

期刊社人力资源培训的主要任务是运用各种教育方法和培训手段，对所有需要提高的对象进行智力、技能和体能培训。其主要目的是提高员工与工作岗位之间的匹配度，帮助员工发掘新的潜能，实现员工的全面发展，同时推动期刊社工作更好地开展，为期刊社人力资源的发展和优化提供条件。

期刊社在开展员工培训与开发的过程中要注意：进行培训与开发需求调查，了解员工真实需求；培训内容、时间、进度、人员和场地安排等都要尽量详细，以保证培训的顺利进行。

培训费用作为期刊社人力成本的一部分，因期刊社情况不同而有所差异，因此要在保证培训效果的同时，对培训费用进行预算和控制。

10.1.4 岗位激励管理

期刊社的岗位激励管理主要包括员工薪酬体系的建设、分析、改进和优化等内容。完整、科学且合理的薪酬体系能够在保证员工工作需求的同时，达到员工期望，激发员工积极性；并且还能够保证员工之间的公平性，减少员工工作惰性的产生。

期刊社的岗位激励分为货币性和非货币性两个方向。货币性激励是指对编辑人员的薪资设定和岗位定价等，倾向于给编辑提供物质上的奖励。非货币激励主要是指期刊社工作环境和工作方式的设计等，倾向于给编辑人员提供精神上的满足感。激励活动的最终目的是充分发挥期刊社人力资源的使用价值，同时又能激发编辑人员的积极性和创造性，获得期刊社人力资源的增值性收益。

10.1.5 绩效管理

员工绩效管理是关于员工工作过程和结果以及员工工作态度和行为的过程化管理。绩效考核过程主要包括绩效考核准备、实施、考核、总结、面谈反馈、改进等环节，每个环节都对期刊社的绩效管理成败起到关键作用，因此期刊社要注重绩效管理流程的完整性和每个环节衔接的流畅性。编辑的岗位绩效评价是指期刊社定期或不定期对编辑人员的出版业务工作表现和业绩进行考察和评价的过程。具体来说，需要负责主管根据公示的期刊社工作目标和绩效标准，采用科学的方法评定编辑个人的工作目标完成情况、工作职责的履行程度、业务能力发展情况，包括对编辑工作表现的优缺点进行系统性描述，并将评价的结果反馈给编辑的过程。① 有效的评价制度不仅能重新激发员工工作活力，还能提高期刊的办刊质量和效果，有助于形成编辑与读者之间、编辑与作者之间、编辑与主编之间的良好互助关系。

10.1.6 期刊社文化建设②

期刊社文化对期刊社形成内聚力、向心力、持久力，以及编辑人员的工作行为和价值观都能产生巨大的作用。期刊社要通过建立社域文化，使之成为联结和维系期刊社内部人与人之间关系的重要纽带。③ 例如，《西安交通大学学报》编辑部不断更新自身办刊理念，文化建设也与时俱进。该刊编辑部自 20 世纪 80 年代提出了“科学研究的园地、学校实力的窗口”的办刊理念；20 世纪 90 年代后期提出“出精品、创名牌，办一流学报；争时效、促交流，举科技人才”的理念；在 21 世纪又进一步提出“搭建交流平台、倡导严谨学风、当好科研助手、引领发展方向”的理念。办刊理念也体现了期刊社自身的定位。由此可见，该刊的定位逐渐从教辅工具转变为主动融入科研，锐意创新、大胆实践的精神也形成了该社特有的文化。办刊理念和期刊定位明确了期刊的发展目标，也表明了该刊所需的人才类型，能够使编辑规划更加清晰，推动了该社人才队伍的发展和壮大。

思想政治工作一直是我国期刊社人力资源管理中的首要任务，员工只有具备正确的政治觉悟和思想，才能够在期刊社中发挥其本能的优势和能力，为期刊社的未来发展谋取更多的价值。在期刊社的人力资源管理工作中，合理地开展思想政治工作，可强化期刊社员工的主观意识，明确期刊社员工的思想觉悟和价值观念。只有把握好了期刊社员工的思想动向，才能不断完善人力资源的管理机制，进而为期刊社保留优秀人才和提升市场竞争力创造条件。

---

① 参见马殷华，谢慎兰．学术期刊社人力资源开发与管理：特点与建构［J］．学报编辑论丛，2007：180.

② 此部分强调文化建设，与第三章稍有不同，此部分重点强调以人才队伍和人力资源开发为重点的社域文化建设。

③ 参见张传喜，王松彦．试论期刊社社域文化的建设［J］．编辑学报，2002，14（1）：9.

10. 2 国外期刊社人力资源配置的特点

国外期刊出版机构的人力资源设置看似庞杂，但实则细化合理、分工明确，员工各司其职，在适合自己的领域深耕，并将成功经验应用于每一个期刊上，这与我国“编辑一人身兼数职”的工作模式十分不同。国外的期刊运作更加趋向于专业化和流程化，在期刊数量不断增多、要求工作效率不断提高的形势下，这样的人力配置更符合发展的趋势。

10. 2. 1 人力资源规划：区域性发展，专业化程度高，分工明确

作为世界上最大的科学、技术和医学信息产品与服务提供商爱思唯尔，从1996年就开始设置“地区经销处”。爱思唯尔十分注重当地政策和与当地政府的关系，并设置与政府事务（Government Affairs）有关的职位，其人员主要负责将当地的教育、科技、出版等政策与爱思唯尔的商业发展紧密联系在一起。与这些政策制订部门建立良好的关系，使爱思唯尔的发展获得更多的本地支持。这项工作对于我国科技期刊“走出去”具有启发性。①

爱思唯尔在人力资源设置上专业化、精细化。在期刊市场和销售方面，除了市场经理、客户经理、产品经理和销售经理等职位，还设立了会议内容主管（Conference Content Executive）职位，该职位的人员一方面负责策划和组织国际学术会议，另一方面专门代表出版商在学术会议上与学术专家和作者、读者进行沟通。这一职位的设置可以有效地对期刊和出版商进行宣传，获得更高的品牌认知度。

在期刊内容负责人员设置方面，除了设置传统的期刊经理（Journal Manager）和期刊主管（Journal Administrator）来负责编辑—作者—审稿人之间的联系以及跟踪出版进度，还设置了负责在专业学术领域组织高水平文章和策划专题的出版内容专家（Publishing Content Specialist)。这一职位需要员工在

① 参见杨锐. 国际知名科技期刊出版商的人力资源配置特点［J］. 科技与出版，2013（11）：112.

相应的学科领域具有足够的专业知识，可以把握学科的热点和趋势，并积累大量的作者资源，有能力组织高水平作者发表高质量的学术成果，能够根据研究热点策划专题期刊。

10.2.2　招聘与配置：注意招聘流程的科学性和考察应聘者技术的全面性

爱思唯尔提供如 Sci Verse Science Direct 等在线解决方案，并为此产品设置相应兼职职位。兼职职位对应聘者有特殊的要求，由特定专业的学生或科技工作者担任，提高专业人员的研究效率。

泰勒-弗朗西斯出版集团在职位配置上专门设置了针对 OA（Open Access，开放获取）模式的市场人员——OA 市场营销主管、OA 市场协调员（Marketing Executive-Open Access、Marketing Coordinator-Open Access）。该职位需要员工具有足够的市场营销意识，紧跟 OA 出版模式的发展，利用社交媒体、数据挖掘等先进的网络技术，制定并执行营销策略，完善 OA 平台的出版模式和盈利模式。

10.2.3　培训与开发：培训内容专业化、培训形式多样化

作为世界上最大的私营科技出版机构，德国的施普林格出版公司具有独特的全球化人才培训项目，包括销售专业培训、市场专业培训以及青年编辑培训小组等，这些培训项目可以增强员工的专业素质及工作能力。施普林格还提供员工日常网络培训项目，建立了包含视频、自测题等多种培训资料的网络平台，从而更有效地提高了员工的技能水平。

爱思唯尔利用现代信息技术提供编辑业务支持和能力培训。编辑指南（Editor Welcome Pack）是一款由新编辑和经验丰富的编辑以及工作人员共同开发的能有效支持编辑工作的工具。而定期召开的全球范围内的编辑交流会议，由编辑会议（Editors Conference）公司提供教育培训，定期召开爱思唯尔的期刊编辑会议，通过论坛形式，使得编辑们能够与不同国家和不同学科的爱思唯尔期刊编辑交流沟通。通过培训提升编辑能力，编辑在线更新（Editors' Update）已经从 Elsevier. com 季度在线时事通讯，发展成为一个专

用的更强大的在线资源中心，为使用该编辑系统的编辑和作者们定期组织更新网络研讨会（Update Webinars）。①

10.3 我国期刊社人力资源管理的现状

10.3.1 人才储备明显不足，供需矛盾凸显

随着市场经济的发展，期刊社需要更多的人才支撑。然而，当前期刊社在编制制度与人才选择上出现了矛盾，使得总体人员严重过剩，期刊社工作人员的选任不能发挥对期刊社发展方面的促进作用，不能满足市场配置需要，甚至出现冗员现象，并且这种现象较为严重。

一是传统人才供给大于需求。这一方面是因为期刊社领导对人才进行了错误规划，产生了选拔人才上的恶性循环。编制的有限性导致编外人员迅速增多，从而出现总体人员过剩的情况。另一方面是因为高校的人才培养机制相对落后，对学生的专业技能的培养跟不上时代的需求变化。

二是新型复合型人才需求大于供给。数字化转型在一定程度上改变了期刊的生产流程、组织结构。与传统期刊社岗位相比，如今的期刊社岗位名称相同，但具体工作不同。如“设计”一职，平面设计与新媒体设计要求不同，在新媒体设计中，App 应用的设计与交互式网页的设计也不同。目前一些传统期刊社虽然是以采编内容的人才为主，但缺乏互联网媒体运营经验。期刊社出现了人才结构性短缺，能将内容、技术、运营三方面整合的复合型人才严重匮乏。

随着期刊社产业边界的拓展和愿景的提升，从未来发展角度看，现有人力资源在结构、质量等方面不能适应或不能完全适应新产业的要求，人才储备明显不足。

---

① 参见朱建育，张永博，陈红. 爱思唯尔模式对地方高校学报编辑专业化发展的启示［J］. 学报编辑论丛，2018：72.

10.3.2　培训机制僵化，人才培养滞后

过度的形式化管理使得期刊社的培训活力效果减弱。期刊社的培训机制延续了传统国有出版单位和相对封闭化市场单位的培训形式和内容，即以内训＋外训为主的传统培训形式。内训主要是期刊社内部的老师针对内部管理或业务开展的培训，烦琐而细致，忽略了人才的培养和开发；外训主要是邀请外部专家进行专业知识讲座和交流，走过场严重，并不能够根据期刊社的实际情况培训和开发人才，并且外聘人员进行授课无法保证培训的连续性，对培养组织团队的文化底蕴和员工的组织忠诚度极其不利。

一些期刊社对于原有的员工缺乏必要的重视，导致一些员工原地踏步。重视人员使用、轻视人员培训，长此以往，势必造成老员工的不满情绪。有一些期刊社连续多年没有招聘过新员工，也易造成期刊社因编辑退休、离职、转岗等原因而出现严重缺人状态，编辑出版的梯队出现断层或老化现象。

10.3.3　绩效与激励制度落后，人员流失

期刊社的分配体系注重短期激励，而长期激励机制缺位。随着期刊社的成长和收入增加，原有分配体系对管理者及编辑人员的激励效应和利益平衡功能逐渐减弱。同时，个人收益的不平衡和发展的局限性也阻碍了期刊社的人才流动。一些中低层管理者及专业人员缺乏成长的空间，个人愿景在期刊社不能有效实现，对期刊发展的牵引力减弱。久而久之，内部凝聚力减退、结构僵化、活力不足等“组织老化”现象有可能出现。

期刊社薪酬不能满足个体差异性期望。例如，中华医学杂志学会在新媒体时代继续延续事业单位人事制度，员工的工资、绩效考核及分配基本是“一刀切”，绩效考核设置极少考虑工龄、学历、专业技能等因素，导致工龄 5 年与 30 年的员工的绩效待遇基本相同，这严重影响了员工的积极性。我国现行的期刊社职工薪酬制度中，等级观念较强，在相应的行政级别下，职工享有相应的薪酬数值。在薪酬体系中，员工薪酬是定期增资而不是适时调整，职工为了加薪，只能晋升职务。这就需要公共部门制定出更为完善和规范的选拔任用机

制，避免不胜任者被选拔，这样才能实现期刊社或是组织的良好发展，实现效益的提升。

10.3.4 评价机制落后，晋升公平性存疑

传统期刊社对编辑晋升的评选机制停留在传统的“以奖推优”阶段，而新媒体前沿人员缺少获奖机会，职称评选上往往受困受阻。在目前体制内，职称级别又影响到个人待遇、晋升机会，所以评价机制的落后不利于激励期刊年轻采编人才的职业发展。①

此外，还有一些期刊社的员工行政化关系比较严重。对于出版单位而言，某些岗位竞争都是经过行政化处理，并不是通过公平公开选拔或是竞争等方式进行，存在严重的暗箱操作行为。很多的选聘通道并不明朗，这对于靠实力的人才而言非常不公平，同时对于期刊社业务精英的培养也存在一定的限制性。

10.3.5 现有产业干部队伍管理技能落后，行政化严重

随着互联网的发展，员工关系向更加人性化、无边界化、合作共赢化发展和改变，这为员工关系管理带来了一定难度。很多期刊社在人才管理上依旧保持着传统的员工关系观念，将大量员工关系维持的工作交由工会，但是工会又往往带有强烈的行政色彩，致使工会并不能完全代表员工利益，为员工关系危机埋下了祸源。这种循环性行政化的人才培养、选拔、员工关系管理机制必定会给整个制度的完善带来很大的制约性。

10.4 期刊社人力资源管理优化的建议

人力资源作为期刊社管理的核心内容之一，已经引起了诸多期刊社的关注。如何破解人力资源管理带来的发展困境，成为不少期刊社的当务之急。根据目前不少期刊社在人力资源方面的实践，可将成功经验总结为以下几点。

---

① 参见林颖．新媒体转型中的期刊人力资源变革［J］．新闻记者，2013（12）：82.

10.4.1　制定符合期刊社发展的人力资源战略规划

期刊社人力资源管理的改革不应盲目进行，而应根据本社特点制定详细的规划。在制定规划时需要遵循如下原则。

首先，分步制定人力资源规划。矛盾是不断发展变化的，要具体问题具体分析。不同时期的工作重点和组织结构不同，期刊社对员工的要求也会不同，这包括员工的知识结构、年龄段结构、管理人员与普通员工的比例、不同专业人员的比例等。这就需要有相应的人员来匹配，例如在期刊社的转型初期需要开拓性人才、复合型人才，当发展到一定程度时则需要管理型人才，并且对人才的专业性要求会越来越高，而这些人才的准备和培养都需要具有前瞻性和计划性。

其次，切合实际制定人力资源规划。期刊社的人力资源规划既要符合本社的发展方向，也要根据期刊社自身的实力和规模。一切从实际出发，实事求是。制定规划要掌握好因时制宜的原则，同一个人在期刊社不同的发展时期对期刊社的作用是不同的，期刊社应掌握人才的独特优势，并结合本社实际情况充分发挥人才优势。

再次，重点开发现有的人力资源。不少期刊社因现有的薪酬体系不合理，导致招不到优秀人才，原有人才流失严重。因此，期刊社要明确内部人才和外来人才的优势劣势，正确处理好内部人才与外来人才资源的关系：内部人员对期刊社忠诚、熟悉，但相对来说缺乏新思想、新观念，对新技术的包容度和熟练度也受限；外来人员可以给期刊社带来新观念、新技术，但忠诚度不如旧人。期刊社如果过多聘用外来人才，会打击内部原有人才的积极性和信心，易使其产生不平衡的心理，严重者则造成内部优秀人才的流失。因此，期刊社在重视和善于选用外部人才的同时，也要注意考核聘用标准的公平性，注意培养新人才的忠诚度，综合考虑两种人才的成本比较、人员的稳定性和对期刊社核心竞争力的影响。

10.4.2　实行人力资源管理专业化管理

期刊社必须转变观念，实施组织创新，加大人事制度改革力度。首先，要设立专门的人力资源机构，加大对人力资源部门的各项资源投入。其目的是构建适宜人力资源管理的各项环境，为完善人力资源管理发展奠定稳固基础。其次，要设立人力资源经理职位，从总编处接管人力资源管理工作，使其有充沛的精力谋划期刊社的经营发展。如果期刊社现有职员中缺乏具备人力资源管理经验的人才，那么则必须为人力资源部门招聘具备专业素质的人力资源管理职员。人力资源管理部门正式运行以后，所有有关人力资源方面的工作都应全部交由人力资源经理负责管理，并赋予其决策权与执行权，激发出期刊社人力资源管理作用。

人才作为期刊社十分重要的资源，对其进行管理工作的人员在期刊社所起到的作用更是重中之重。期刊社不能把希望都寄托在引进的高素质的人力资源管理人员身上，在成本有限的情况下，可以通过提升现有人力资源管理人员的胜任力来提升本社在人才方面的竞争力。

人力资源部不是孤军奋战，也不是千篇一律，每个企业的人力资源管理都有其自身特点，体现了企业文化和价值观。因此期刊社的人力资源部门人员也要多参与了解期刊社的经营业务，除掌握人力资源相关知识技能之外，也要通过沟通理解员工对期刊社的期望，用心了解期刊社价值定位，要用战略性思维把握全局。只有这样，才能更好地实现人力资源管理的价值，把自己的地位提高到战略助手这个层次上来，才能更好地跟上发展的步伐。①

10.4.3 建立系统规范的员工培训体系

建立培训体系，不但能满足期刊社对员工专业技能的需求，还能满足员工自身发展的需要，而且培训本身就是对期刊社内部行为准则和观念教育的灌输平台，系统和科学的培训体系有助于宣传期刊社文化，提高职员的忠诚度和归属感。

期刊社可针对不同职员工作的部门、从事的职位来建设具有期刊出版行业特色的培训体系。一般来讲，可将期刊社人力资源的培训体系，细分为高层管

---

① 参见郭斌. 图书发行企业人力资源管理优化研究——以浙江民营图书发行企业为例［D］. 浙江工业大学，2014，63-66.

理干部培训（领导班子培训）、中层管理骨干培训、储备干部培训、新员工培训几个部分，不同层次实行不同的培训方案。培训课程的结束并不代表培训的结束，在后期要注意利用培训效果评估体系对参训员工进行相应的评估考核，及时反馈培训管理信息，对未达标的员工进行二次培训，以提高培训效率。期刊社通过构建系统规范的培训体系提升员工的技能，让员工以看得见的目标作为前进的动力，满足员工不断成长进步的需求，从而促进整个期刊社的发展。

10.4.4　建立有效的员工绩效考评体系

期刊社要提高人力资源管理的操作水平，需要提高对绩效管理的重视，建立系统科学的绩效考核评价体系。

首先，在构建绩效考评体系的过程中，要注意考核标准的稳定性和灵活性。一是要注意考核标准的稳定性，这需要期刊社和员工进行有效沟通，并就绩效考核标准尽量达成共识，这样才能让员工认同这一考核标准，并有效地调动员工积极性；二是要注意考核标准的灵活性，这里指的是考核指标确定之后，并不是一成不变的，可以根据实际考评的情况和期刊社发展战略的变化进行必要的调整，但应保持连续性，使考核指标在一定的考核期里保持连续的稳定增长，以适应期刊社稳定持续发展的需要。

其次，期刊社还可以通过开展绩效考核工作，实施有关提高绩效的辅助管理，持续改进管理措施，实施科学的绩效评估流程，以进一步提高绩效管理水平。若让考评体系浮于表面，会打击员工的工作积极性。但将员工的工资奖金分配、职务升降以绩效考核的结果作为唯一标准，必然会有失偏颇。绩效考核并不能作为考核员工工作能力和业绩的唯一依据，它只能作为参考。因为员工的能力高低与业绩好坏不是简单的因果关系，其受内外因共同作用，其内因是员工自身的能力和积极性，外因还包括整个工作环境和考评是否合理。

最后，要对绩效考评结果进行科学分析，充分考虑公平性。这需要期刊社对绩效考评结果尽可能地做到公正公开，考核程序正当。制定科学公平的绩效管理体系能够调动员工的工作热情，严格执行绩效考评能够增加员工对期刊社的信任度，那么期刊社内部会自然而然地形成公平正义的员工行为准则，进一步提高期刊社对人力资源的凝聚力和吸引力。

如今，期刊之间竞争激烈，纷纷以出版市场国际化、出版方式数字化、内容专业化作为提高竞争力的重要策略，而竞争力的核心则聚焦到人才与理念博弈上。目前已有不少期刊社开始转变观念，建立起与期刊社整体规划相一致的人力资源规划，并且专门设置了人力资源管理部门对本社人力资源进行专业化管理，与此同时也在不断建立系统的员工培训体系和绩效考评体系，努力改进现有人力资源管理的不足。

但期刊社人力资源的开发与管理不能也不可能生搬硬套已有的或正在建立的人力资源管理系统。因此，期刊社人力资源的开发与管理应在充分考虑自身特点的基础上，遵循科学、系统、人性等基本原则，开发好、管理好、使用好期刊社人力资源，这能增强期刊社在信息时代的竞争力，对传统媒体的人力资源管理也具有借鉴意义。

思考题：

1. 请阐述期刊社人力资源管理的概念和内容。

2. 请思考期刊社和出版社的人力资源管理有何异同。

3. 试比较分析我国期刊社与国外期刊社人力资源管理特点的异同，并分析原因。

第 11 章　期刊社的财务管理

对于任何一个企事业单位来说，做好财务管理，不出纰漏，都是基本要求。一般来说，与出版社相比较，期刊社体量小，资金周转量不大，涉及的财务管理细分类别也不甚复杂。但如果对于大型期刊社以及广泛开展国际业务的期刊社来说，其财务管理则会更为复杂，对于财务管理的要求也更为严格。

11.1　期刊社财务管理的概述

11.1.1　财务管理与期刊社的财务管理

财务管理是指在企业整体经济活动的发展目标下，关于资产的购买和配置、资本的融通、经营中的流转资金以及利润收入分配的管理。它是根据财经法律管理制度，按照企业内部控制的基本原则，组织和监督企业各项财务活动的执行，处理企业内外部各项财务关系的一项经济管理工作，是企业经营与管理中一个非常重要的组成部分。①

期刊社财务管理就是规划和控制期刊社资金的一种管理活动，是对期刊社内发生的各种经济活动进行会计核算和监督。主要是对期刊社的筹资活动、投资活动、资金营运、利润分配和税务五个方面进行管理。

期刊社的财务管理具有以下特征。

第一，广泛性。就期刊社内部而言，期刊社内部的所有工作都需要用到

---

① 参见肖超兰．财务管理学［M］．北京：北京理工大学出版社，2020：1.

钱，财务管理活动涉及期刊社出版生产活动的各个环节，大到进行内外部投资，小到编辑部办公用品的采购，所有与“金钱”有关的活动都能够列入财务管理活动的范围之内。期刊社的各个部门都要有财务管理的意识，使用资金要合法合规合理，积极寻求财务的指导，自觉接受财务部门的监督和约束。

第二，综合性。财务管理能够反映期刊社各项管理工作及经济活动的过程和结果。

第三，灵敏性。财务管理对期刊社的各项经济活动的反映比较灵敏，期刊社的人才、稿件、基础设施的增加等，都会以资金流动的形式在期刊社的财务上得到全面的反映。

11.1.2 期刊社财务管理的环节

1. 财务预测

财务预测就是根据期刊社过去财务活动的信息和数据，考虑期刊社发展现实的需求及财务条件，预计和测算期刊社未来要进行的财务活动以及未来能够实现的财务成果，力求做到科学预测。

2. 财务决策

财务决策就是根据期刊社自身编辑出版生产经营的需要、主管主办单位的战略要求和国家经济法规政策的实际要求，在保证期刊社社会效益的前提下，尽可能提高期刊社的经济效益。整个财务决策的过程也是一个最优方案选择的过程。

3. 财务预算

财务预算需要运用财务专业方法和数学知识与方法，在综合平衡财务目标的前提下，制定期刊社内部的预算指标，拟定期刊编辑出版各个阶段财务控制的措施，在整个生产经营过程中去协调各项预算指标。

4. 财务控制

财务控制就是期刊社在实施财务管理规划、组织财务管理活动的过程中，根据各部门反映的数据信息，及时评估财务工作进展状况，并与财务管理规划要求相对比，发现差距，根据具体情况等因素及时制定对策，保证财务管理活动按规划进行。财务控制需要制定一定的控制标准，做到合理控制而不是盲目控制，发现问题时要及时追踪，分解具体的主体责任。财务控制体现出全局性，要求期刊社的各部门和全体人员全面落实财务预算。

5. 财务分析

财务分析是根据期刊社财务人员所做的财务报表、财务账单、报销凭证等有关资料，运用特定财务分析方法，去评价期刊社财务活动的过程和结果，并剖析产生这样结果的原因，总结财务活动中的经验和教训的一项工作。财务分析的基本目的是发现财务活动实际结果与财务计划或历史记录等数据之间的差异，并分析产生这些差异的原因。财务分析要能够掌握各项财务计划的完成情况，评价期刊社的财务状况，探究并总结期刊社在一个生产经营周期内财务活动的规律，进一步改善财务预测、决策、预算和控制服务，提升期刊社的整体管理水平，提高期刊社的经济效益。财务分析的结果能够为下一期财务计划的编制提供参考依据，也能为财务管理总结经验和教训，是财务管理活动中非常重要的一环。

11.1.3　期刊社财务管理的目标

1. 结余最大化

期刊社的收支结余反映了期刊社的经济效益，是期刊编辑出版活动中创造出的新财富。如果没有结余甚至入不敷出，期刊社的编辑出版活动将难以运行，既无法实现经济效益，也很难实现社会效益。

2. 资本保值、增值

资本保值是指期刊社的原有资本能够满足期刊编辑出版活动的需要，而增值是指通过适当的财务管理活动提高资本使用效率，增加新的积累，以更加深入地开展期刊社的编辑出版活动。

3. 增加期刊社基础资产的积累

期刊社基础资产是指其拥有的能够自由支配的净资产，包括期刊社留存的结余资金和投资资金。基础资产积累多了，可以用来改造编辑的工作环境、升级出版材料和设备、进行对外投资创收，促进期刊社实现可持续发展。①

11.1.4 期刊社财务管理的重要性

第一，有利于降低期刊编辑出版成本，增加期刊社利润。

第二，有利于合理分配期刊社资金，及时阻止资金不当流出与浪费。

第三，有利于及时清算货款，避免呆账、死账。

第四，有利于提高期刊社的整体管理水平。

11.2 期刊社财务管理的内容

11.2.1 筹资管理

1. 筹资管理概述

期刊社筹集资金是为了满足期刊社设立、日常生产经营、资本结构调整的需要，通过适当的筹资方式向期刊社外部或者内部筹集资金，以保证期刊社正常的生产经营与发展的财务活动。

筹资是期刊社资金周转运动的起点。期刊社的筹资渠道有两种，分别是权益资本和借入资本。权益资本体现投资者权益，是指接受投资者投入的资本；借入资本是指通过银行、非银行金融机构、民间渠道获得的债务资本。

2. 筹资管理的原则

（1）筹措合法：期刊社进行筹资时要遵循国家的各项法律法规，合理合法地进行资金筹措活动。

（2）规模适当：期刊社在进行筹资时要提前对资金需要量进行预估，在科学的筹资决策基础上合理控制筹资的规模，使所需资金与筹措资金相匹配。

（3）取得及时：期刊社要合理预测并安排筹资需要的时间，及时取得所需资金。

---

① 参见周志新. 论现代科技期刊财务管理的目标与原则［J］. 编辑学报，2012，23（5）：427.

（4）来源合适：期刊社要综合分析可能的筹资渠道与方式，以及资金供应状况及筹资成本等因素，来选择合适的资金来源。

（5）结构合理：期刊社要综合考虑各种筹资方式，调整现有的不合理的资产结构，不断进行结构优化。

11.2.2　投资管理

1. 投资管理概述

投资管理是指期刊社为了获得未来经济收益而向一定对象投入运用自身所掌握的现实经济资源进行的活动。例如，购买设备、聘请高级编辑人才、向专家约稿、购买股票债券等。

2. 投资管理的特点

（1）属于企业的战略性决策。

（2）属于企业的非程序化管理。

（3）投资价值的波动性大。

11.2.3　营运资金管理

1. 营运资金概述

营运资金又称营运资本，是指期刊社为保证编辑出版活动顺利开展，辅助固定资产发挥作用而安排在流动资产方面的资金。

2. 营运资金管理的内容

期刊社的营运资金管理内容主要是流动资产和流动负债。

流动资产是指期刊社可以在一个营业周期内变现或自由支配的资产，它主要有库存现金以应付日常支出、银行存款、应收账款、存货等。[①] 而流动负债就是期刊社在这个营业周期内所需要偿还的债务。

从理论上来说，通过对期刊社的流动资产和流动负债进行分析，能够大致了解期刊社的短期偿债能力和清算能力。

---

① 参见王慧梅. 企业流动资产管理研究 [J]. 纳税，2018，12（22）：152.

3. 营运资金管理的任务

（1）认真分析期刊社编辑出版活动的状况以及期刊的销售情况，合理确定营运资金的需要量。

（2）在保证整个期刊社的出版活动正常需要的前提下，尽量节约使用资金。

（3）加速营运资金的周转，提高资金的利用效率和期刊社的抗风险能力。

（4）期刊社要将流动资产和流动负债确定在一个合适的比例关系之下，以确保自己能够拥有短期内的偿债能力。

11.2.4 利润分配管理

1. 利润分配概述

利润分配是指期刊社将当期所获得的净利润进行分配，一部分分配给投资者，另一部分用于期刊社自身的再投资。期刊社需要基于自身程序经营与发展需要，正确处理期刊社与国家、投资方的关系，正确处理社长与编辑、其他职工之间的收入分配关系，合理分配利润，为期刊社的出版经营与发展提供最佳条件，并尽可能增加期刊社的价值。

2. 成本费用管理

成本费用，是期刊社为生产和销售期刊在一定时间内人力、物力、财力消耗的总和，主要包括各种材料消耗、排版费用、制版费用、制作费、稿费以及编辑经费、出版物营销费用、财务费用、薪资费用、管理费用等。期刊出版的资金投入和期刊出售后的资金产出（包括收取的版面费和广告费等）的差额为期刊出版的经济效益。对期刊社成本的有效管理和控制是期刊社财务管理的中心任务。

3. 收入利润管理

收入利润管理是期刊社在科学组织生产经营活动、加强各个经营环节管理的过程中，对收入进行预测、决策、计划和控制的工作。

期刊社的收入主要包括期刊销售收入和其他业务收入。其中，期刊销售收入包括：（1）期刊发行收入，即通过各种渠道发行获得的收入（包括纸刊和电子刊)；（2）单行本及增刊收入。而其他业务收入包括：（1）广告收入，如期刊上刊登的广告收入、微信公众号及官方微博等新媒体平台上的广告收入；（2）版面费收入，如学术期刊所收取的版面费；（3）会议、活动收入，如《中国国家地理》杂志社举办的活动收入；（4）期刊周边收入，如《新周刊》杂志社的文创、《瑞丽》杂志社的美妆商店等创造的收入。

11.2.5　税务管理

税务管理是期刊社运营中的必备项目和操作，是指期刊社对其涉税业务以及需要缴纳的税金进行调研和分析、计划和运筹、管理和监控、预警和报告的全过程管理活动。

税务管理贯穿于以上四个内容的管理之中，并且税务管理的责任在于规范期刊社的纳税行为，防止出现偷税漏税等不良情况。要仔细研读国家对期刊出版业的税收政策，科学降低税收成本，妥善处理涉税业务，防范纳税风险。税务管理并不仅仅是财务部门自己的事情，它必须要渗透贯穿到整个期刊社经营管理的各个部门和各个阶段，尤其是期刊社的领导决策层。财务人员在进行财务管理的过程中也有必要向社内人员普及税务管理的相关知识，防止因“无知”而发生不必要的错误。

11.3　期刊社的财务管理信息系统

11.3.1　期刊社财务管理信息系统的概述

期刊社财务管理信息系统是期刊社综合管理信息系统的子系统之一，其目的在于根据期刊社财务管理的信息需求，科学有效地组织和贮存财务信息，并充分利用起来以提高财务管理的时效性和科学性，为期刊社管理科学化和实现双效益的总目标服务。①

---

①　参见周金琪. 财务管理信息系统［M］. 北京：中国财政经济出版社，1991：44.

11.3.2 期刊社财务管理的信息系统模式

1. 采编系统的财务管理模块

目前我国大部分期刊社都已经运用在线采编系统，如玛格泰克远程稿件处理系统、勤云远程稿件采编系统、腾云期刊协同采编系统等。这些采编系统功能齐全，除了可以进行稿件采写和编辑外，还设有财务管理模块等期刊社管理模块。财务管理模块中包含审理费、审稿费、稿酬、版面费等几种财务费用的管理。

具有独立法人资格的期刊社可以直接应用采编系统中的财务管理模块进行相应的财务管理。期刊社可以直接从财务管理模块中提取相应的费用信息，直接为作者开具相应的票据，发放稿费并实现邮寄等工作。而非独立法人的期刊编辑部由编辑部人员去完成具体的财务管理工作，但他们实际上并不掌握财务权，其财务权归上级主管单位管理，如大学期刊社的财务往往由大学来主管。因此不能直接通过采编系统中的财务管理模块直接完成相应财务操作，而是要自己人工提取相应信息，形成一定的电子文档，通过邮件发送给上级主管部门的财务部门，或者将相应材料打印送至相应的财务办公室，进行后续的财务工作办理。①

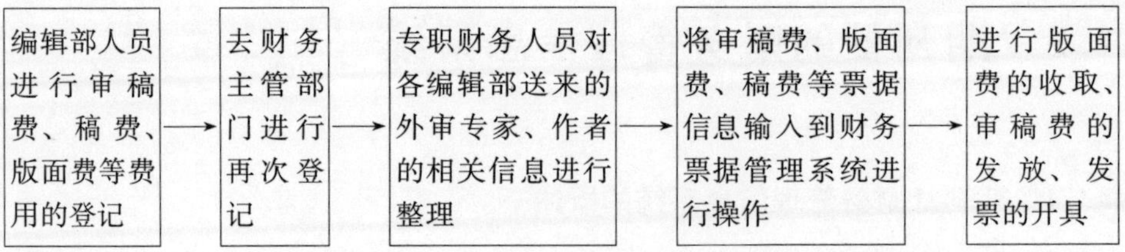

图 11-1 非独立法人期刊编辑部财务处理的步骤

---

① 参见琚彤军，杨继涛. 科技期刊稿件在线处理系统财务模块应用探析 [J]. 今传媒，2017，25 (12)：123.

2. ERP 系统的财务管理模块

ERP 系统的财务管理模块一般分为三部分：一是传统的财务管理，以总账管理为核心，包括现金管理、银行账管理、应收账款管理、应付账款管理以及期刊社内部员工的工资管理；二是成本管理；三是固定资产管理。各个部分之间的关系如图 11-2 所示。ERP 系统信息集成度高，信息处理也更及时。① 其作为一种比较先进的信息管理系统，正在被越来越多的期刊社所重视和采纳。ERP 系统在期刊社的运用能够实现期刊社财务信息的集成和共享，将财务管理与期刊社其他模块的管理紧密联系起来，能够促进期刊社的财务管理实现动态化的管理过程，提高管理效率和水平。当财务活动过程中发生问题时，能够及时准确地定位到相应的部门，及时解决问题，促进财务活动不断地完善，保证财务预算的有效执行。

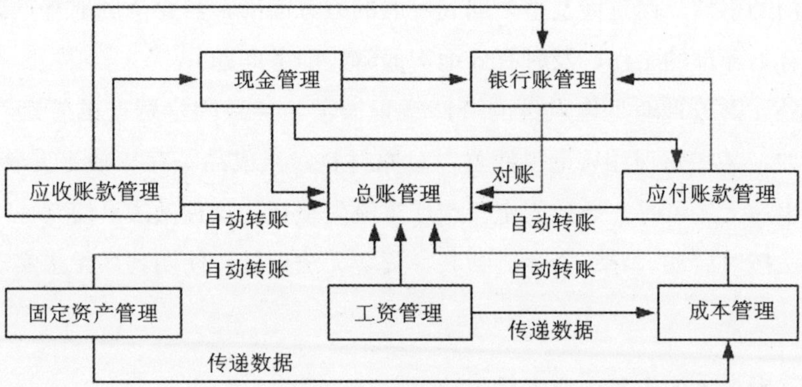

图 11-2　ERP 系统财务管理各部分关系②

① 参见李雯，樊茗玥. ERP 原理、实施与案例研究［M］. 镇江：江苏大学出版社，2019：136.
② 参见李雯，樊茗玥. ERP 原理、实施与案例研究［M］. 镇江：江苏大学出版社，2019：136.

11.4 期刊社财务管理中容易出现的问题

11.4.1 财务管理理念陈旧，资产意识淡薄

期刊社编辑人员往往只关注期刊本身的内容质量、编辑、排版、发行等主营业务，容易忽视财务管理在日常工作中的重要性，这导致期刊社的财务部门没办法及时有效地与编辑、出版、发行等其他部门进行有效的信息沟通。这种缺乏信息沟通的状况导致期刊社财务管理与业务管理之间的不同步、不对称，对财务人员进行全面、科学的财务分析极为不利，这直接影响了管理层对财务工作的领导。然而，通过分析我们知道，期刊社的财务管理也是期刊社经营管理中非常重要的一项内容，它与期刊出版各个环节都密切相关，其绝不仅仅是财务部门的事情，而是涉及整个期刊发展的方方面面，需要全员都有意识地参与与配合财务部的工作，及时有效地沟通解决财务问题。

此外，财务管理工作人员的资产意识淡薄，导致固定资产的管理存在漏洞。例如，某些期刊社只重视钱财，对原材料、半成品等存货缺乏妥善管理，问题发生后无迹可寻，导致固定资产严重流失损耗。这种做法易使其他项目的资金无法按时启动，导致资金链断裂，资金无法周转，使期刊社无法实现长期运作。

11.4.2 财务工作人员专业素质欠缺

很多小型期刊社工作人员少，内部管理结构比较简单，期刊社内甚至没有成立专门的财务部门、没有招聘专业的财务管理人员，当某些部门缺人手时，就会出现一人身兼多职的现象。而财务管理对入职人员的专业技能和专业素养要求较高，普通社内人员财务管理能力有限，而很多管理人员也不具备对社内财务管理的能力，不能对财务方面进行合理的管理和调节；目前我国期刊社大多已完成转企改制，而有的财务人员无法跟上期刊社企业化经营的财务管理运作模式，缺乏相应的素质，导致财务管理水平低下。信息化时代，对于财务人

员更是提出了新的要求，财务人员不仅要能够处理传统的财务工作，还应该能够利用财务管理信息系统进行相应的财务处理。

11.4.3　缺乏完备的财务管理制度体系

期刊社在发展过程中经历了转企改制的过程，经历了一个由事业单位到企业单位的过程，有的期刊社的财务管理在这个过程中发展缓慢，仅仅改变了财务信息和数据的表现形式，其本质仍然是事业单位下的财务管理制度，无法发挥财务管理应有的功能，不能赶上现代企业财务管理的步伐。

11.4.4　资金的运营管理能力差

近年来受到电子期刊等的冲击和影响，我国传统期刊市场不景气，导致期刊社资金周转环境不佳，资金相对匮乏。加之财务人员管理权力和能力有限，无法对全社的生产经营活动进行管理，容易产生各部门之间就资金问题达不成共识而无法对财务管理进行合理调节的问题。

很多期刊社在对现金的管理上存在很大的随意性，例如对现金收支不编制计划、对现金的管理不够严格、资金充足时没有制订相应的投资计划。再如，有的期刊社盲目使用资金，一旦所处的经济环境发生变化，资金就很难收回，使期刊社陷入财务困境。此外，许多期刊社为增强自身竞争力，通常会采取商业信用政策，这容易造成回款不及时，资金链断裂，最终使期刊社的资金周转出现问题，隐含其中的坏账风险极大。

11.5　期刊社财务管理工作的建议

11.5.1　强化财务管理理念

期刊社要培养财务管理人员良好的财务管理意识，提高对财务管理人员对财务管理工作重要性的认识。期刊社在进行改革的过程中，要把财务管理工作重视起来，在全社树立起财务管理理念，并借此来实现财务管理机制的构建和完善，促进财务管理机制的有效执行。理念作为一种“软约束”，形成和起作用都需要经历一个过程，期刊社在理念培养的过程中要下定决心、保持耐心。理念的培养也少不了期刊社管理层的带头示范作用，需要自上而下去形成现代期刊社财务管理理念，理念的形成绝不仅仅是财务人员的事情。

某些期刊社财务管理意识淡薄，财务管理部门仅仅承担着部分会计职能，这与建设现代化期刊社所要求的财务管理能力相去甚远。因此，期刊社要加快思维转变，树立全局性的动态管理理念。期刊社全员都要重视财务管理，始终把财务管理作为内部管理的中枢、各项管理的基础，在各项工作中积极支持财务管理工作。管理层也应学会通过财务管理来掌握期刊社的综合状况，发现管理中存在的问题，及时调整期刊社各项管理工作。

11.5.2 加强财务管理信息化建设

期刊社在进行财务管理时要积极运用财务信息管理系统，不管是采编系统中的财务管理模块，还是 ERP 系统中的财务管理模块，在运用的过程中要结合自身的期刊出版特点，在系统的基本框架下确定具体的控制及操作办法，要充分挖掘财务信息管理系统的管理功能和效用，绝对不能仅仅将其作为记录财务信息的“笔记本”。同时，必须警惕网络对信息安全造成的安全隐患，财务信息对于期刊社来说无比重要，在进行财务信息网络化处理的过程中，必须加大对网络信息的安全监管力度，加强对财务信息的保密工作。

11.5.3 加强财务管理人才建设

期刊社不但要注重业务骨干的培养，也要注重财务人员的培养。一方面要重视财务管理人才的引进，提高财务人员的专业水平；另一方面也要加强对现有财务管理人员的继续培训，如增强对财务人员的网络技能培训等，提升他们的业务水平，以适应快速变化的市场环境。期刊社也要积极鼓励现有财务人员取得专业技术职称，如会计师和高级会计师等，逐步提高财务人员的专业能力。

财务人员自身应树立自觉学习的观念，主动研习财税政策和现代财务管理知识，不断增强自身适应现代期刊社财务管理工作的专业能力。财务人员要能够适应信息化发展的需要，掌握财务管理电算化方式的基本技能。明确财务方面的有关法律法规和各项规章制度，严格执行《会计法》和相关的财务会计制度，接受财政、税务、审计等部门的检查、监督，保证会计资料合法、真实、及时、准确、完整。形成良好的职业道德，为管理层的决策提供合法、真实、可靠的依据，帮助提高期刊社发现问题、应对风险的能力。

11.5.4　强化财务管理制度体系建设

期刊社应建立一套现代企业财务管理制度，包括分层管理框架和分项管理框架两个方面：分层管理明确期刊社内部各个部门在财务管理方面的权限和职责；分项管理包括筹资、对外投资、成本、收益和利润、各项资产以及财务分析和财务评价等制度。①

建立严格的流程环节成本管理。在期刊编辑环节，主要涉及稿费的管理，必须仔细审核超额稿酬，分析其必要性和合理性，一定要杜绝稿费虚开、高开的现象。在出版阶段，财务管理工作主要涉及纸张、胶片、油墨等材料的购买和选用。在进行材料采购时，必须要在充分的市场分析的基础上选择物美价廉的产品进行应用，并寻找能够长期合作的厂商以避免材料供应链断掉。对于纸张这种必需品而言，还可以趁价格较低时购入储备一定库存以备不时之需。在印刷阶段，要及时检查印刷材料及设备，防止印刷过程出现故障而影响印刷进度，给期刊社带来经济损失。在发行阶段，期刊社要充分考虑自身的渠道建设情况，选择合适的经销商进行合作联系，尽量减少中间差价，保证发行资金的合理运用。

此外，期刊社要树立“以法治企”的自觉性，严格按照《会计法》《企业会计制度》以及其他相关法规，规范期刊社的会计行为；同时，还要认真贯彻执行国家的各项税收法规制度，做好期刊社的税收管理，真正做到以法计税、依法纳税。

---

① 参见李卓楠. 期刊出版业转企改制财务管理问题及完善措施［J］. 财会学习，2017（10）：31.

思考题：

1. 试分析期刊社财务管理的必要性是什么。

2. 期刊社的财务管理应该由谁来负责？为什么？

3. 试分析学术期刊社与大众期刊社之间在财务管理方面有何异同。

第12章 期刊社的读者资源管理

读者资源是出版企业最为看重的资源之一，也是可流动的无固定型廓的资源。期刊社依据自身不同的内容呈现和信息表达方式，也将读者进行了天然的划分。读者，不完全等同于以往的顾客，或者今天所说的买家，或者目标读者，而是一种具有综合集成特征的概念，因此，将其看成是一种资源，更匹配这个时代对于出版业的要求。

12.1 期刊社读者资源管理的内涵

12.1.1 读者资源的概念

读者，是指具有一定阅读需要和阅读能力的社会群体，他们通过购买和阅读报纸、期刊和书籍成为报社、期刊社和出版社的读者，是出版物的消费对象和阅读者。读者是期刊发展中极其重要的服务对象，是期刊社的"衣食父母"，期刊社的读者大体上可分为以下三类。

第一，核心读者。指与期刊有着长久稳定的关系，对期刊有较高忠诚度的读者。这类读者占订阅总数的比例较小，大约只有20%。他们会细心感知着期刊的变化，并为期刊的发展提出合理建议，也会对期刊的细小错误持更包容的态度。

第二，普通读者。指曾经购买过、偶尔购买或近期购买过期刊的读者。相对于核心读者而言，这类读者比例更大，大约有30%，但是他们流动性更大、随机性更强，并且平时看重期刊带来的服务和体验，不定期购买，对期刊忠诚度较低，一直处于不断地被补充和更新的状态。

第三，潜在读者。是指那些喜欢阅读期刊，可能为期刊付费，并具有购买能力，却还未购买过该期刊的消费人群。这类读者通常需要期刊社更尽心和更热情周到的服务，才能吸引他们产生购买欲望，使之逐渐变成普通读者甚至核心读者。

读者资源，指图书馆或公共阅读空间在发展中可开发的各种读者支持要素。[①] 这个概念最开始是由图书馆学领域提出的，他们认识到读者的价值，不再将读者单纯看作服务对象，而是将它与文献资源、馆员资源等内部资源一样的，看作是一种具有开发潜力的外部资源。这对于期刊业来说其实也同样适用，因为期刊业同样具有庞大的读者群体。

12.1.2 读者资源的特性

1. 活态性

读者资源具有活态性，主要体现在两个方面：一方面是其流动性较大。因为读者是社会中的人，他们的工作和生活条件是不断变化的，甚至可超越国界、民族；另一方面是其波动性强，读者资源的开发如果有恰当的激励机制来保证的话，那么其流入量就会比较稳定，否则就会时断时续。比如当优惠力度较大的时候，那么肯定会吸引更多的读者资源流入。

2. 多样性

期刊社面对的读者不是一个两个，而是更宽范围的读者群体，读者的地域、性别、年龄，包括职业、文化层次、阅读偏好、阅读目的、消费能力等都各不相同，因此读者资源也是多样化的。这就使得期刊社面对的每一个读者都是独特的，需要不同的服务内容去满足不同的需求。通过读者细分，期刊出版单位可以更好地识别不同的读者群体，区别对待不同读者，采取不同的读者战略，达到优化配置读者资源的目的。[②]

---

① 参见王子舟．论“读者资源建设”的几个理论问题［J］．图书馆杂志，2017，36（5）：7.

② 参见刘红，李金山．基于客户关系管理的读者潜在价值预测［J］．出版科学，2012，20（6）：70.

3. 内隐性

读者资源不是随手可得的，具有一定的内隐性，就像沙地里埋藏的宝藏一样，挖掘出来后才能使用，读者资源也只有通过期刊社组织开发后才能显现出来。读者资源在没有开发时就处于内隐状态，只能带来基础收益，而一旦被开发利用的话，读者资源就能发挥作用，创造更多的内容，并以此吸引更多的阅读群体，实现递增收益。

4. 可导性

读者资源不会自发地发挥效用，而是需要人为地通过激励引导的方式去挖掘、开发，才能保证读者资源最大限度地输出。但读者资源只要一经发掘，便可自行运行，甚至自我吸引、创新。一家期刊社可以通过优质内容或营销手段来吸引读者，一旦满足了读者的需求，那又可以引导读者通过口碑宣传等方式吸引更多的潜在读者。

12.1.3　期刊社读者资源管理的概念

读者资源管理是期刊经营者树立以读者为中心的期刊发展战略，根据读者资源的特性，借助现代化信息技术和管理技术，对读者资源进行挖掘、分析和利用，目的是提高期刊综合效益。

读者资源管理是期刊社的一种新型管理模式。这种管理模式不是传统的以产品或者市场为中心，而是认识到获得读者才是期刊社长远发展的基础，因此通过对读者开展系统化、专业化的研究，来准确了解读者的阅读需求与阅读偏好，分析读者的情感和行为倾向，向读者提供个性化、精准垂直化的服务，来提高读者的满意度和忠诚度，从而与读者建立长久、稳固的关系，来提高期刊的公众形象和综合效益，促进自身的可持续发展。

12.1.4　期刊社读者资源管理的必要性

1. 读者的行为发生了变化

随着新媒体和信息技术的不断发展，期刊的阅读逐渐从纸质转向移动设备，期刊读者的行为也逐渐发生了变化，主要体现在以下三点：一是读者的参与积极性提高。互联网环境下，读者从传统单向、被动接受信息的地位朝双向、主动接收讯息的地位转变，他们乐于参与到与期刊社的互动交流中，为期刊的发展提供建议和反馈。二是读者阅读需求多样化。数字出版的发展使读者的阅读对象从单一的文字扩大到视频音像，期刊读者的阅读需求也变得多样，不再满足于纸质期刊的阅读。三是更加依赖新媒体。新媒体终端丰富便捷、个性化、多样化的特性能随时随地满足如今读者碎片化、个性化的阅读需求，因此读者越来越依赖新媒体阅读，这也导致现在很多传统媒体都通过抢滩新媒体终端来抢夺市场。

2. 期刊市场竞争的需要

目前我国的期刊数量非常多，同类期刊也多，这就意味着期刊市场上的竞争是不可避免的。但新媒体时代期刊的竞争不仅仅是同类期刊的竞争，还包括与其他媒体甚至数字媒体的竞争，形势不可谓不严峻。因此在创新能力有限的情况下，期刊市场就涌现了跟风模仿甚至盗用抄袭的现象，产品同质化严重。另外市场还遭到新媒体蚕食，阅读率和发行量不断下降，对期刊社的发展会造成很大的影响，这就需要期刊社通过良好的读者管理来提高市场竞争力。

3. 期刊社内部管理的需求

期刊社内部对读者资源管理的需求体现在两方面。一方面是读者信息分割造成了期刊社对读者的服务水平较低。因为期刊社读者信息主要掌握在发行部门，编辑部了解的读者数据有限，所以就会导致编辑和读者之间存在信息差，无法及时了解读者的需求，那自然就无法更好地为读者服务。另一方面是读者信息不准确导致营销成本高。如果没有对读者信息进行采集、分析，那么就无法及时感知读者的需要，这样在制定具体的推广策略和推广活动时，目标市场就没有针对性，成功率也会相应降低，导致营销成本提高。

12.2 期刊社读者资源管理的程序

12.2.1 读者定位

随着市场的发展，读者的选择越发多元化，期刊社想要在瞬息万变的市场环境中长久立足，就必须面对这样一个根本性的问题——到底哪些是我们的读者？因此首先要对期刊的目标读者进行定位，对期刊读者市场细分，优先把握期刊的核心读者。如果期刊社盲目地建立读者关系，就会造成资源浪费。

期刊社对读者的市场细分主要分为两个阶段。最初阶段的市场细分体现在期刊社的办刊定位和内容设置，以《中国编辑》和《读者》为例：《中国编辑》创办之初，办刊定位就是出版学术期刊，其内容的设置也聚焦在出版业的发展前沿，那它的读者肯定就细分到出版业各类编辑人员和研究人员；而《读者》的定位是综合性文摘杂志，内容荟萃，具有丰厚文化底蕴，深受不同年龄段和不同阶层读者的喜爱。这两本期刊吸引的读者肯定是根据期刊的定位和内容来判断期刊能否满足自己需求，从而决定是否购买。所以如果一本期刊连办刊定位和内容设置都不明确，眉毛胡子一把抓的话，那肯定无法长期留住任何一位读者。

第二阶段就是在期刊社稳步发展的时候，要及时掌握市场信息与读者需求。其中包括对竞争期刊社的细致分析，以及主动对读者展开调查，调查内容除了包括读者年龄、性别、兴趣爱好、阅读记录和联系方式等基础信息，还应深入调查读者职业、职务、专业方向、技术职称等信息，对读者分类建立数据库，掌握好本社期刊读者的群体画像。读者细分得越明确，期刊的针对性就越强，期刊内容就越贴近目标读者，后期进行期刊选题、编辑、发行时进行参考，工作会事半功倍。

12.2.2　建立读者数据库

在大数据时代，海量数据已经成为一种重要无形资产，蕴藏着巨大的商业资本，而云计算的出现使人们得以存储、分析并利用大数据，将其转化成经济利益。[①] 伴随着期刊读者越来越“挑剔”，读者对期刊服务的要求也是越来越高，期刊数据库长期积累的庞大原始数据在大数据时代也应当被充分发掘并利用，创造更大的价值。

---

① 参见周晴云．试论大数据视域下期刊社对读者资源的管理［J］．现代商业，2014（33）：274.

1. 建立读者数据库的必要性

(1) 掌握读者需求信息，避免决策失误。期刊社的一切工作都在于出版的期刊能否被读者需要，满足读者的需求。建立起专业的读者数据库，掌握了读者的有效信息，那么期刊社工作决策就有了方向。根据读者的需求和意见反馈，不断调整期刊市场定位，才能得到读者的认可。现在不少期刊社库存积压严重，这与没有建立获取读者意见的渠道关系密切，不是读者需要的期刊自然没有读者买账，建立读者数据库就有了了解读者的平台，期刊社决策才能有的放矢。

(2) 开辟和扩大直销市场。现今快节奏的生活方式使人们少有闲暇能去线下购买期刊，另外网络营销的发展使许多国内外的出版单位都在大力开展直销。相较于书店销售，直销减少了很多流通环节和流通费用，能以最快的速度将价格实惠的期刊送达消费者手中。依托读者数据库，网络直销就可针对喜爱网上购物的读者，使其在网络上直接搜索，一键购买，既可以避免书店发行的盲点，扩大销售市场范围，也可使期刊社的库存和积压得以化解，读者和期刊社双方均受益。

(3) 为期刊社节省广告费用。期刊作为一种个性化的出版文化产品，一般的广告效果通常不太好，特别是如今实体店销售情况不景气，而建立读者数据库，期刊社就可以线上及时了解读者的需求和反馈，从而更好地为读者服务。比如定期编制最新出版的期刊和宣传品，向数据库中的特定读者垂直发送电子邮件及期刊的相关信息，便可收到很好的预约销售效果，不仅避免了营销的盲目性，节省了广告费用，还无形中加强了与读者的联系，扩大了期刊与期刊社的影响力。

2. 建立读者数据库的注意事项

(1) 保证数据库的安全性。数据库存储着读者的各种信息，属于期刊社的商业机密，期刊社要以法律手段在企业内部的人事和制度方面确保读者数据库的信息不会被泄露出去。另外，在如今计算机技术先进的时代，期刊社在数据库的软件设计方面也要层层设密，防止不法之徒入侵数据库，对读者的信息进行拷贝和盗卖，谋取非法利益，造成读者用户的重大损失。

（2）读者数据要及时更新。读者数据是数据库的生命，但是读者信息并不是一成不变的，收集读者信息也不是一劳永逸的工作。因为读者的年龄、阅读偏好、联系方式等都是在不断变化的，因此与数据库中的读者保持经常性的联系是维护数据的重要手段。数据库中读者信息若发生变化就要及时更新，这样才能为期刊社的选题和营销提供正确的决策依据。过时的数据非但没有意义，而且会干扰工作，造成不必要的成本浪费。

（3）期刊社内部配备相应的机构和人才。如今数据库系统已经很先进，具有强大的分析检索功能，能够根据要求迅速从数据库中调出相关读者的数据，有针对性地帮助完成读者调查、信息发布、图书推广等工作。但是搜集读者信息以及建立和维护数据库是一项十分专业而且烦琐的工作，将数据库运用到期刊出版实际中，需要期刊社配备和培养专门的机构和人才来完成这项工作。另外数据库的建立和维护还需要大量资金的支持和人力的保障，这样才能保证读者资源数据库长远发展，及时更新。

12.2.3　建立读者数据采集业务的考核机制

读者数据采集不仅仅是采编人员的工作，而是应该让社内相关人员在接触和服务读者时都把数据采集作为一个重要任务。社内可以建立相关的业务考核机制，规定每位员工每年都要完成固定数量的读者数据采集，另外员工为数据采集提出的创新性高效方案也可纳入工作考评等，激励期刊社内读者数据采集的逐步细化与完善。因为读者资源数据的管理与运用必须基于庞大的读者数据库，读者数据必须不断扩充和更新，才能保证期刊社未来出版决策的准确性。

12.2.4　基于读者数据库对读者进行点对点精准服务

每一位读者对期刊的需求和服务都是不一样的。除了对期刊内容的基本获取，有的读者还喜欢参加线下书友会，那么当期刊社举办书友会时，就可根据数据库的读者信息通知相关读者参加；有众多读者反馈需要增加某一栏目，那么当期刊社数据统计后发现达到一定市场需求后就可增开相关的栏目。基于读者数据库向读者点对点精准推送相关信息，可最大限度地服务读者，提高读者的忠诚度，而且还可实现内容的再增值，提高期刊社效益。

12.2.5 利用读者资源数据库实现精准营销

读者资源是期刊社具有重大开发潜力的珍贵资源，而广告也是期刊社重要的收入来源。更重要的是，吸引广告商投放广告的正是期刊社庞大的读者群体。有了读者资源数据库，期刊社就可根据严谨的数据分析，来帮助广告商判断此期刊的读者，是否有自身产品的潜在消费者，是否有足够大的广告投放价值，从而帮助广告精准投放到有购买需求的读者身上，实现期刊社、广告客户和读者的三方共赢。

12.3 期刊社与读者的互动

期刊社与读者的互动关系，其实就是期刊编辑和读者群体的互动关系。而期刊社在期刊出版前后与读者保持联系正是基于互动活动的开展，以此来保证双方亲密关系的维系，进而使读者在期刊选题、出版营销、售后服务及推广宣传等方面发挥作用，创造价值。

12.3.1 读者互动活动的五种模式

根据目的和性质的不同，读者互动活动大致可以分为沟通调查型、回馈服务型、参与体验型、增值推广型、品牌提升型五种模式。① 但当前是新媒体时代，与传统的互动方式相比，如今的互动方式出现了很大的变化，呈现出新的特点以及规律。

1. 沟通调查型

传统的沟通调查型互动通常是编辑在期刊中设立答疑解惑的编读互动栏目，或者在期刊末页附带读者意见调查表，或者直接根据读者留下的订阅方式进行电话回访。而在信息技术时代，期刊社通常会搜集读者网上订购的个人信

---

① 参见王尔蜜，张兰华. 期刊经营与读者互动的有效联动 [J]. 今传媒，2013，21 (1)：71.

息及评价或者读者在社群媒体交流互动时留下的一些评论信息。沟通调查型互动以获取读者的基本信息及其对期刊的评价信息为出发点，将搜集的读者信息及意见建议作为期刊后续选题和营销创新的风向标，帮助适应市场需要，同时通过与读者的交流互动，也能巩固读者忠诚度。

2. 回馈服务型

回馈服务型互动是期刊社利用自身拥有的信息、技术、资源优势，为读者的知识、情感及其他需求服务。如《科技与出版》在微信公众号中就设立了“读者服务”栏目，为读者提供了“稿件查询”“当期目录”“历史消息”和“电子书”免费阅读等服务。另外随着期刊的细化发展，很多专业类期刊都建立了线下读者俱乐部，或者线上通过微博超话等社群在专业领域内为读者答疑解惑，使期刊社的回馈服务型互动由刊内延伸至刊外。

3. 参与体验型

参与体验型互动主要是期刊社通过开展征稿活动、举办刊友会和文化沙龙等活动以及在公众平台搜集读者有关期刊发展的意见建议，吸引读者主动参与到期刊内容建设和营销推广中，使他们在活动体验中获得情感维系与归属感。此类互动活动为了能极大调动读者的积极性，帮助扩大活动影响力，通常还会辅以物质奖励来鼓励读者参与。

4. 增值推广型

增值推广型互动是许多期刊用来迅速占据市场的撒手锏，主要方式就是在读者购买期刊时给予额外的优惠和赠品，以让利的方式来刺激读者消费购买，借此来提高影响力和扩大市场占有率，这也是新刊冲击市场的常用一招。常见的增值推广型互动有随刊赠送礼品、打折促销、转发抽奖、有奖订阅、朋友圈集赞有奖等，一方面能借助口碑营销扩大期刊的影响力，另一方面能帮助期刊扩大市场占有率和竞争力，甚至减少积压的库存。

5. 品牌提升型

品牌提升型互动主要是通过策划与期刊文化相关的创意活动，来吸引读者参加，从而打响期刊的品牌知名度，扩大品牌影响力。此类活动是一种有意义的文化宣传，不仅有利于丰富期刊文化，树立企业形象，而且能够带来品牌效应，以帮助后续产品的开发与营销。如《新周刊》相继推出的“新锐榜”和“视频榜”活动，以及其2022年新推出的“刀锋图书奖”活动，虽然这两类活动的形式不同，但都极具影响力，处于行业领跑地位，是促进期刊社品牌提升的优秀案例。

12.3.2 读者互动活动的作用

1. 了解读者需求，把握市场信息

提高期刊市场竞争力的突破口，在于对市场信息的把握，只有对市场信息进行全面调查和分析，才能有针对性地调整发展策略。读者互动活动为期刊和市场架起了沟通的桥梁，众多读者的真实评价与需求反映的就是市场的需求。了解了市场需求，就能帮助期刊社发现和校正现今工作的偏差，与实际市场相适应，并使期刊社今后工作的开展更具主动性，营销更精准。

2. 强化读者的主体意识，挖掘潜在读者

“互联网＋”时代，爆发式增长的信息资源使读者掌握了阅读主动权，众多便捷有趣的媒体平台也使读者乐于自由地互动交流。互动活动使读者直接或间接地参与到期刊的内容评价、营销推广等工作中，不仅成为期刊社文化成果的享受者，也成为文化成果创造和营销的参与者，读者的主体意识得到充分加强。这样的互动活动不仅增强了读者对期刊的归属感和认同感，还能挖掘潜在的读者来巩固现有市场。

3. 塑造品牌形象，促进品牌资源的开发

在新消费时代，企业的一切活动都是为了扩大产品销量，提高产品和企业的知名度。与一般产品不同，期刊自带文化属性，通过各种富有个性和创意的互动活动，对期刊文化内涵进行生动诠释，无形中能吸引读者，塑造期刊品牌形象，扩大期刊品牌影响力，使读者在参与和体验中提高对期刊品牌的认知度，并且能使读者在互动活动中通过交流和服务关注到延伸产品和附属价值，加速期刊文化资源向文化品牌转化，刺激读者新的兴趣点，促进品牌资源的深度开发。

12.3.3　读者互动活动的未来发展方向

期刊市场的需求变化决定了读者互动活动的发展趋势和方向。根据现今期刊市场的发展情形，读者互动活动未来将会呈现以下发展方向。

1. 多媒体联动参与读者互动，拓展服务空间及形式

多媒体平台的蓬勃发展和即时通信技术的普及，改变了传统媒体以期刊为平台的单向传播的特性，构筑起一个多媒体联动的立体化互动交流平台，拓展了期刊的服务空间及形式。比如《三联生活周刊》除了线下发行、网站订阅，还发展了 App 订阅，后面又拓展到了微博、微信公众号、抖音、B 站等媒体，不同性质的媒体发挥自身的传播优势，共同参与到读者互动活动的宣传、推广中来，从而实现了利益共享、品牌共赢。多媒体联动使期刊社的传播手段和服务形式突破了期刊这一有形的媒介，对读者的服务形式就可以从传统的审稿、发刊，扩展到知识共享和售后服务，也可以实现编者与读者、读者与读者之间更深入的交流，强化他们之间的情感纽带。

2. 吸纳专业机构参与，使活动创意化、专业化

在未来互联网信息技术更上一层楼时，读者的自主性更高，读者互动活动在期刊市场竞争中就愈发重要，但是期刊社策划读者互动活动的创意毕竟有限，想要长期吸引读者，未来将需要吸纳更多的专业机构，如文化策划公司、传媒公司等加入互动活动的策划，因为专业机构更具营销思想和市场眼光，可使活动的运作更创意化和专业化，进而提升读者互动活动的品质与价值。但是要注意的是，专业机构策划读者互动活动要凸显创意个性，避免出现同质化局面，因此要在活动策划上深入挖掘品牌内涵，在活动方式上不断创新，以活动的创新性彰显期刊社的文化魅力，强化读者对期刊品牌的认同感。

12.4　期刊读者忠诚度的维护

读者的订阅购买是期刊社收益的来源，但不同的读者对期刊来说价值是不一样的。市场营销理论表明，开发一个新顾客的成本远远高于维护一个老顾客

的成本，这也是期刊社更看重并努力保持读者忠诚度的主要原因。只有忠诚的读者才能为期刊带来长期的收益，并且可通过老顾客不断购买期刊并将期刊推荐给其他人来达到收益的递增式增长。

12.4.1 顾客忠诚度的界定

客户关系管理（CRM）认为，顾客忠诚度是指顾客因购买的产品能满足其需求而产生对某种产品的信赖、维护，从而愿意重复购买的一种心理倾向。培养顾客的忠诚度，也就是维系顾客，是实现客户关系管理的关键所在，也是企业能够持续发展的保证。

而顾客的忠诚度大致可以分为四个层次：（1）认知忠诚，是指顾客主观上认为该企业所提供的产品和服务优于其他企业。（2）情感忠诚，指顾客对该企业的产品和服务感到满意后所产生的偏爱和信任。（3）意向忠诚，是指只要有相关方面的需求，顾客首先想到的是向该企业寻求需求满足。（4）行为忠诚，是指顾客对企业的忠诚已经由意向转化为实际行为，认准了该企业的产品或只愿意接受该企业的服务。①

前面三个层次的忠诚易受环境因素的影响，比如受竞争对手的影响而产生变化，而行为忠诚则不易受影响。因此，期刊社必须培养读者行为这一层次的忠诚，当顾客对企业的产品和服务有了认知、情感和意向忠诚之后，才能产生行为忠诚。

12.4.2 期刊读者的忠诚度分析

一个忠诚的读者一般具有以下表现特点：（1）长期订阅或购买该期刊，选择期刊提供的服务；（2）较密切关注该期刊的发展及内容和服务的变化；（3）乐于向自己的亲朋好友和周围人员主动地推荐该期刊，发挥口碑效应；（4）对该期刊偶尔在内容和服务上存在的失误能持较包容的态度，并主动向期刊社反馈信息，及时提出意见帮助期刊改进；（5）对期刊的价格敏感度越低，

---

① 参见张向红．期刊读者关系管理浅析［J］．宁波职业技术学院学报，2011，15（4）：103.

正常小幅涨价不影响其订阅或购买。

但是在如今众多媒体竞争、读者选择多元化的背景下，读者对某期刊的忠诚度很难达到行为忠诚层面，而其他期刊也随时可能分享或夺走读者，造成期刊读者流失。通常读者对期刊等文化产品产生的忠诚度多停留在情感忠诚，但光有情感的有力支撑，读者忠诚度是不长远的，一旦遇到强有力的竞争对手，忠诚度就会降低甚至发生偏移，期刊社就需要不断加大成本去获取和维持读者。因此，读者的忠诚度具有很大程度的不确定性，如何将读者的情感忠诚发展成行为忠诚，是期刊社首先需要解决的事情。

12.4.3　培养读者忠诚度的策略

提高读者忠诚度的关键在于提高读者的满意度，读者满意度对读者忠诚度的培养具有积极作用，因为当读者对某期刊的内容满意后，就会有兴趣再去了解，多次满意后才会产生长期稳定的关注行为。但是读者在忠诚于某种期刊的同时，往往也不会停止对其他新内容的获取。因此，期刊要想维系读者，就要通过对读者数据信息的调查分析，不断调整内容、服务，让更多潜在读者转化为忠诚的读者。

1. 提高内容质量与服务质量，增强读者粘性

美国传播学大师威尔伯·施拉姆曾提出一个受众选择概率公式：报偿的保证/费力的程度＝选择的或然率。① 放到期刊经营来说，要想增大期刊被读者选择的概率，可以通过增加读者“可能得到的报偿”和减少读者“需要付出的努力”两种途径来实现。一是要抓好期刊内容质量。因为读者阅读期刊是为了获取知识信息，没有优质的内容资源，读者对期刊的忠诚度便无从谈起，这就要求期刊要有文化内涵并创新版面内容，推出特色栏目，提高读者满意度。二是要通过服务让读者减少因获得期刊而要付出的经济和体力上的“努力”。因此期刊社要努力改进促销方式和服务质量，对于多次消费的读者，期刊社可以通过赠送礼品、打折优惠或吸纳读者为会员等方式，促使双方关系朝着更加积

---

① 参见威尔伯·施拉姆，威廉·波特．传播学概论［M］．陈亮，周立方，李启，译．北京：新华出版社，1984：114．

极的方向发展。在服务方面，对于电子期刊、数据库等新型出版物而言，也可以为读者免费提供阅读器使用技能、障碍排除等基本培训。

2. 建立读者沟通渠道，满足读者情感需求

建立读者对期刊的忠诚度，不仅需要使读者的内容和服务需求得到满足，而且还要让读者的情感需求得到满足。在传统关系营销中，培养客户忠诚的方式，主要是通过加强内部的联系，比如加入俱乐部等，使客户产生参与感和归属感，进而产生忠诚度。期刊社也可以采取类似的方式，如建立读者俱乐部，定期开展交流活动；或者可以利用新媒体平台建立期刊社的网络社群，在社群里通过文字、图片和表情包等加强与读者的情感沟通，培养忠诚读者。另外，期刊社要注意对读者反馈的意见及时有效处理，如果对读者的咨询、求助、投诉采取消极冷漠的处理态度，那么读者将迅速流失，甚至会对期刊的声誉造成损害。

3. 以读者为本，强化读者参与意识

读者是期刊的消费对象和服务对象，应该将读者的利益和需求放在首位，适应读者，尊重读者，引导读者走进期刊，参与期刊建设，使读者真正成为期刊的主角，因此期刊开设编读互动活动很有必要。强化读者的参与意识，可以有效增加期刊与读者的联系，使期刊与读者更好地沟通，拉近期刊与读者的距离，提高读者的满意度。如 2022 年 4 月 21 日至 23 日，读者杂志社打破以往线下阅读模式，在“读者”官方微信平台推出了“世界读书日”大型线上直播系列活动，邀请 14 位嘉宾在直播间分享人生体验，还与广大粉丝读者互动连线，与读者进行情感上的联系，加强了读者的参与感和归属感。

4. 构建特色品牌，提高读者品牌忠诚度

就期刊社与读者的信任关系来说，读者信赖的是期刊社在自身领域的专业性和权威性，这种专业性和权威性久而久之就形成了品牌。品牌把产品和消费者联系起来，还暗示了一种信任，那就是消费者对品牌所期望的质量和价值。因此要提高读者忠诚度，期刊社相应就要树立品牌、创建精品。在期刊的品牌建设过程中，关键要坚持以特色和优势为导向，立足自身的特点，开辟属于自己的领域，实现编辑、印刷、出版、发行各个环节的长远发展；并要坚持自身

的发展理念，在既有基础之上继续做好创新工作，构建特色品牌，不断吸引读者，提高读者的品牌忠诚度。

思考题：

1. 期刊社为何要对读者资源进行管理？
2. 试分析期刊社读者资源管理的程序。
3. 试总结读者互动活动的五种模式。
4. 期刊社该如何培养读者的忠诚度？试举例分析。

第 13 章　期刊社的知识管理

“知识社会”的概念起源于 20 世纪六七十年代，与“信息社会”属近似的表达，但两者又有本质的差异。基于“知识产生价值”的判断，人类社会迫切需要通过强化知识的生产、加工与分享，来实现自身的演进。伴随着互联网的普遍使用，“知识爆炸”的景象在不同领域同时出现，于是对于知识的管理便提上了日程。

13.1　知识管理的概述

13.1.1　知识管理的定义

目前关于“知识管理”的定义，学界尚未达成一致，主要原因有三个。

第一，学科存在时间短，“知识管理”作为一门独立学科只有十几年的历史，因此相关的学术研究和实践成果尚未达成一致。

第二，由于知识管理从业者的自身专业背景、所在行业及专业立场的差异，对于“知识管理”的理解和认知难免存在“盲人摸象”的现象。而在知识管理专业人员群体中，部分专业人员主要负责知识管理系统中涉及的技术问题，部分偏重于知识管理的实践技能、行为表现以及动机问题，还有部分专业人员则从事“知识资本”“智力资产”等评估及咨询工作等，由于工作的侧重点不同，因此知识管理专业人员对“知识管理”也有着不同的理解和认知。

第三，知识管理是一个“庞杂”的学科，涉及不同学科之间的交叉领域，且“知识”这个概念自身内涵丰富，在一定程度上增加了界定“知识管理”的难度。

本章选取了学界对于“知识管理”的定义较有代表性的几个观点进行介绍。

表 13-1　几种对“知识管理”有代表性的定义

序号	学者或机构	对“知识管理”的定义
1	野中郁次郎和竹内宏高	是在组织内持续创造新知识，广泛地传播这种知识，并迅速地将其体现在新产品/服务、新技术和新系统上的过程
2	APQC（the American Productivity and Quality Center，非营利组织美国生产力和质量中心）	是一种组织有意识采用的策略，使组织能够通过多种方式共享信息和使用知识，为最需要的人在最需要的时间里提供最需要的知识，并最终达到提高组织绩效的目的
3	欧洲标准化委员会	是对一系列活动和过程的管理，这些活动和过程可以通过更好地应用和创新个人和组织的知识资源，来最大化知识的价值，并提高组织的竞争力
4	中国《知识管理框架》	是规划和管理知识的活动，是知识创造和知识应用的过程

安达信咨询公司①作为早期知识管理的重要推动者之一，提出了简洁明了的知识管理公式，该公式对于理解和认识“知识管理”具有重要的帮助作用。②

$$KM=(P+K)^S$$

① 安达信（Arthur Anderson）曾是国际五大会计师事务所之一。1989 年，安达信会计师事务所分拆为主营会计业务的安达信公司（Arthur Andersen）和主营 IT 咨询业的安达信咨询公司（Andersen Consulting）。到 1997 年时，安达信咨询已成为世界上最大的咨询公司，在 1998—2001 年的 MAKE 奖评选中，安达信咨询连续 4 年上榜。由于安达信公司的内部纠纷，2000 年安达信咨询与安达信公司从经济上彻底分开，2001 年安达信公司更名为埃森哲公司（Accenture）。埃森哲公司目前已成为全球最大的管理咨询公司和技术服务提供商。

② 参见陈柏村．知识管理：正确概念与企业务实［M］．南京：南京大学出版社，2007：5.

KM（Knowledge Management）：知识管理。

P（People）：人员。人是知识管理的主体，包括知识的生产者、共享者、传播者等。人是知识管理中最重要、最困难的部分。

K（Knowledge）：知识。知识是知识管理的主体，作为重要的要素和资源，知识在组织的发展和创新中发挥着越来越重要的作用，组织需要注重知识的积累、共享和创新。

＋（Technology）：（信息）技术。它是指在组织内运用的任意一种知识管理的信息技术。技术不仅是一种有效知识管理的手段，同时也是一种催化剂。在技术和人才的融合中，技术的合理运用可以推动组织内部知识的传播、共享和创新，进而提升组织绩效。

S（Sharing）：分享。共享的组织文化是有效知识管理的前提和保障。

该公式强调，知识管理必须充分结合人与技术，并在共享的组织文化下进行。

由此可见，知识管理是基于信息技术的以人为本的管理理念、过程和方法，其最终目标是提高组织的知识创新力和核心竞争力。

知识管理可分为广义和狭义两种理解："狭义的知识管理主要针对知识本身的管理，即对知识的获取、生产、加工、存储、传播、使用和创造过程的管理；广义的知识管理不仅包括对知识本身的管理，还包括对知识组织、知识工人、知识设施、知识资产、知识活动等知识相关资源和无形资产的管理。"①因此，知识管理不仅是一种方法、工具和技术，也是一种管理理念。

13.1.2 知识管理的框架

本书引用的安达信咨询公司和美国生产力和质量中心（APQC）的知识管理框架模型②如图 13-1 所示。这个框架是由安达信咨询公司和 APQC 联合推出的，其形象而直观地对知识管理的框架和流程进行了描述与说明。

---

① 邱均平，段宇锋. 论知识管理与竞争情报［J］. 图书情报工作，2000（4）：12.

② 参见梁林梅，孙俊华. 知识管理［M］. 北京：北京大学出版社，2011：18.

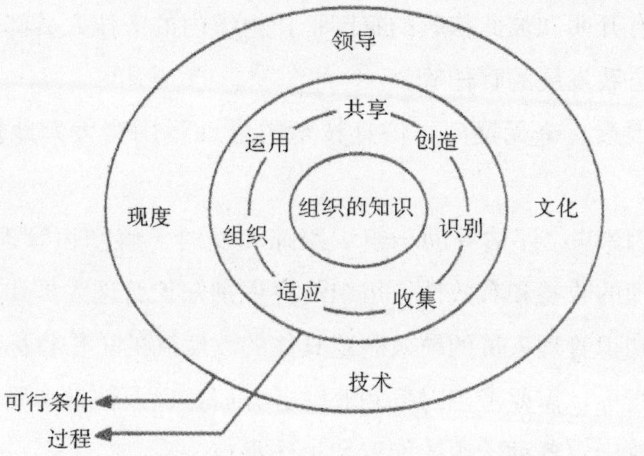

图 13-1　安达信和 APQC 提出的组织知识管理框架模型①

该模型将组织的知识管理分为三个层面。

第一，组织的知识层面。这是组织知识管理的对象和核心。

第二，知识管理的过程层面。知识管理的流程由知识的创造、识别、收集、适应、组织、运用、共享等若干环节组成。

第三，知识管理的可行条件层面。

（1）领导因素。领导能力是组织关键的无形资产之一。知识管理成功与否，组织的管理者，尤其是高层管理者起着决定性作用。组织高层领导的参与可以强有力地在组织中推动知识管理的思想和理念，掌握组织变革的方向，制定有利于知识共享和知识创新的激励制度，促进组织知识共享和文化创新。

（2）文化因素。知识管理的成功与否 70%的因素取决于文化。② 组织文化是组织内共享信念和习惯的系统。该系统与正式的组织结构相互作用，形成组织行为准则。③ 组织的正常运行离不开组织文化的作用。一般而言，支持知识管理的组织文化应该具备宽容、授权、信任、协作、开诚布公、激励等特征。

---

① 参见维纳·艾莉. 知识的进化［M］. 刘民惠，等，译. 珠海：珠海出版社，1998：93.

② 参见林榕航. 知识管理原理［M］. 厦门：厦门大学出版社，2005：前言.

③ 参见王德禄. 知识管理：原理与实践［M］. 北京：北京大学出版社，2009：26.

因此，组织必须建立有利于知识管理发展的文化，鼓励和支持知识的资源共享；让组织具有开明和彼此信赖的氛围；让组织内的工作人员都能够自觉承担起自我学习和自我发展的责任等。

（3）技术因素。毫无疑问，信息技术的合理运用会大大地推动知识管理实施。

（4）评估因素①。评估有助于组织跟踪和及时了解知识管理的最新进展，并衡量知识管理的收益和有效性。组织需要识别知识管理人员和财务绩效之间的联系，并为知识管理人员的绩效制定具体的、明确的工作目标。确定知识管理绩效的评价指标，需要考虑财务和非财务方面，以及数量和质量方面，要根据知识管理绩效确定各种资源的配置和工作重点。

13.1.3 知识管理的流程

2009年发布的中国《知识管理》国家标准，提出如下的知识管理组织流程。②

1. 知识识别

知识识别是知识管理中的首要任务。知识管理应根据目标明确知识需求，包括对现有和未来知识的分析，明确适用于组织层面的战略知识需求和个人层面的日常知识需求。

2. 知识创造

知识创造是知识管理创新活动的一部分。就组织而言，创新过程是指团队通常在研发部门进行技术创新以获取产品或服务知识的过程。同时，创新过程并不局限于研发部门，而是需要全体员工积极参与，全方位完善业务流程。

3. 知识获取

知识获取强调组织内部存在的知识的分类和积累，以及组织外部存在的知识的获取。组织需要收集和组织不同的知识，使积累的知识成为可以利用的价

---

① 图13-1中称之为“现度”，从更易理解的角度来看，更多学者称之为“评估”。

② 参见中国国家标准化管理委员会．知识管理　第1部分：框架［M］．北京：中国标准出版社，2009：4.

值。同时，它可以直接突破特定领域特定知识的积累，通过并购获得必要的知识，或者有针对性地引进相关人才。知识获取强调组织内部存在的知识的分类和积累，以及组织外部存在的知识的获取。

4. 知识存储

知识存储是知识库的建立和知识在组织中的存储。知识库应包含存储在人们头脑中的显性和隐性知识以及存储在组织活动计划中的知识。

5. 知识共享

知识共享是传递和沟通的过程。个人或组织部分的知识通过知识共享传递到组织系统，并且可以通过调查、培训、研讨会和人员或组织部分之间的其他方式获得。

6. 知识应用

知识应用于组织时会增加其价值。知识的应用是实现这些认知活动价值的环节，决定了组织对知识的需求，是识别、创造、获取、存储和共享知识的参考点。

13.2　知识型组织与知识工作者

13.2.1　传统型组织与知识型组织的区别

传统型组织过分强调分工，致使缺少合作协调，增加了整合难度。组织管理层级别过多，致使组织内部之间信息传递缓慢，且存在诸多信息流动的壁垒，从而导致组织内部各个部门之间沟通不畅，决策不及时，降低了整体的工作效率。传统型组织是以规章制度为依据进行管理的，在应对外界环境变化方面显得迟钝而无力。传统型组织思考和行动分离的管理理念忽视了员工的个人职业发展，限制了员工的自我管理、自主决策和创新精神的发展。

与传统型组织相对的是知识型组织。“知识型组织”这一概念来源于“世界知识管理之父”卡尔·斯威比。将信息转化为知识是知识型组织的主要工作。知识型组织是当前知识经济时代的一种重要组织形式，在信息、教育、科研、咨询、金融、文化等领域都有应用，其发展是快速和可持续性的。它们与传统组织的根本不同在于，它们过于依赖组织员工的无形知识，而不是半熟练工人。①

表 13-2 知识工作与传统工作的异同

工作类别	传统工作	知识工作
工作特点	重复性工作	创新和关心
	个人工作	团队工作
	职能性工作	项目性工作
	单一技能	多项技能
	上司权力	顾客权力
	上级协调	同事协调

13.2.2 知识工作者及管理

“知识工作”和“知识工作者”这两个术语在 1969 年就被管理学大师德鲁克提出。② 德鲁克认为，21 世纪管理最重要的贡献是提高知识劳动的生产率。③

如果说期刊社是最明显的知识型组织，那么编辑是最明显的知识工作者，以知识为主要劳动资源。编辑还遵循期刊知识工作的一般特点，即从事信息收集和分析、使用特殊技术解决问题、提出想法和创造引爆市场的新产品。

德鲁克指出：“与体力劳动者和技术工人不同，知识型员工之所以获得报

---

① 参见卡尔·爱瑞克·斯威比. 知识型企业的管理——通过鼓励创造性来增加价值［M］. 北京：海洋出版社，2002：7.

② 参见彼得·德鲁克. 不连续的时代［M］. 吴家喜，译. 北京：机械工业出版社，2020：282.

③ 参见杜拉克. 21 世纪的管理挑战［M］. 刘毓玲，译. 北京：生活·读书·新知三联书店，2000：173.

酬，是因为他们知道管理者不懂的知识。”[①] 知识工作者是一群追求自主性、个性化和多样性的成员，其具有以下特点。

第一，具有自我发展的强烈动机。知识工作者追求终身事业的能力和价值实现更胜于一个终身就业的岗位。编辑立足于全人类的精神文化世界，以弘扬优秀文化、提升大众审美为己任，做出一本好刊、一本影响深远的经典作品集的意愿超越了其作为某期刊社的编辑的职业情怀。

第二，流动意愿强。知识工作者的忠诚度更大程度上是针对专业和责任，而不是针对组织本身。他们对组织的依赖程度低，对职业的忠诚度高于对其所服务的企业，编辑对编辑职业的忠诚度高于对其任职的期刊社、出版社。因此编辑选择留在某期刊社工作，并不是出于他们的“需要”，而是更倾向于他们的“选择”，即选择一家有利于发挥他们专业知识的单位工作。德鲁克认为，知识工作者像游牧民族一样生活，他们热爱自己的工作，但不一定需要组织，哪里有知识和成就感就去哪里。[②] 知识工作者越来越多地基于他们的知识而不是他们所属的公司来标识自己。

第三，编辑需求具有多样性和不确定性。编辑的工作往往性质模糊，工作方式变化大，更注重学习和团队工作。

第四，需要不断学习。编辑作为典型的“杂家”需要有宽泛的知识面，要有应对“三教九流”都能“略知一二”的能力。因此为了保持编辑的能力和价值，需要不断学习，不断了解新知识和流行风向，这样才能适应环境的变化，继续发挥自身的价值。

第五，自我管理。德鲁克指出，在知识经济中，成功属于那些了解自身的人（了解自身的长处、自身的价值观念以及自身如何表现更佳）。[③] 包括编辑在内的知识工作者是他们自己的“总司令”，愿意实施自我管理。

---

① 德鲁克. 在变化的世界中管理知识工作者［M］//鲁迪·拉各斯，丹·霍尔特休斯，编. 吕巍，吴韵华，蒋安奕，译. 知识优势：新经济时代市场制胜之道. 北京：机械工业出版社，2002：56.

② 参见彼得·F. 德鲁克，等. 知识管理［M］. 杨开峰，译. 北京：中国人民大学出版社，1999：4.

③ 参见刘志明. 德鲁克谈自我管理［J］. 管理观察，2001（2）：59.

职业发展前景和有挑战性的工作环境
培训及其他任何能够促进个人成长和自我增值的机会
公平合理的绩效薪酬及利润奖励
公司的国际声誉与知名度
岗位轮换及多样化
拥有“拳头”产品
简单的组织结构、不森严的等级制度
能够唤起热忱的工作内容
尊重员工，认可多元化，体现社会责任感的价值观
社会地位、工作经验以及其他收益
与同事相处融洽，舒适的工作环境

图 13-2 知识工作者对理想雇主的 11 项要求

看到结果： 知道他/她在做什么
清楚目标： 知道他/她来这里的原因
明确责任
设定目标
被寄予期望，帮助他人确定行动的方向

图 13-3 对知识工作者的管理

向知识工作者提出要求并且使他们认识到自己的责任 赋予他们责任
设定他们可以引以为傲的目标
确保他们有接受培训和教育的机会
合理配置人员以保证人尽其才
给他们充分自由使其可以培养他们自己的标准
确保他们会得到奖励并得到认可

图 13-4 德鲁克的管理策略

期刊社应首先确定与编辑的长期战略伙伴关系，承认其在价值创造中的主导作用，并享有剩余价值主张，使编辑和管理者能够共同参与决策。

第一，实施以自我管理团队为目标的创新授权机制。经授权，编辑可以在期刊社内自由结组，选择希望合作的成员组成编辑团队，选择自己的成员和领导，并利用信息技术制定最佳工作方法。

第二，多元化的价值分配要素。在知识型组织中，价值分配的要素不仅仅是薪酬这一种。相比之下，机会是一个更有影响力的因素，它激励知识工作者创造、传播和应用知识。

第三，自主、创新、合作的组织文化氛围。编辑和所有知识工作者一样，对环境的依赖度较高，为实现成长、自主发展，需要构建一个健康、和谐的工作环境和自主创新、倡导团队精神的文化氛围。

第四，创建学习型组织。学习型组织不仅可以帮助企业提高组织的竞争力，还可以决定知识创新、传递和应用的效果，对提升员工个人知识素质有着积极意义。①

第五，奖励机制。著名的知识管理专家玛汉・坦姆仆在其知识工作者激励模型中明确指出，知识工作者的奖励机制可根据奖励因素分为以下四种。（1）个体成长：期刊社为个人提供认识和发展潜力的机会，这反映了编辑对知识、个人和职业发展的不懈追求。（2）工作自主：建立一个编辑能够在既定战略方向的自我评价指标框架内完成分配任务的工作环境。（3）业务成就：完成的工作业绩达到了某种预期值以上，就需要根据其业务的完成量给予相应的奖励。（4）金钱财富：获得与自己共享相等的报酬，并使工作者之间能够进行分享他们自己创造精神财富的经验。这些激励措施既应该适合期刊社的发展，也应该与编辑的业绩和个人收入挂钩。

① 参见张健，李霞，高韧．我国国企人力资本激励机制［J］．管理科学文摘，2003（12）：26.

13.3 期刊社的知识管理技术

13.3.1 知识管理技术的概述

期刊社的知识管理是指对期刊社文件和资料进行分类和存储的过程，它可以很容易地被检索和再利用，以促进经验的有效继承。简单地说，就是期刊社利用知识创造价值的过程。

目前常用的知识管理技术包括以下几种。

1. 知识库

知识库用于存储组织的知识资产。它是一个结构化的、易于操作使用的、有组织的知识集群。它使用特定的知识表示方法存储在计算机存储器中，以满足特定领域问题的需要，集合被组织、管理和使用的相互关联的知识，这些知识包括特定领域的理论知识、事实数据和源自专家经验的启发式方法等。知识库系统是期刊社知识管理的关键。

2. 群件技术

群件是一种基于计算机网络提供群组交互和协作工作的软件。① 电子邮件、电子布告栏、视频会议、工作流管理等软件均属于群件的范围。② 著名的群件产品包括 Lotus Notes、Novell Group Wise、Microsoft Exchange 等。按照群件的主要功能可以分为以下四大类。③

（1）支持信息传递类的群件：以电子邮件为代表。

（2）支持流程自动化类的群件：以工作流软件（IBM Flowmark、Workflow、Flow-ware 等）、电子表格（Spreadsheet）和公文自动化软件为代表。

---

① 参见索柏民，王家斌，王伟光．知识管理应用技术及实施中的问题［J］．中国科技论坛，2005（5）：115.

② 参见黄鑫，赵呈领．基于群件技术的协作式 CAI 课件开发［J］．湘潭师范学院学报（自然科学版），2004（3）：63.

③ 参见臧玉卫，王萍．利用 Lotus Domino/Notes 提高企业知识管理竞争优势［J］．科技情报开发与经济，2003（8）：198.

（3）强调增进群体合作的软件：以视频会议类软件以及共享、共同编辑文件数据库等类型的软件为代表。

（4）综合性的群体开发平台：这类产品为用户提供了多项集成功能，具备高度的安全性，是未来群件的发展方向。

群件技术为期刊社和员工提供了知识共享和业务合作的基础通信设施，它是基于计算机网络技术在知识管理中应用的重要技术之一，在知识管理技术中起着至关重要的作用。

3. 知识检索技术

知识检索技术仍在不断发展，可以提供多种检索方式，包括单字段检索、组合检索、全文检索等。知识检索技术有助于期刊编辑找到有价值、共享和有用的知识。知识检索技术不仅为期刊编辑提供了知识管理的基本保障，也为整个出版行业提供了知识管理的基本保障。

4. 知识门户

门户是提供个性化和适应性接口的软件，广泛应用于期刊社的门户网站建设上，用户通过这个接口可以找到相关的人、应用程序和内容。

门户技术是随着企业信息化发展的需求而出现的一种应用整合技术。通过构建企业门户，企业可以帮助内部员工及管理者利用组织的各种业务系统，了解组织的运营情况，为外部客户及合作伙伴方便获取组织信息资源提供了一个统一的入口。① 而企业知识门户是企业门户的一种新型表现形式，它更关注内部员工和内部信息，是组织知识管理系统与企业门户的结合。

5. 知识地图

知识地图由英国著名的信息管理科学家布鲁克斯（B. C. Brooks）提出。知识地图（Knowledge Map）是最早、最成功的知识管理技术之一。许多组织已在其知识管理实践中成功地使用了知识地图。例如，微软公司于 1995 年开始制作知识地图。

知识地图是组织知识的直观表示，描述的是知识的承载信息，而不是描述

① 参见黄莺．论企业信息门户与企业知识门户［J］．情报杂志，2005（3）：55.

知识的具体内容。简而言之，知识地图是组织及其关系的地图。它是一个组织知识（显性和隐性）的导航系统，能够揭示不同知识库之间的相互联系和重要动态。

与传统的知识管理工具相比，知识地图具有以下优势。

第一，知识地图是可视化组织整体知识及其相互关系的视觉指南，它不是知识的集合，而是存储在知识地图中的知识源的导航。

第二，知识地图指向知识的来源，可以是固定在特定载体上的各种形式的文档和数据库，也可以是在大脑中存储大量隐性知识的专家或其他员工。①

第三，知识地图不仅描述存储知识的位置，还显示知识之间的关系。利用知识地图可以发现已有知识之间的新联系，防止“知识孤岛”的出现，有利于新知识的创造。

第四，知识地图的最终目的是帮助成员共享知识。知识地图尽可能地揭示知识的来源，最终目的是将现有知识提供给需要的人，充分共享知识资源，发挥知识的最大作用。

13.3.2 知识管理系统

知识管理系统是综合各种知识管理技术，实现知识管理的流程和功能，提高组织竞争力和系统运行协调性的复杂计算机系统。② 理想的知识管理系统是集管理实践方法、知识处理、智能处理、组织数据开发和决策规划于一体的综合系统。

期刊社使用知识管理系统的主要目的是发布知识，使期刊社内部所有成员都能应用知识；确保知识在需要时可用，出版资料易于获取；促进新知识的有效创造；支持从外部获取信息；确保新知识在期刊社内传播。③

因此总体而言，知识管理系统应具备的最基本的三个功能是：

---

① 参见陈伟红. 试论知识地图在高校图书馆知识管理中的应用 [J]. 现代情报，2008 (1)：127.

② 参见廖开际，李志宏，刘勇. 知识管理原理与应用 [M]. 北京：清华大学出版社，2007：236.

③ 参见冯俊文. 企业知识管理 [J]. 软科学，2000 (1)：54.

第一，整合期刊社的知识资源。知识管理系统应能够优化期刊社内部以及期刊社合作伙伴、客户之间业务流程中的知识资源，整合组织内外的知识资源。

第二，促进知识转化，扩大知识储备。知识管理系统应该成为组织内外知识交流的手段，促进隐性知识和显性知识的相互转化，在转化过程中实现知识的增值和创新。这一方面可以防止因员工流失导致的知识流失，另一方面可以更广泛地实现知识共享。

第三，实现知识与人的连接。“人”是组织最宝贵的知识资源，良好的知识管理系统（特别是其中的知识地图、专家网络等）可以有效地将知识的拥有者和知识的需求者连接起来，促进组织知识的有效共享和转移。

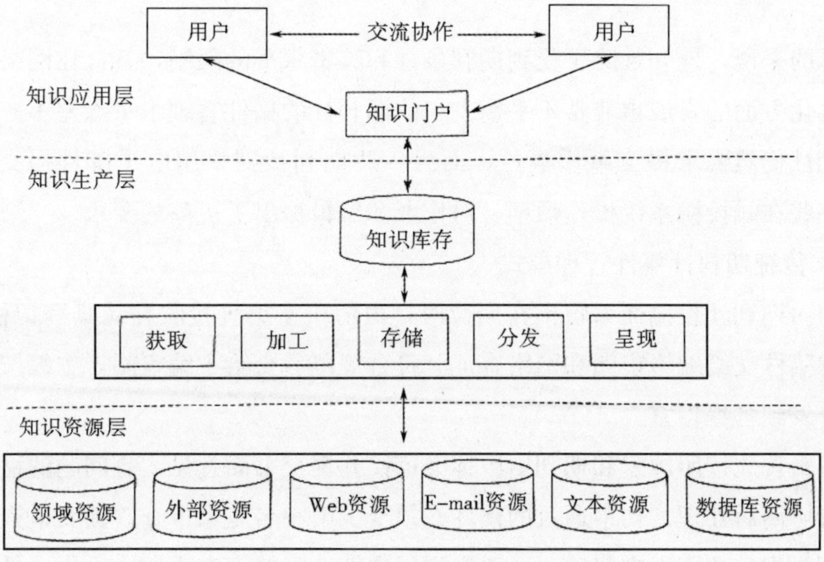

图 13-5　知识管理系统的过程模型①

知识管理系统的过程模型主要由知识应用层、知识生产层和知识资源层三个层次构成。

① 廖开际. 知识管理原理与应用［M］. 北京：清华大学出版社，2007：224.

第一，知识应用层。知识工作者在交流与协作的过程中，能够感知到知识的共享、应用和创造。在这个层面上，知识门户提供了一个界面，知识工作者可以通过该界面操作扩展自己领域的信息知识，每个知识工作者可以根据信息和知识工作的具体要求打造个性化的知识门户。

第二，知识生产层。知识生产层主要从“对象”和“过程”这两个维度来进行描述。“对象”是知识库存，它是“过程”的产物；而“过程”则具体包括知识的获取、加工、存储、分发、呈现等生产过程。

第三，知识资源层。知识资源层表示了知识的来源，包括组织的内部和外部知识。资源的类型包括领域资源、外部资源、Web 资源、E-mail 资源、文本资源、数据库资源等。

13.3.3 稿件管理系统

总的来说，期刊社除了受到期刊条件和编辑水平的限制，各社在网络化和计算机化方面的发展也非常不平衡。当前期刊社的稿件管理水平参差不齐，一些期刊社仍然要求提交纸质稿件，而另一些期刊社则采用电子邮件提交。此外，一些在线投稿系统操作烦琐，对作者和编辑提出了更高的要求。

1. 传统期刊社稿件管理模式

当向期刊社投稿而编辑不在岗位时，由值班室编辑接收并认真登记稿件，然后将稿件交给编辑审阅和网络查证。符合规范后交给主编审阅，主编按计划逐层分发到各编辑室。

编辑首先按照国家和期刊出版标准审稿并提交书面意见，有问题的稿件将与作者协商后处理。初审通过的稿件必须至少由一名专家审查。提交审查的稿件必须在规定的期限内归还。一般来说，内部专家的审查周期为一周，外部专家的审查周期为两周。修订前必须备份原件。

对于专家审回的稿件，编辑应当根据专家意见进行整理。对于需要评审出版的稿件，期刊编辑必须根据专家意见向作者提交书面评审意见，并提交主编评审出版。对于不合格的稿件，编辑收集专家和编辑部的意见并转交给作者，保留审稿意见表和原稿。

对于通过评审的稿件，编辑将根据评审的最终意见对稿件进行处理，时限约为一周。编辑完成后，将其发送给作者征求意见。编辑负责稿件的编辑和排版，审查意见按出版顺序和类别归档。

稿件如有遗失或损毁，必须及时查明责任并处理。如果稿件在审稿和邮寄过程中丢失，编辑应尽快联系审稿人或邮局请求协助查找，如未能有结果，编辑应以编辑部的名义向作者说明原因、道歉、索稿；因编辑个人疏忽对稿件造成的任何损失或损坏均由编辑负责。①

2. 信息网络化稿件管理模式

在信息化时代，稿件管理系统的数据处理和分析功能强大，可以协助作者、编辑、审稿专家、编辑委员会、总编等相关人员多位一体地处理稿件业务，帮助编辑部解决管理稿件网络流程的需求，履行各种咨询功能，帮助作者及时了解稿件流程，缩短稿件处理周期。②

不同的稿件管理系统在模块设计及功能上各有异同，一般稿件管理系统流程主要是作者（投稿人）按照网站程序首先完成用户注册，然后使用注册成功的登录名和密码登录网站进行投稿，编辑在收到投稿后会根据时间的先后顺序，对每一稿件按照规定的标准进行初审、外审、复审、编辑、排期，提出退修、退稿或发表。

投稿人在网站投稿前要阅读《投稿人协议条款声明》，其一般规定，自协议接受之日起，所投稿件默认为全体著作权人同意该稿件（各种语言版本）所享有的复制权、发行权、信息网络传播权、翻译权、汇编权免费转让给网站所在的期刊社或出版社。投稿人需保证：(1) 所投稿件为著作权人独立获得的原创研究成果，内容不涉及国家机密；(2) 它从未以任何形式或语言在国内外公开发表过；(3) 稿件内容不侵犯任何第三方的版权或其他权利，所有著作权人对上述署名均不提出异议，否则著作权人将赔偿因侵权而造成的一切责任和损失。

---

① 参见罗香. 高校学报编辑的软环境建设 [J]. 柳州职业技术学院学报，2010，10 (3)：136.

② 参见《中国循环杂志》编辑部. 本刊已启用稿件管理系统 [J]. 中国循环杂志，2015，30 (4)：362.

思考题：

1. 如何理解知识管理？
2. 期刊社知识管理工作有哪些特点？
3. 选择某一个期刊社，分析其知识管理策略。
4. 如何理解期刊社知识管理系统的概念与功能？

第 14 章　期刊社的数字资产管理

在出版深度融合持续推进的背景下，期刊社数字化转型成为期刊社发展的重要方向。期刊社拥有大量不同类型的电子文件，如果不加以归类、整理并妥善储存，在需要重新使用时，就无法迅速找到它们，并产生大量烦琐、重复的劳动任务，降低工作效率。因此，期刊社的数字资产管理具有十分重要的价值，是期刊社可持续发展和参与市场竞争的重要基础。期刊社需要建立自己的数字资产管理系统，充分发挥数字资产的经济效益和社会效益。期刊社如何进行数字资产管理，已成为期刊社亟须解决的重要问题。

14.1　数字资产管理的概述

14.1.1　数字资产的内涵

广义上来讲，能以数字方式存储的内容都属于数字资产，例如电子邮件、电子期刊、音频、视频、排版文件、电子图书等数字资产具有保存价值，可以重复利用。部分数字资产可以转化为有形资产。例如，电子期刊和电子图书可以通过印刷转变为纸质期刊和纸质图书。数字资产具有无形性，可以给所有者带来经济效益。

对于期刊社来讲，排版文件、电子期刊、部门举办活动的照片、微信公众号的评论等内容都属于期刊社的数字资产。期刊社的数字资产可以分为两大类：第一类是内容资源，通过直接方式为期刊社带来经济效益。例如，上海大学期刊社建立采编系统，形成作者、编辑、审稿专家数据库，实行线上投稿、专家匿名评审、在线出版的编审方式，采编系统中的稿件内容是上海大学期刊社的数字资产之一。第二类是期刊社的运营数据，通过间接方式为期刊社带来经济效益。例如，上海大学期刊社开通微信公众号，形成了微信公众号学术期刊矩阵，可以通过数据分析，了解读者的阅读习惯和需求，进行精准推送。

14.1.2 数字资产管理

数字资产管理是指对数字资产进行系统化管理，是以数字资产的获取、存储、管理为核心的活动。期刊社的数字资产管理可以实现数字资源在期刊社内部的共享，提高社内人员的工作效率，便于编辑人员对数字资源进行二次开发和重复利用，为期刊社带来经济效益。期刊社的数字资产管理包括：数字内容的获取、加工、组织与索引、存储、检索与重组。①

1. 数字内容的获取

期刊社在出版过程中积累了大量的内容资源，在使用这些内容资源前，期刊社需要明确著作权归属。期刊社通常以“稿约”“本刊声明”“投稿须知”“版权协议”等形式与作者达成著作权协议。随着互联网信息技术的发展，期刊社稿件的获取方式发生了转变。例如，上海大学期刊社搭建了在线投稿平台，为作者提供更加便捷的服务。除此之外，期刊社还拥有丰富的作者资源。期刊社可以借助数据分析，挖掘专业领域内发表数量较多、文章质量优秀的作者群体进行约稿，创作符合期刊社需求的数字内容资源。

2. 数字内容的加工

期刊社在生产经营的过程积累了大量的纸质期刊及相关资料，需要编辑人员进行整理，将文章、图片、音频转变为电子文件，上传至数字资产数据库，为后期的二次开发和重复利用奠定基础。

3. 数字内容的组织与索引

期刊社将数字内容加工后，需要对这些数字内容按照一定的分类标准进行重新排列。期刊社可以对数字内容的特征进行描述，并添加标签。例如，按学

---

① 参见蒋贤骏，陶善勇. 浅析出版社的数字资产开发 [J]. 电脑知识与技术，2019，15 (3)：201.

科的类别分为基础科学、农业科技、社会科学等。然后在此基础上可以再次细化，例如，基础科学可以分为数学、物理学、生物学等；农业科技可以分为园艺、林业、水产和渔业等；社会科学可以分为社会学、统计学、人口学等。通过给数字内容资源添加标签，期刊社可以借助关键词对数字内容建立索引，便于用户进行检索。

4. 数字内容的存储

期刊社的数字内容存储不仅需要考虑数字文件是否安全，而且需要考虑存储介质的容量大小、存储介质是否便于读取、存储介质是否可以长期保存等问题。目前，数字资产的存储方式包括硬盘存储、光盘存储、磁带存储、云存储。云存储的方式区别于前三种传统存储方式，其借助于互联网技术，拥有更大的存储容量，可以随时访问并且不断更新。

5. 数字内容的检索与重组

数字内容的检索是指用户从组建的数字内容数据库中，借助关键词检索，获取需要的内容资源。数字内容的重组是指用户将检索获取的数字内容资源重新组合，实现对数字内容资源的二次开发。通过检索与重组，期刊社可以提高数字资产的利用率，获得新的收益。

14.1.3　期刊社进行数字资产管理的必要性

数字资产在期刊社的整个资产中占有重要的地位。如果期刊社不进行数字资产管理，那么每个部门的数字资源信息将无法被方便地重复利用，形成数据孤岛（如图 14-1 所示）。

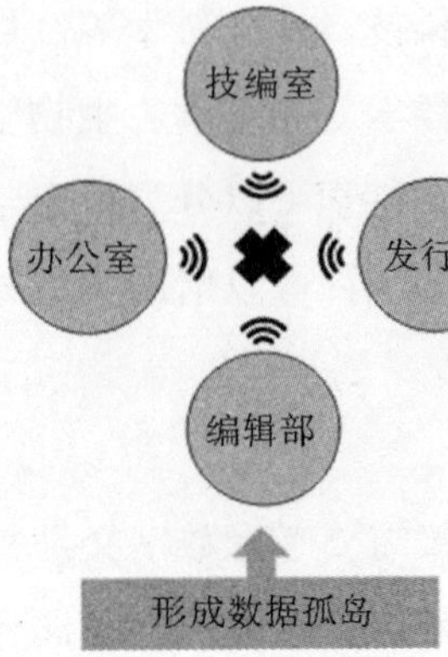

图 14-1 数据孤岛①

以上海大学期刊社为例，上海大学期刊社是隶属于上海大学的综合性学术期刊社。社内共有 15 个期刊编辑部，此外还有期刊社办公室、出版发行室和上海大学期刊屋、上海大学期刊融合出版实验室等部门。目前，共编辑出版 15 种期刊，内容涉及自然科学、社会科学及人文科学的各个学科领域，其中，科技类期刊 9 种、人文社科类期刊 6 种，中文期刊 6 种、中英文刊 2 种、英文期刊 7 种。技术编辑部门需要与期刊社内所有编辑部门以及印刷厂进行对接，协调关于出版印制等相关工作。如果不进行数字资产管理，就会出现各个部门之间信息沟通不顺畅、生产过程中进度控制较差、数据记录不完整等现象。

在出版深度融合持续推进的背景下，期刊社需要对这些数字资源进行科学管理和有效利用，消除社内的数据孤岛，实现共享，提高期刊社各个部门工作人员的工作效率。与此同时，随着互联网技术不断发展，读者不仅可以阅读纸质版期刊，而且可以通过电脑、手机等多种移动终端进行阅读。无论是纸质出版、网刊推送、移动客户端服务，还是按需印刷等增值服务以及期刊社的网站建设等工作，都需要数字资产管理奠定基础。数字资产管理能够帮助期刊社进行资源整合，提高数字资产的再利用率。通过数字资产管理，期刊社能够充分利用已有的资源进行二次开发，为读者提供全方位的高质量服务，创造新的盈

① 参见朱静文，顾笑笑，靳杰，等. 浅谈期刊社的数字资产管理［J］. 学报编辑论丛，2015：240.

利点，在数字化转型的过程中探索出适合自己的发展道路。

14.2　期刊社数字资产的盈利方式

期刊社的传统盈利模式主要是期刊订阅以及广告付费。在数字化转型的过程中，期刊社可以借助内容优势，将数字内容资源转变为盈利增长点。通过“内容＋平台”的模式，在多个渠道上传内容资源，触达更多读者，多元化发展获取经济收益。①

14.2.1　用户订阅收入

电子期刊是期刊社的数字资源之一。纸质期刊主要借助于期刊发行量和广告收入获取收益，电子期刊的盈利则以用户订阅为主。例如，《华尔街日报》率先采用付费订阅方式，付费订阅后，用户可以接收到更为丰富的商业新闻阅读内容。伴随着互联网的发展，众多期刊纷纷对在线阅读内容实行付费订阅。《纽约时报》于 2011 年实施付费订阅模式，截至 2020 年 4 月，其订阅用户超过 600 万，数字收入成为其最大的收入来源。目前，《纽约时报》的时事通信数字订阅费用每月 17 美元；“无线访问套餐”（包括新闻、游戏和烹饪产品）订阅价格为 182 美元。

《三联生活周刊》同样采用了付费订阅模式。2017 年 5 月，三联中读 App 正式上线，中读 App 首页分为“推荐”“知识”“数字刊”“市集”“我的”五部分。“数字刊”部分包括主编说、Talk 三联、杂志榜单、记者墙、美食地图五个板块，读者可以根据自己的需求有针对性地进行订阅。其中，数字刊全年订阅会员价格为 298 元，《三联生活周刊》单期订阅价格为 10 元，《爱乐》单期订阅价格为 20 元，《读书》单期订阅价格为 15 元。在“主编说”这一版块中，主编和大家分享周刊内容背后的故事，涉及采访选题、记者感悟、报道幕后等内容，同时向大家推荐其中的精彩文章。“Talk 三联”这一版块中，以期

① 参见陈晓利. 论期刊数字化转型中的盈利模式创新［J］. 出版广角，2018（20）：45.

刊每期的封面故事和重大报道为主题，分享报道背后的故事，以个人视角为大家带来新的思考。“杂志榜单”这一版块，中读 App 为大家推荐近 30 天最受关注的数字刊。“记者墙”这一版块中，入驻多位记者、主编等工作人员，点击每一位记者可以浏览记者所写的相关文章。“美食地图”这一板块，点击地图上的红色标记，即可看到《三联生活周刊》相关的当地美食报道。

14.2.2 与数据库合作分成

期刊社也可以通过与数据库合作获得经济效益。数据库借助期刊社积累的丰富内容资源，将众多电子期刊汇聚于同一平台，为用户提供更丰富、更专业的信息，满足读者获取知识的需求。在数字化转型的过程中，期刊社可以通过与数据库合作，获得新的盈利增长点。

目前，国内规模较大的电子期刊集成平台有龙源期刊网、中国知网、万方数据、维普等。龙源期刊网成立于 1998 年，与多家期刊社开展合作。网站汇聚大量大众类期刊，期刊品种数量超过 4200 种，期刊文章数量超过 2500 万篇，期刊内容分为时政综合、商业财经、文学小说、教育教学、学生必读、文摘文萃、职场理财、家庭养生、学术研究、母婴育儿、娱乐时尚等类别。网站包括“封面故事”“龙源文库”“套餐专区”“会员权益”“新媒体专区”等版块。

中国知网成立于 1999 年，其对分散的中、外文期刊进行整合，形成专业知识集群。其中，中文学术期刊数量大约为 8570 种，共有 5940 余万篇学术文献；外文学术期刊数量大约为 7.5 万种，覆盖 JCR 期刊的 96%。中国知网为读者提供便捷的检索服务。读者可以对文章主题、关键词、作者、摘要等进行检索，也可以对出版物进行检索。读者可通过单篇付费、打包订购、会员服务等方式获取文章内容，以满足获取知识、开展研究、进行教学等多方面的需求。

期刊社可以通过与数据库签订合作协议书开展合作，以集中授权的方式获取经济收益。合作方式分为以下两种：（1）独家合作，即将版权授权给唯一数据库。（2）多家合作，将版权授权给多个数据库。例如，中国石油大学（北京）期刊社采用与多个数据库开展合作的方式。中国石油大学（北京）期刊社隶属于中国石油大学。目前期刊社编辑出版学术期刊有 4 种，即《石油科学通报》、《石油科学》（英文版，*Petroleum Science*）、《古地理学报》、《古地理学报》（英文版，*Journal of Palaeogeography*）。其中，《石油科学通报》与中国科学技术论文统计源数据库、Scopus、维普、中国知网、万方数据、博看、超星等数据库合作；《石油科学》（英文版，*Petroleum Science*）与 DOAJ、Google Scholar、Chinese Science Citation Darabase（CSCD）、OCLC 等数据库合作；《古地理学报》与中国科技期刊数据库、中国科学引文数据库、中国期刊网-中国期刊全文数据库、中国学术期刊综合评价数据库等数据库合作。

合作过程中版权授予需要注意以下两方面：一方面，合作协议书需要明确期刊社版权授予的期刊内容是否包括过刊；另一方面，合作协议书需要明确合作的时限，以及停止合作后是否收回合作期间授权的期刊文章的著作权。首次签订合作协议书时，最适宜的合作时限为 1 至 2 年。合作期间可以考虑数据库是否有利于期刊社的长远发展。停止合作时，如果收回期刊数字内容资源的著作权，数据库需要将期刊相关内容下架；如果未收回合作期间期刊社授予的文章著作权，数据库仍可以继续使用相关数字内容资源。

14.3　期刊社数字资产管理中的问题及对策

期刊社的数字资产管理不仅有利于提高期刊社各个部门工作人员的工作效率，而且有利于期刊社整合资源，将数字资源进行二次开发和重复利用，获取新的收益。目前，大多数期刊社采用 ERP 系统进行管理，缺乏完整的数字资产管理系统。数字资产管理存在认识不足、制度不完善、技术制约、标准不统一的问题，影响期刊社的数字化转型发展。针对以上问题，期刊社需要积极探索数字资产管理的对策。

14.3.1 期刊社数字资产管理中存在的问题

1. 认识不足

随着信息技术的不断发展，期刊社的数字化转型成为重要的发展方向。部分期刊社聚焦于期刊内容的编辑，各个部门之间处于分散管理、信息交流较少的状态，忽视数字资产的整合利用，造成期刊社数字资产分散、内容短缺，不利于后续的二次开发和重复利用，影响期刊社的高质量发展。除此之外，部分期刊社未能认识到建立数字资产管理系统的重要性，认为期刊内容资源二次开发的可能性较低，将期刊内容资源只进行光盘存储。国内期刊社的管理系统大多数采用通用的ERP管理系统，即包括会计核算、财务管理、生产控制管理、物流管理、采购管理、分销管理、库存控制、人力资源管理八个模块，没有对出版行业的需求进行分析，缺乏满足出版行业需求的数字资产管理系统。

2. 制度不完善

期刊社对于数字资产的管理，主要关注数字资产的存储，没有建立相应的数字资产管理制度，对现有数字资产的管理方式比较粗放。期刊社的数字资产管理制度需要实现分级授权，不同的部门人员拥有不同的使用权限。期刊社缺乏数字资产管理制度，将阻碍各个部门获取和使用数字资源，增加不必要的重复劳动，降低工作效率，不利于编辑人员二次开发已有数字资源而创造新的价值，影响期刊社的长远发展。

3. 技术制约

技术制约体现在两个方面。一方面，数字资产管理系统建设依赖于新兴信息技术的支撑。期刊社数字资产管理系统应当通过与其他企业合作或者引进技术人才，分析出版流程管理需求，选用合适的技术，搭建符合出版流程管理需要的数字资产管理系统。例如IBM、TS、高术、北大方正等公司开展数字资产管理系统开发工作，期刊社可以与合适的企业合作搭建数字资产管理系统。另一方面，数字资产的安全性依赖于技术的保障。期刊社的数字资产保护具有十分重要的意义，如果没有很好的保护手段，会导致出现期刊社稿件泄露等情况，对期刊社的发展产生不利的影响。

4. 标准不统一

目前，我国出版行业还没有制定统一的电子文件信息交换标准。因为缺乏统一的标准，所以会阻碍与其他期刊社进行信息交流。混乱的标准格式阻碍了期刊社之间数字内容资源的信息共享，影响期刊社的集约化发展道路。

14.3.2　期刊社数字资产管理的对策

1. 建立数字资产管理系统

目前，大多数期刊社将每年期刊的排版文件、音频、视频以及其他资料性文件刻盘存储，再以电子文件形式归档保管，方便检索和重复利用。这是数据存储的初步工作，是数字资产管理的前提和基础。归档保管需要注意的是，检查文件是否完整、是否携带病毒；刻录光盘之后，需要进行读取，检查是否可以正常使用。

在此基础上，期刊社需要借助信息技术建立自己的数字资产管理系统。数字资产管理系统是对数字资产进行整合、管理的完整体系，在信息检索、信息存取方面发挥着重要作用。通过数字资产管理系统，用户可以便捷地检索、阅读、下载数字内容资源，提高数字内容资源的利用率，为期刊社创造新的价值。

数字资产管理系统包括两个子系统：一是存储系统，将电子文件进行存储。存储系统的内容资源不仅包括期刊社出版的电子期刊及编辑、印刷、发行环节相关资料，还包括审稿专家信息、作者信息、微信公众平台等运营中收集的读者信息、期刊社的活动照片、期刊社会议记录等。数字文件存储之后，期刊社数字资产管理系统需要根据每个文件的核心内容进行主题分析，找出文件中具有检索价值和分析价值的特点，赋予其检索关键词标志。完成标引后，以关键词为基础建立索引，从而给使用者提供检索的入口。例如将文章题目、期刊名称、出版日期、作者姓名、文章类别等作为标引的关键词。当它们被标引之后，用户无论是定性地查询文章，还是查询特定作者在本期刊社发表的所有文章，或是查询同一栏目的所有文章，都可避免遗漏。使用者可以通过刊名、日期、作者姓名、文章名称、栏目名称等进行单项检索或者多项组配检索。

二是管理系统，不仅可以对电子文件进行管理，而且可以实现对期刊社部门人员的管理。对于期刊社部门人员的管理需要实现分级授权，数字资产管理系统中每位登录用户拥有不同权限。这样的设计方式既可以最大程度为每一个部门工作人员提供所需要的电子文件，提高工作效率，减少文件再次制作的重复劳动，又能保证各部门工作的相对独立性和文件的安全性。使用人员登录系统后，可以进行检索、浏览、下载、上传文件等操作。例如，行政管理人员经常需要协助编辑部门制作各种宣传手册、宣传海报、宣传视频等，以往收集资料需要去每一个编辑部门分别寻找相关资料，耗费大量时间和精力，且效率不高。如果使用数字资产管理系统，行政管理人员只需要输入所需资料的名称或关键词，系统即可根据文件标引信息一一呈现检索结果。编辑同样可以借助这一系统查询到社内其他编辑部所拥有的审稿专家或作者信息，有助于更有针对性地寻找审稿专家，扩充作者队伍。本章期刊社数字资产管理系统设计如下：

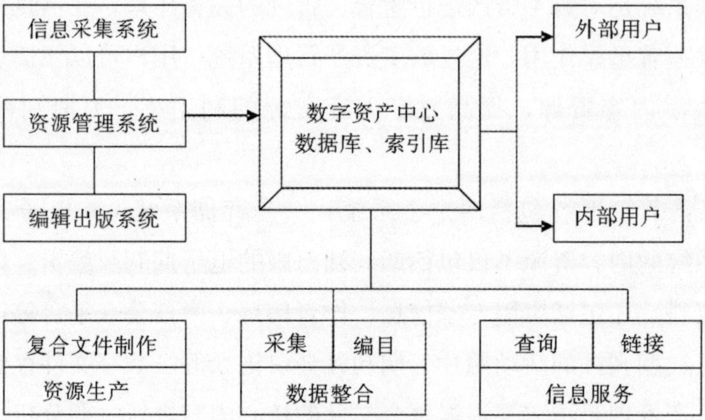

图 14-2 期刊社数字资产管理系统设计①

以上海大学期刊社为例，上海大学期刊社通过分析出版流程管理的各项需求构建 ERP 系统。ERP 系统中包括出版流程管理、财务管理、发行管理和资

① 参见孟耀．新媒体时代学术期刊数字资产管理研究［J］．东北财经大学学报，2015（5）：94.

产管理等模块。其中，数字资产管理包括期刊的基础数据信息管理、期刊文章信息数据管理、稿件生产信息数据管理等。系统为用户设置不同的权限，各刊编辑人员可以在系统中录入或者批量导入期刊期次信息及文章信息。技术编辑可以在系统中接收编辑部门的印制要求，上传稿件印制情况。例如，稿件处于初排状态，稿件已进入付印清样环节，等等。期刊社主编可以在系统中查看期刊实时出版进度情况，审批《生产通知单》，接收期刊社内出版信息汇总情况、《年度出版计划》等。①

2. 建立和完善数字资产管理制度

数字资产管理制度是期刊社日常管理制度的重要组成部分，期刊社需要建立和完善数字资产管理制度。期刊社数字资产管理制度内容包括对数字资产的存储情况、使用情况等方面的管理。期刊社应设立数字资产登记管理制度，对数字资产登记进行管理。例如，期刊编辑部门工作人员上传期刊稿件内容时，在登记表中登记文章关键词、作者信息、期刊期次、期刊栏目信息，成为便于用户检索、阅读和下载的数字内容资源。期刊社还应设立数字资产使用管理制度。例如，期刊编辑部门工作人员上传和下载数字内容资源时，数据库工作人员的名字会被记录在平台使用情况表中。科学的管理制度对于数字资产的保护和重复使用至关重要，对于提高期刊社各部门的工作效率发挥着重要作用。

3. 增加技术支持与保障

随着信息技术的不断发展，期刊社可以通过编程语言建立数字资产管理系统。以上海大学期刊社为例，上海大学期刊社构建的 ERP 系统借助于 Java EE 语言，在 Eclipse+Maven 开发环境下，采用前后端分离架构。期刊社可以与其他公司合作，共同设计和开发数字资产管理系统。国内外很多著名公司开展数字资产管理系统的开发工作，例如 IBM、TS、高术、北大方正等。②

数字资产管理的关键技术包括元数据技术、分布式存储技术、编码索引技术等。

---

① 参见朱静文. 期刊 ERP 系统中出版流程管理模块的设计与实施——以上海大学期刊社为例 [J]. 编辑学报，2022，34 (3)：313.

② 参见孟耀. 新媒体时代学术期刊数字资产管理研究 [J]. 东北财经大学学报，2015 (5)：94.

（1）元数据技术：元数据是指描述数据的数据，是所有数据的重要数据。例如，“选题策划表”中的选题名称、作者信息等都属于这张表格的元数据信息。每一种数字资产都有特有的元数据信息，数字资产管理系统借助于元数据，将数字内容资源进行重新排列，赋予新的标签，为使用者提供检索的关键词。

（2）分布式存储技术：分布式存储将数据分散存储于多台独立的移动设备中。区别于传统的网络存储系统，利用多台移动存储设备分担存储负担，提高了数字资源的存取效率，易于拓展。

（3）编码索引技术：编码索引技术可以对 XML 文档建立索引，同一个索引节点中包含具有相同标签的 XML 文档。利用编码索引技术可以提高数字文件检索的准确性，提高检索的效率。

数字资产管理系统内包含的文章、作者、社内工作文件都是期刊社极其重要的资产。如果数字资产管理系统受到病毒攻击或恶意读取，会造成严重的后果，给期刊社带来重大损失。因此，在设计系统时，需要注意系统的安全性，避免数据库文件泄露。社内人员使用数字资产管理系统时，不同层次、部门职责的工作人员对文件的上传、浏览、下载等使用权限也应有所不同。这样，在社内人员最大化地利用已有数字资源的同时，可以充分保证各个部门工作的独立性和文件的安全性。除此之外，期刊社可以借助区块链技术保护数字资产的安全性。区块链具有去中心化、透明化和不可篡改的特点，借助区块链的特点，可以实现数字资产的不可篡改以及整个出版流程的记录和监管。

4. 制定网络期刊出版元数据标准

目前，我国出版行业还没有制定统一的信息交换标准，现有的一些出版管理软件因元数据标准不统一、采用不同的元数据标准描述，导致期刊社数字内容资源只能在内部使用，不能与外界其他期刊社交流共享。因此，需要尽快制定相应的信息交换标准，综合考虑各个元数据的差异性、关联性，确定不同元数据之间的映射规则，使期刊社的数字内容资源得以整合，促进期刊社的数字化、集约化发展。

思考题：

1. 什么是期刊社的数字资产？
2. 如何理解期刊社的数字资产盈利方式？
3. 期刊社如何做好数字资产管理？

第15章 期刊社的著作权管理与版权策略

随着时代的进步，公民和企业的法律意识都得到了普遍增强，同时涉及著作权的法律案件也一直呈现高发态势。随着作者队伍的不断壮大，作者间合作方式的多样化，期刊社可能牵涉的著作权纠纷的案件类型也相应增加。为了规避诸多风险，期刊社应该更加重视自身稿件和内容的著作权管理，并进一步提升版权策略。

15.1 著作权的概述

“著作权”是指文学、艺术和科学领域内具有独创性并能以某种有形形式复制的智力成果的创作者、传播者对相应作品所享有的合法权利。“著作权主要包括人身权和财产权两部分。”①

期刊作为一种汇编作品，其著作权归属两个群体。一是组成期刊的每一篇作品的作者，二是期刊社本身。在此基础上，期刊的著作权呈现出双重属性，期刊社对其编辑加工整理后出版发行的期刊拥有整体著作权，与此同时，汇编成期刊的每一篇作品的原作者对其创作的智力成果拥有局部著作权。局部著作权与整体著作权分属不同的权利主体，两种权利都应得到尊重与维护。

严格意义上来说，著作权与版权存在一定的区别。“版权”一词其最初含义多指复制权。过去受制于生产力的发展，印刷术还未能在全社会得到大范围

① 汤宗舜. 著作权法原理［M］. 北京：知识产权出版社，2005：16.

的普及推广，当时人们普遍认为印刷出版权是附随于出版物最重要的权利，因此便有了“版权”这一称呼。随着社会经济的发展以及人们对智力成果的重视，传统的著作种类逐渐扩大范畴。英国《为鼓励知识创作而授予作者及购买者就其已印刷成册的图书在一定时期内之权利的法》（即《安娜女王法》）作为世界上第一部版权法，它的诞生对于图书出版业有着重大意义，它在维护出版者应有权利的同时，也对作者的权利加以保护，此时就出现了“著作权”这一概念。现在人们普遍将“著作权”称为“版权”。

15.2　期刊著作权的管理方法

15.2.1　通过协议协调数字期刊著作权和个人作品著作权

“数字化期刊的著作权是指编辑出版机构对整个期刊的编辑作品享有著作权。”① 期刊编辑对源自作者的自投稿件加以整理，并将其制作成适合面向公众广泛发行传播的期刊，这一过程需要耗费大量时间和精力，凝结了编辑的脑力劳动和体力劳动，体现了编辑活动的独创性和能动性，因此期刊社对编辑加工处理的期刊享有著作权，同时这一权利受法律保护。但期刊社对作者的作品仅仅享有使用权，没有权利禁止其他期刊社转载作者发表在本期刊社创办的期刊上的作品。我国《著作权法》规定：“作品刊登后，除著作权人声明不得转载、摘编的外，其他报刊可以转载或者作为文摘、资料刊登，但应当按照规定向著作权人支付报酬。”② 因此禁止其他报社或期刊社转载、摘编作品是作者本人的权利，期刊社对此无权加以干涉。

通常情况下，作者向期刊社投稿是一种主观能动性行为，表示作者同意将其创作的作品见诸期刊上，以公之于众的方式扩大作品的传播范围和传播力度。期刊社在期刊范围内使用作者来稿，将其编辑加工整理汇编成期刊时不必

---

① 张永平，殷正坤．关于网络时代数字化期刊著作权问题的探讨［J］．科技进步与对策，2002（3）：144．

② 王迁．著作权法［M］．北京：中国人民大学出版社，2015：164．

再次征求作者的同意。但如果期刊社未征求作者同意，未经作者授权许可，擅自将作者作品编辑加工整理后汇编成图书并面向社会公众出版发行，此种行为超出了期刊的使用范围，则属于侵犯作者著作权的行为，作者有权对此行为进行追究。

案例 1：维普公司侵权案件

自 1999 年以来，重庆维普信息有限公司未经国家出版管理部门批准，通过扫描录入等方式将我国数千种期刊制成“中文期刊数据库”，并借助光盘、互联网等载体进行发行、传播活动。有关部门曾明确责令维普公司停止这一出版发行活动，并要求当地机关部门查封并销毁维普公司所谓的“中文期刊数据库”。

然而，维普公司的侵权活动一直在持续，直到 2000 年 10 月，全国数千家被维普公司侵权的期刊社联合起诉维普公司。经过两年的取证收集相关材料，2002 年底北京市第一中级人民法院作出一审判决，认定维普公司的行为构成侵权，法院责令维普公司立即停止侵权，并赔偿原告损失。

在这一案件中，被告维普公司辩称自己已经与中国版权保护中心集体管理组织签订了著作权使用合同，取得了相关期刊作品的使用权，认为自己的行为未构成侵权。然而事实上，作者对其创作的作品依法享有著作权，而期刊社在接受作者投稿，经过审稿、编辑加工整理、校对等程序汇编成的期刊作品在出版问世后对此也享有著作权，作品的著作权享有者既包括期刊社也包括作者，所谓的版权管理组织并不具备授权他人作品著作权或者使用权的资格，因此维普公司侵权行为属实。

案例 2：龙源期刊网侵权案件

2007 年，湖南师范大学副教授魏剑美将龙源期刊网告上法庭。原因是龙源期刊网在魏剑美本人并不知情的情况下，未经授权刊载了其 58 篇文章，并且通过用户的点击量收取费用，而魏剑美本人从未收到过报酬。

事发后，魏剑美要求龙源期刊网立即停止侵权行为并赔偿自身损失。龙源期刊网则认为其行为经过了收录魏剑美原作品的期刊社的授权，并且龙源期刊网与相关期刊社签订了《网络电子版合作协议书》，并按约定支付了版税和收益，然后才对魏剑美本人的文章进行数字化加工制作，应属合法行为，不构成侵权。北京市朝阳区人民法院在审理时认为，作者是作品著作权最主要的享有者，龙源期刊网未经作者同意将其作品数字化处理并在网上传播，侵犯了作者的信息网络传播权和获得报酬的权利。

案例 3：汪曾祺子女状告知网案件

2017 年 6 月，汪曾祺子女汪明、汪朗、汪朝发现其父亲汪曾祺先生的作品《受戒》在中国知网等平台面向公众传播并收取费用，经查证，同方知网技术公司以及《中国学术期刊（光盘版）》电子杂志社公司未经汪曾祺子女授权，擅自将作品进行电子化复制，向公众获取非法收益。汪曾祺子女认为两被告的行为侵犯了作品《受戒》的信息网络传播权，于是在同年 8 月通过中国文字著作权协会提起诉讼。该法案是中国文字著作权协会参与维护会员网络信息传播权第一案，也是中国知网被著作权集体管理组织诉诸法院的第一案。一审中，北京市海淀区人民法院认为被告知网的侵权行为属实，责令其停止侵权，赔偿原告经济损失及用于法律维权的费用。随后原告、被告双方再次提出上诉。2019 年 6 月，北京知识产权法院对此案作出二审判决，驳回上诉且维持原判。但知网仍不服从判决，向法院提起再审申请，法院认为知网缺乏事实及法律依据，对其再审行为不予支持，判决知网停止侵权，赔偿被告损失。历经两年，该案件终于落下帷幕。

期刊社在授权第三方期刊网站进行电子期刊开发利用的过程中，容易出现侵犯作者著作权的问题。维普公司侵权案件、龙源期刊网侵权案件以及汪曾祺子女状告知网案件均表明，期刊社想要实现期刊资源在网上合理合法共享、传播，应该事先与作者签订相关权利许可转让合同，同时要注意与作者达成网络信息传播权相关事项，保证期刊拥有完整的著作权，从而避免侵权行为的发生。

15.2.2 成立期刊著作权集体管理组织

由于期刊行业的特点，以期刊行业协会为主导，集中力量统一组织管理期刊版权更加高效合理。国外许多国家对此进行了积极探索，并且取得了较好的成效，为我国期刊著作权保护提供了新的借鉴思路。

作为学术期刊出版大国之一，美国对著作权的保护非常严格，出版单位拥有著作权的作品，其他任何人、任何机构都不能随意使用，且作品著作权转让、合作经营和有偿使用已经成为学术期刊的重要收入来源。

版权结算中心（Copy Clearance Center，CCC）成立于 20 世纪 70 年代，是目前美国规模最大、知名度最高的文字作品著作权集体管理组织。“CCC 的使命是在保护创作者、出版者和其他相关权利人权益（主要是经济权益）的同时，让人们更易于获取、使用、分享来自世界各地的版权作品，旨在为全球各类机构提供平台版权内容许可及解决方案。”① CCC 的成立为美国期刊著作权的管理提供了较为权威的平台。

德国的著作权管理同样在很大程度上依靠其专业的著作权管理组织。“德国音乐表演权和机械表演权协会（GEMA）是德国最具代表性的著作权集体管理组织。”② 作为一家专业的著作权集体管理组织，GEMA 接受反垄断管理局等部门的监督。根据 GEMA 官方网站公布的最新数据显示，GEMA 代理的著作权人数已经超过 8.5 万人。为强化会员权利，GEMA 每 3 年从其各行业会员中选取若干名附属会员或者准会员代表，参加 GEMA 的年度会议。作为著作权管理的典范组织，这给世界各国的期刊著作权管理提供了借鉴。

“当前，我国并没有直接开展学术期刊著作权集体管理的组织，学术期刊、学术论文等文字作品著作权（邻接权）的集体管理均由中国文字著作权协会统一管理。”③ 由于管理的需要，文字著作权协会于 2010 年设立数字版权认证中心，主要职能包括取得作品授权、对外开放授权许可、提供标准合同文本、参

---

① 张爱绒．谈期刊著作权的集体管理 [J]．山西高等学校社会科学学报，2002，14 (7)：26.
② 叶新．国外著作权集体管理组织概况 [J]．出版发行研究，2005 (6)：72.
③ 钟紫红．中美科技期刊著作权保护现状比较 [J]．中国科技期刊研究，2003，14 (4)：397.

与重大版权谈判、协调数字版权纠纷等。

15.3　期刊社的版权策略

15.3.1　获得专有出版权

版权是期刊经营的战略资源，专有出版权是版权的延伸，具有独占性、排他性等特征，是期刊出版者参与市场竞争的利器。期刊社若取得了某一作品的专有出版权，原作品的创作者则不能在与期刊社约定的期限内以同种语言再次出版该作品，同时也不得再次将该作品的出版权授权许可其他出版者。

由此可见，期刊出版者获得专有出版权可以为本期刊社带来利好。但需要注意的是，对于专有出版权的相关约定，期刊出版者与作者要避免约定不明、含糊其词的表述，双方对于相关权利的约定要尽量做到责权清晰，明确双方权利范围和权利种类。此外，获得专有出版权的期刊出版者，还应在期刊的显著位置加注版权标记，以此来宣示自己的专有出版权利，警示他人，防止被侵权。

15.3.2　加强科技期刊的版权保护

1. 我国科技期刊存在的版权问题

科技期刊对于高校科研工作至关重要，目前我国高校的许多学术研究工作离不开外文期刊。高校图书馆在采购外文期刊时，倾向于选择采购外文版权期刊，因为相比原版期刊，版权期刊价格更加低廉，是我国大多数高校图书馆的首选。但外文版权期刊购权程序繁杂，招标条件要求严格，目前为止，我国只有少数几家公司对外文版权期刊拥有进出口管理权限。与此同时，由于政策、资金、语言等难题，版权期刊的代理公司经营的版权期刊种类较少，难以满足高校科研需求。因此加强建设我国本土化科技期刊迫在眉睫，《出版业“十四五”时期发展规划》提出要进一步加强我国科技期刊建设，加强“顶刊”建设。

当前我国科技期刊在建设成为世界一流期刊过程中存在一系列制约其发展的问题，而版权问题是科技期刊数字化转型过程中面临的重要问题。期刊社在将期刊进行数字化过程中容易侵犯作者的网络信息传播权。长久以来，期刊社将作者的自投稿视作默许将其发表权和复制权授予期刊社。随着数字出版越来越普遍化，多数期刊社采取同步发行数字期刊的方式，借此缩短出版周期，扩大期刊传播力。但期刊的数字化需要征得作者的同意，只有作者同意授权其作品的信息网络传播权，期刊社才可以对其进行数字化发行；若期刊社未经作者授权，擅自将作者的作品数字化处理并向公众出版发行，此种行为作者有权向相关部门提起诉讼，运用法律武器维护自己的信息网络传播权。

在实际中，期刊社往往为了免陷版权风波，在面向社会征稿时会附加条款，要求作者一旦向期刊社投稿将视为其同意授权信息网络传播权。这种行为实则不合规，期刊社在取得作者的信息网络传播权时需要与作者另行签订相关合约授权。此外，科技期刊社与数据库平台合作已成常态，许多期刊社未经作者许可擅自将作者的信息网络传播权授予第三方数据库平台，任第三方数据平台制作成数字产品面向公众传播、收取费用，此种行径侵犯了作者的合法权利，不利于保护作者的著作权，长此以往会造成作者与期刊社之间产生信任危机，不利于双方加强合作关系。国内许多作者不满期刊社未经许可擅自对其作品进行数字化处理并凭借数字产品谋取利益的做法，遂选择将稿件投向国外期刊，致使优秀稿源外溢，非常不利于我国科技期刊在建设过程中储备优秀创作人才与优质稿源。在媒体融合发展背景下，国内科技期刊社在数字化过程中面临的版权困境严重限制了我国科技期刊的发展与成长，亟须改变运营思维，增强版权意识，合理开发利用版权，保护作者著作权的同时也要防止期刊社版权受到侵害，为我国科技期刊的建设营造良好的生存环境。

2. 提高科技期刊版权管理水平

(1) 树立和增强科技期刊版权意识。这是科技期刊维护自身合法权益的有效措施。一方面，科技期刊社应加强对员工著作权知识的培训，在实际工作中引导员工注重理论与实践结合，在社内多举办版权知识宣讲活动和竞赛活动，鼓励期刊社工作人员主动树立并提升版权意识，加强相关著作权知识的学习，留心工作中可能遇到的版权问题，并善于运用著作权知识解决版权难题。另一方面，不同的科技期刊社之间也应展开密切合作，成立科技期刊版权互助联盟，分享版权保护经验，探索版权保护措施，在此基础上进一步加强合作，开发并完善相关版权保护技术，创建科技期刊版权保护平台，对于侵权行为可集中力量开展维权行动，严厉打击侵权行为。

(2) 加强数字化科技期刊版权管理力度。互联网时代，随着知识付费的兴起，科技期刊的传播渠道更加多样化。科技期刊在促进知识创新、增强学术交流方面有着重要作用。不少科技期刊为了增加收益，纷纷开始转型升级。与此同时，许多从事自媒体工作的人看到新的商机，也纷纷加入，但不少博主、大V版权意识淡薄，以“合理使用”为借口，利用互联网的便利性直接从图书或期刊中大量摘录复制原作品，用于自身盈利变现，加之互联网的传播力度大，不少数字化科技期刊面临严重的版权问题。因此加强对科技期刊数字版权的管理力度刻不容缓。政府部门应尽快出台相关政策，严格界定“合理使用”和“法定许可”的法律范围，健全数字版权保护的法律法规，严厉打击违法侵权行为，加大著作权侵权行为惩处力度，为数字化科技期刊的版权保护提供一个良好的外部环境。

(3) 加快发展数字化科技期刊版权保护技术。尽管相比传统纸质版科技期刊，经过数字化处理后的科技期刊价格更加低廉，但相比娱乐性期刊，数字化科技期刊付费价格仍然较高。一些不法分子利用爬虫技术非法获取科技期刊内容，并违法建立盗版期刊数据库，严重损害了科技期刊的合法权益。为此，科技期刊社应主动与技术公司合作，研发期刊数字版权保护技术和追踪技术，探索新型版权保护模式，开发期刊版权服务平台，培养专门的数据分析与追踪人才，对数字化后的科技期刊在编辑、发行、传播过程中进行全程追踪记录，加大监控力度，借助各种新技术加强数字化科技期刊的版权保护。

15.3.3 开放获取期刊版权

开放获取期刊（Open Access Journal，简称 OAJ）是一种在线连续出版物，借助互联网，作者自愿授权许可，由期刊社或相关运营商免费提供给读者或相关机构的用户使用，用户仅需支付上网费用，而无须支付在线阅读期刊或下载期刊的费用。目前 OAJ 版权状态主要有三种：一是作者自身拥有版权；二是作者保留署名权或著作权，而学术机构、科研机构拥有版权；三是出版商与作者或学术机构协商，双方达成一致，签署合同将版权转让给出版商。

1. 不同模式的开放获取期刊存在的版权问题

（1）作者保留全部或大部分权利模式：此种模式下作者对其创作的作品保留商业使用权，而其他非商业使用权利可归读者所有，版权问题主要集中在作者与读者之间。监督侵犯版权的责任需由作者自己肩负，但作者往往因忙于科研和创作，时间精力有限，很难执行这项职责，此模式容易导致版权侵权问题频发，影响作者创作的积极性，长此以往不利于我国文化事业的发展与进步。

（2）作者署名许可模式：此种模式下，作者可以允许他人重复使用其作品，作者的作品可以得到大范围传播，作者的知名度得以提升，学术影响力得以扩大。对于大多数研究性学者而言，此种模式是其学术成果广泛传播的重要途径。对于读者而言，此种模式下读者可以在学术研究中免费阅读使用相关作品，而无须支付任何费用，因此在读者群中备受欢迎。但此模式下读者容易"继承风险"，如果作者在开放获取期刊的文章中侵犯了其他作者的版权，随后该作品被读者大量下载阅读使用，经过广泛传播后，涉及侵权的人就会越来越多，容易造成读者间接被动侵权。

（3）作者通过许可协议将作品的商业使用权转让给出版商模式：此种模式下出版商的利益会得到最大化，作者借助许可协议将作品的商业使用权转让给出版商，作品的额外收入也会流向出版商。与此同时，作者也可以在非商业目的下继续使用其作品而无须经过出版商同意，更不需要支付相应的费用。此种模式方便作者对其先前创作的作品继续优化，在此基础上创作出质量更高的作品。但这一模式下，由于作品的版权主体变为出版商，OAJ 机构想要使用或数字化处理该作品必须征得出版商许可，而出版商往往不会轻易同意，OAJ 机构需要倾注大量资金获得出版商同意授权许可，才能继续对这些资源加以管理利用。

2. 解决开放获取期刊版权问题

想要解决开放获取期刊的版权问题，关键是要平衡作者、读者、出版商之间的利益关系，既要解决内部问题，合理完善开放获取期刊的运行机制，又要构建良好的外部环境，为开放获取期刊的运行机制提供保障。

(1) 完善开放获取期刊的内部运行机制。

①赋权许可协议法律效力。版权许可协议是开放获取期刊运行的关键，许可协议赋予用户开放获取、复制引用文本甚至修改作品的自由。OAJ 的发展离不开法律保护，但目前我国缺乏相关法律来承认版权许可协议，由于缺乏法律效力的许可协议只能在道德层面起一定的约束作用，并不能强制人人遵守，所以在规范和解决实际的版权问题中很难起到理想的作用。缺乏法律规范，期刊的开放获取在现实社会中将寸步难行，用户对于开放获取期刊的获取、复制、引用等自由也无法得到真正保障，同时出版商和作者也难以对用户超出非商业范畴的行为进行合理限制。因此，解决期刊版权许可协议的法律效力问题，使期刊版权许可协议具有法律地位，是当下发展开放获取期刊的重要任务，也是平衡作者、读者和出版商之间的利益关系，维护各自合法权利的关键所在。

②构建合理的开放获取期刊版权模式。无论是作者保留全部或大部分权利模式，或是作者署名许可模式，还是作者通过许可协议将作品的商业使用权转让给出版商模式，均存在一定的版权问题，因此为开放获取期刊探索新的合理的版权模式尤为重要。在构建新型开放获取期刊版权模式时，需要从作者、读者、出版商角度考虑，争取三方利益关系平衡。首先，作者有权利重复使用其作品，作者可以出于学术需求，也可以出于商业目的，对其创作的作品自由使用，在开放获取期刊模式下，经过许可协议取得作品使用权的出版商不应该对作者的合法权利加以限制。其次，应赋予读者重复使用作品的权利，尽管由此可能导致一些缺乏自觉的读者将作品用于商业目的，但开放获取期刊的本质在于“开放”，作品只有广泛传播，被更多有需求的人阅读使用，才是开放获取的意义所在。最后，为保护出版商的合法权益，开放获取期刊在实际运行过程中，出版商可以借助各种新兴技术限制读者不合理的商业行为，保证读者重复

使用作品是出于学术目的，有效保护开放获取期刊的版权。目前区块链技术为版权保护提供了新思路，出版商可以与技术公司合作，在这方面积极探索尝试。

（2）优化开放获取期刊的外部环境。

①改善制度环境，调整版权保护政策适用范围。我国现有的版权制度在一定程度上阻碍了开放获取期刊的发展。为了跟上数字化发展潮流，更大程度地满足人们对知识的需求，促进知识的传播与更新，需要进一步出台相关政策来完善我国的版权制度。一方面可以参考西方国家在开放获取期刊方面的法律条文和规章制度，借鉴吸收合理的开放获取期刊版权授权模式，在此基础上完善相关的著作权法律条文，不断优化版权制度。另一方面也要紧跟时代变化，重新界定互联网环境下不同载体的作品在传播过程中人们对其合理使用的范畴，及时补充新的法律条款，合理调整“红旗原则”和“避风港原则”的适用场景和适用范围，加强版权保护制度管理。

②加强国家政策的制定与引导。互联网环境下开放获取期刊的良性发展除了要依靠公民个人在道德层面自觉抵制侵权行为，还需要国家制定相关政策，正确引导这一出版模式，对侵犯版权的行为加以监督管理，从法律层面约束公民行为，以此来有效防止侵权行为的发生。

开放获取政策最早是由美国、英国、法国、德国、加拿大、澳大利亚等发达国家制定并实施的，有些国家甚至将开放获取政策纳入法律体系，赋予其法律效力，借此来有效保护开放获取图书或期刊的版权。

目前我国关于开放获取的相关政策还未正式出台，但出版界、学术界以及信息传播界的学者和专家在开放获取政策方面进行了积极的探索和研究。为推动我国开放获取的发展，2005 年 6 月 22 日，由中国科学院和国际科学院主办的“科学信息开放获取战略与政策国际研讨会”在北京召开，研讨会还邀请了 20 多名在开放获取方面有所建树的国外学者参与讨论交流，有效促进了我国 OA 政策的制定和发展。现阶段，我国在开放获取的政策制定方面仍有较大提升空间，相关政府部门应该与学术界联合起来，积极探索并制定出可行的政策，促进开放获取期刊的发展。

思考题：

1. 如何平衡期刊整体著作权与局部著作权之间的利益关系？
2. 期刊社在授权第三方网站或平台使用作者作品时，应注意哪些事项？
3. 期刊社如何获得专有版权？
4. 通过查找资料，试分析现阶段我国开放获取期刊的发展状况。

第 16 章　期刊社的绩效考核与激励机制

现代企业管理中，更加强调管理精准化与精细化，特别是预算管理和绩效管理，与绩效考核相配合的是奖惩机制。编制有明确的规章制度并得到切实的执行，是一个企业永葆青春活力的重要法宝。

16.1　期刊社绩效管理的基本概念

16.1.1　绩效的概念

绩效在不同学科范围内有着不同的概念定义。从管理学角度看，绩效是组织期望的输出结果，包括组织绩效和个人绩效两个方面；从经济学角度看，绩效与薪酬对应着员工与组织间的承诺关系，绩效是员工对组织的承诺，而薪酬是组织对员工的承诺；从社会学角度看，绩效则是每一个社会成员按照社会分工的角色所承担的一份职责，一个社会成员的生存权利以其他人的绩效为保障，其绩效又保障他人的生存权利。

目前，学界和业界对于“绩效”的界定主流观点有三种。第一种观点是“结果观”，将绩效视为一种结果；第二种观点是“行为观”，认为绩效是一种行为；第三种观点“素质观”则认为，绩效与员工的潜力密切相关。结果观的适用对象是体力劳动者或从事事务性和例行性等可量化工作的工作人员；行为观的适用对象是基层工作人员；素质观则适用于知识工作者，如研发人员。

综上所述，绩效是员工以个人素质水平和义务能力为基础，做出的工作行为及工作结果，其工作的行为和结果都会在一定程度上对组织战略目标的实现产生影响。

由于绩效是可被理解、可被衡量和可被控制的，所以离不开对绩效指标和标准的设定。绩效指标需要从某一特定指标对工作的产出进行衡量或评估，通常包括数量化指标和非数量化指标。绩效标准是各个指标应该达到何种程度上的标准，具体分为基本标准和卓越标准。基本标准是每一个被评估对象经过自身的努力后都能实现的指标标准，其评价结果适用于非激励性的报酬决策，如基本工资和基本绩效工资等。卓越标准是指未对被评价对象做出强制要求和目标期望，但是经过努力，仍然会有一小部分人可以达到的绩效水平。卓越标准主要用于识别角色榜样，评价结果适用于激励性待遇，如额外的奖金或分红。

16.1.2　绩效考评

绩效考评是指考评人根据工作目标或绩效标准，评定被考评人的工作完成度、工作职责履行度和自身业务能力发展状况，并且将评定结果反馈给员工的过程。本质上，绩效考评是考评组织成员对组织的贡献度，或是检验组织成员的个人价值与能力所达到的程度，其是管理者与员工间为提高员工工作能力与绩效，从而实现组织战略目的的一种双向的管理沟通活动。

16.1.3　绩效管理

绩效管理是为达成组织的某一特定目标，通过管理者与员工之间持续开放的沟通过程，形成组织战略目标的预期利益和成果产出。这一过程会推动在团队和组织中的个人做出有利于组织战略目标达成的行为。

绩效考评是绩效管理的一个重要环节。二者的主要区别在于：第一，绩效管理是一个完整的系统，而绩效考评只是这个系统中的一部分。第二，绩效管理是一个过程，注重对过程的管理，而绩效考评只是一个阶段性的总结。第三，绩效管理具有前瞻性，旨在帮助企业和管理者前瞻性地看待问题，有效规划企业和员工的未来发展，而绩效考评则侧重于回顾过去，总结某一阶段的成果。第四，绩效管理有完善的计划、监督和控制的手段和方法，而绩效考评通常是提取绩效信息的手段。

在企事业单位日常的管理活动中进行绩效管理主要有以下几点作用。首先，有助于实现企业战略，绩效管理有效地衔接了组织目标和个人目标，因此有助于实现组织的终极目标。其次，有助于进行日常管理，绩效管理可以为一系列与员工有关的决策提供有效和有用的信息。再次，有助于促进沟通，使员工清楚了解自身的表现如何，组织和上司对他们的期望是什么。最后，有助于组织的维系，绩效管理过程中会产生技能、能力、晋升潜力和现有员工所承担相关工作任务的经历等信息，这些信息有助于在组织层面进行员工队伍规划，预测未来的培训需求及评估绩效改进。

绩效管理流程体系包括五个环节，分别是绩效计划、绩效实施、绩效考核、绩效反馈和绩效改进。绩效管理流程的落实需要完备的制度保障，通过管理制度引导和约束管理者和员工的行为，使对员工的评价更加规范、合理，确保部门和组织目标的达成。绩效管理制度的设计体系涵盖绩效管理主体、绩效管理方法、绩效评价周期、被评价对象、绩效目标与指标和绩效评价标准等六方面内容。

16.1.4 绩效评价的理论与方法

1. 与绩效评价相关的理论

（1）马斯洛需求层次理论：如图 16-1 所示，马斯洛将人的需求分成五部分，即生理需求（Physiological needs）、安全需求（Safety needs）、社交需求（Social needs）、尊重需求（Esteem needs）和自我实现需求（Self-actualization needs）。

（2）梅奥社会人理论：梅奥通过霍桑试验证明人是“社会人”，不是“经济人”。社会人有三个特点：第一，对于个人来说，人与人之间相互合作比相互竞争更重要；第二，所有个人的行动，主要是为了维持自己在集体中的地位，而不是为某个人的利益；第三，人的思想和行动更多是由感情来引导，而不是逻辑。

（3）激励理论：对如何调动人的积极性及如何满足各种需求的方法进行概

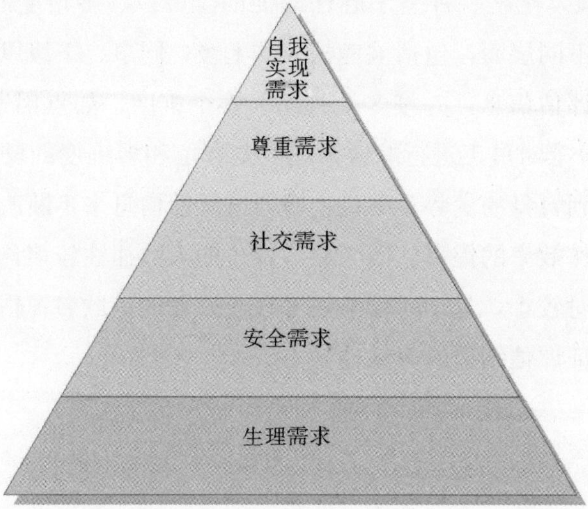

图 16-1　马斯洛需求层次理论

括总结，我们将其称之为激励理论。工作中对员工给出一定的奖惩措施，对其行为规范进行明确规定，利用信息引导、规划、保持并激发成员行为，借此对集体及其个人成员的目标实现形成系统性活动的行为即激励。激励的目的在于创造最大收益，调动员工的创造性和积极性，激发其正确行为，以达到最高的工作效率。给予的激励越多，员工工作中对目标的渴求程度越大，就会越努力，效率也会相应提高；反之，由于缺乏主观能动性，员工工作效率也会大大降低。

2. 绩效评价方法

绩效评价方法主要有三种类型，即绝对评价法、相对评价法和描述法。绝对评价法是根据统一的标准尺度衡量相同职位的员工，评价标准是客观统一的，不以评价对象为转移。绝对评价法是目前绩效评价的主流方法，具体包括量表法和目标管理法，量表法是与客观工作的既定标准相比较，目标管理法是与客观工作的具体目标相比较。其中，目标管理法主要使用关键绩效指标考核法（KPI）和平衡计分卡法（BSC）两种方法。

（1）360 度绩效考核法：多个考核者对被考核者进行考核或全视角考核即

360 度绩效考核。这是一种基于胜任特征的全方位、多角度的考核方法。360 度绩效考核从不同层面，包括被考核人的上级、同事、下级以及所服务的内外部客户中收集评估信息，并按多个视角、多个维度，如点因素、目标、行为、KPI、平衡计分等对员工进行综合评估。全方位和多维度的反馈能够使被考核人清楚地认识到自身的优势及不足，并通过反馈信息来不断改变行为，以达到自我提升和工作效率的提高。因为参与评价的人数往往较多，因此最后评估结果的误差也相对较小，且 360 度绩效考核法采取的是匿名评估的方式，能够在一定程度上保证评估结果的客观性。

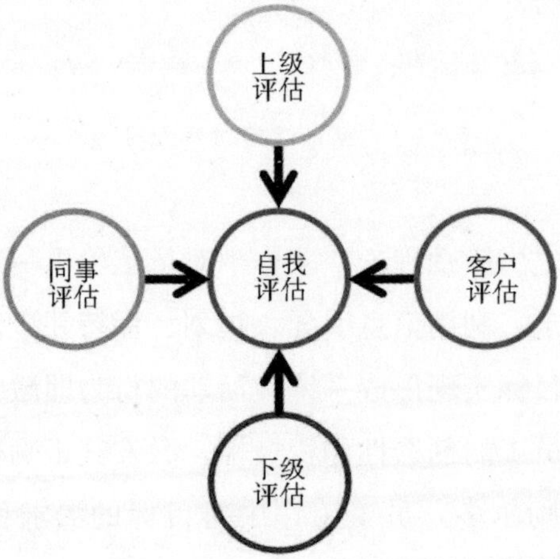

图 16-2 360 度绩效考核法

（2）关键绩效指标考核法（Key Performance Indicators，KPI）：关键指标是 KPI 考评的重中之重。在绩效计划的制订阶段，需要管理者和员工共同对工作任务或项目中的关键指标做好提取精炼和总结。KPI 也可以作为目标式量化考核方法运用，在实际中需要什么指标便对哪种指标进行考核。牢牢把握和有效地量化是工作或项目获得成功的关键因素，需要密切注意指标和相应标准的确定，以较好地提高组织绩效。

表 16-1　关键绩效指标考核法（KPI）

KPI 得分详情 姓名：×××				
KPI 考核点	比重（％）	考核详情		等分（分）
发行量	25	＞20000 元	25 分	10
		15000—20000 元	20 分	
		10000—15000 元	10 分	
		＜10000 元	0 分	
编校差错率	25	＜0.25％	25 分	25
		0.25％—0.5％	20 分	
		0.5％—1％	10 分	
		＞1％	0 分	
基金论文比	25	＞40％	25 分	20
		30％—40％	20 分	
		20％—30％	10 分	
		＜20％	0 分	
转载率	25	＞500 次	25 分	20
		400—500 次	0 分	
		300—400 次	10 分	
		＜300 次	0 分	
总计	100％			75

（3）平衡记分卡法（BSC）：平衡计分卡法也称作平衡计分法，是一种在企业战略管理中有效评价组织业绩的工具，由复兴方案国际咨询企业总裁大卫·诺顿和美国著名管理大师罗伯特·卡普兰提出。平衡计分卡是一种新型绩效管理体系，它从财务、内部运营、学习与成长和客户等四个角度，将组织的战略实施具体化为可以操作的目标值和衡量指标。平衡计分卡法的重点是综合、平衡组织发展中的一切指标，不仅要权衡组织中必要的财务指标，还要权衡组织中员工的学习与成长、客户和业务流程等指标，如此才能保证组织绩效

的提升。

16.2 期刊社绩效管理的核心工作

期刊社的绩效管理涉及方方面面，但从管理的有效性和可执行性角度考虑，管理者应该抓大放小，重点关注在绩效管理过程中的核心问题。

第一，考虑人力资源和期刊类别两个因素。制订出关键绩效指标是完成绩效指标的主体，人力资源与绩效指标的适配性是设计绩效指标的重要因素。同时，绩效指标的设定也可以反作用于人力资源的建设。这就要求期刊社做好人力资源与绩效指标间相互关系的分析和论证。只有厘清对应关系，才能统筹人力资源配置，充分发挥现有人力资源潜力，制订出科学合理的绩效指标。除此之外，期刊类别也是影响关键绩效指标的重要因素。大众期刊和专业期刊在读者选择、市场份额、出版周期和发行模式上截然不同，制订这两类期刊绩效指标时的侧重点也会有所差异。大众期刊的绩效看重发行量、码洋和市场份额，专业期刊的绩效则反映在学术影响力或期刊奖项上。只有确定合理科学的关键绩效指标，编辑部门的绩效管理才不会流于形式，编辑部成员才会有明确的奋斗方向。

第二，通过项目运作的方式将预期绩效指标“化整为零”。编辑部门可以通过项目运作整合人力资源、优化人力资源配置等方式，提高整体的绩效指标。这里的“项目”指的是重点出版策划，尤其是允许响应时势而进行的专题组稿，以此来提高编辑部门的整体工作效率。因为编辑个人的力量总是有限的，采用项目运作制可以改变多年来编辑单打独斗的局面，以项目团队的形式来整合社内资源，从而进一步形成品牌效益。在实际运作中，不同的编辑部门可以根据自身特点，设计不同的项目组。

第三，为配合项目运作，可以对编辑部门成员实行阶段性定岗制。需要注意的两点是：一方面，编辑部门内部成员分别承担项目流程中的一种或两种角色。例如，可以设置策划编辑岗，由资深编辑承担，负责项目的前期策划和作者资源积累；设置项目编辑岗，由年轻编辑承担，负责已录用稿件的催稿、编辑加工和排版印制流程的监管等；设置营销编辑岗，由编辑或营销经理承担，负责部门所策划期刊的宣传和推广等。在项目完成后或一个考核周期结束后，不同岗位人员之间可以进行流动轮岗。另一方面，项目运作全流程的每个环节都要有人负责，即根据岗位制订相应的绩效指标。一个项目中的策划编辑岗、项目编辑岗、营销编辑岗的绩效侧重点是完全不同的。各个岗位内具体到每个编辑，也要根据执行项目的不同而有所区别。所以，对于编辑绩效的考评，一方面要结合相应编辑岗位的职务说明书，另一方面要根据不同期刊的不同属性进行综合考量。

第四，既要突出编辑部门的自主经营，又要强调整个编辑部门的“全员参与”。期刊社有多个编辑部门，或侧重不同的期刊类别，或侧重不同的学科领域，都有着自身的特色和长处。“一刀切”、搞平衡等流水线上的管理模式，并不适用于期刊社一类的文化企业。按编辑人头分配稿件和按部门平均分配资源等传统方式都是不可取的。因此，期刊社在统筹管理时要突出编辑部门的自主经营意识，使每个编辑部门都能够根据自身特点实现良性发展。编辑部门也要调动全体成员的积极性，并在绩效指标的分析、制订、执行和反馈中提倡全员参与原则。需要注意的是，考核只是手段，并不是目的。要让编辑部门成员主动理解并自愿参加到绩效管理的整个过程中来，通过绩效实施的过程，了解自己在哪些方面还有待发展，以期取得更高的提升，满足自我实现的心理需要。

16.3　期刊社绩效管理的过程（以学术期刊社为例）

学术期刊作为专业期刊，刊载的大多是科学技术领域最新的理论成果和前沿技术。学术期刊的专业性特点决定其读者群体局限在科研工作者和科学爱好者之中，狭窄且固定的读者群体也导致了每期的发行量不大。

虽然经济效益不是学术期刊的主要追求目标，但是学术期刊承担着传播科学知识、传承人类文明的重任，其社会效益是不可估量的。编辑是学术期刊办刊和经营的核心，而编辑工作绩效直接决定学术期刊的整体质量。因此，需要针对编辑工作内容设计好绩效考核指标，确定相应的绩效考核标准，同时社领导应关注在绩效管理过程中的绩效辅导工作，帮助编辑及时调整工作方法，实现较高的工作效率，完成相应的绩效目标。

首先，在绩效管理过程中对于绩效计划的拟定，由于需要社领导和编辑人员的共同参与，所以可以让编辑明确期刊发展的战略目标。与此同时，根据绩效计划，制定相应绩效指标和绩效标准，也可以使编辑人员了解实现战略目标需要具体做哪些方面的工作。明确的绩效指标和绩效标准在编辑工作的实践中具有很大的指导意义，其有助于提高编辑的工作绩效，最终实现学术期刊的发展战略目标。

其次，通过绩效管理可以找到编辑工作的“短板”。编辑工作是高强度且复杂的脑力工作，需要编辑对各个学科领域的知识、能力和技术均有所涉猎。由于涉及较为广泛的知识域，所以通过多维度的绩效考评，可以知道编辑在哪些方面需要完善，是编辑业务知识、编辑规范需要学习加强，还是新媒体方面的知识与技术需要培训，这样就可以对编辑的短板进行有针对性的提升。这样的人力资源投资不仅可以促进编辑的全面发展，而且对于实现组织目标也大有裨益。

最后，绩效管理的结果可以为编辑的职称晋升、评优评奖和薪酬设计提供数据支撑。完备的绩效管理制度可以为编辑在申报职称和评优评奖时，提供具体的绩效数据来支撑申报材料，保证评选结果的客观公正，避免因组织内部的人情关系影响最终评判结果的客观性。在事业单位转企改制后，编辑的工资分成两部分，一部分是基础工资，另一部分是绩效工资。绩效工资的确定往往以绩效考核结果为依据，这也减少了绩效工资发放的争议。

绩效管理是一个过程管理，从绩效计划的制定伊始到绩效管理改进，绩效管理工作贯穿始终。而编辑的出版活动也是一个动态的过程，把两个过程叠加在一起进行考察评估，将是绩效管理在学术期刊出版单位人力资源管理方面的创新。

绩效管理的前期工作包括学术期刊的发展战略目标制定和绩效计划的拟定。学术期刊的发展战略目标是期刊社组织的行动指南。对于学术期刊而言，不同的战略定位决定了不同的发展路径。目前，国内学术期刊定位可以大致分为三个梯度：第一梯度为代表的是国内各个学科领域的顶级期刊，其战略定位是成为有国际影响力的学术期刊，能够被 SCI、EI、SSCI 和 A&HCI 等数据库收录，扩大国际学术影响力；第二梯度是国内知名中文期刊，其战略定位是将期刊发展成为中文核心学术期刊，能够被 CSCD 和 CSSCI 等中文权威数据库收录；第三梯度的期刊往往为地方期刊，其定位则是辐射地方学术圈层，办成区域内有影响力的学术期刊。由此可见，期刊社发展的战略目标因为期刊定位梯度的不同而有所变化，相应的绩效计划也会随之改变。因此，学术期刊出版单位首先应该明确自身的办刊宗旨和期刊层次定位，合理确定期刊发展的战略目标。在战略目标确定好后，应将这一目标告知所有编辑人员，使得个人努力方向与期刊社发展方向一致，实现心往一处使、劲儿往一处用。绩效管理并不是单向的自上而下，而是管理者和被管理者协商沟通的动态过程。期刊社的管理者和编辑可以依据期刊社发展战略目标，双方在共同目标下通过互动沟通达成二者均认可的绩效计划。这样的设计有利于编辑主动参与绩效管理过程，而不是过去那种被动地成为被考核对象，从而消除编辑对于绩效考核的反感。

绩效计划是对期刊社发展战略目标的细化，在绩效计划中，关键绩效指标（KPI）的确定是绩效计划拟定的核心内容。学术期刊编辑的 KPI 绩效考评有如下指标。

（1）影响因子。影响因子指的是某期刊前两年发表的论文在统计当年被引用的总次数除以该刊前两年发表的论文总数。它是目前国际上通用的期刊评价指标，各大权威学术数据库都将期刊的影响因子作为收录的重要参考指标。由此可见，提高学术期刊的影响因子对期刊社发展尤为重要。由影响因子引申出的编辑绩效考核指标，即某期刊的某位编辑前两年编发的文章在统计当年的被引总次数除以该编辑在前两年编发的论文总数。

（2）转载率。文章被国内权威的文摘期刊或报纸多次转载，可以说明该文章具有很高的学术价值和学术影响力，也从侧面反映出编辑的工作绩效水平。由转载率引申出的编辑绩效考核指标，即某期刊的某位编辑统计当年的前一年编发的论文被权威文摘期刊和报纸转载的次数除以该编辑前一年编发论文的总数。

（3）基金论文比。研究证明各类基金资助的科研论文学术水平大多数比非基金论文高，特别是国家级基金项目资助的文章。编辑编发的基金项目论文多寡可以反映出编辑工作的水平高低，故基金论文比也可以成为 KPI 指标之一。由基金论文比引申出的编辑绩效考核指标，即某期刊的某位编辑统计当年的前一年编辑编发的各类基金论文除以该编辑前一年编发论文的总数。

（4）编校差错率。编校差错率是对编辑工作绩效考评的基础指标。编校差错率的高低直接决定期刊的整体编校质量，一本高质量的学术期刊是学术质量和编校质量都处于高水平的综合体。以上提及的影响因子、转载率和基金论文比，体现的是编辑对编发文章的学术价值的追求，而编校差错率则是编辑基本业务能力的体现。编校差错率是统计当年的前一年编辑编发的论文的差错数除以前一年编发论文的总字数。

在拟定 KPI 时，除了上述的定量指标外，还应加入诸如编辑的服务态度、科研水平、合作意识等定性指标，采取自评、互评的方式给予一定分值，对定量和定性指标分别予以不同的权重，最后进行综合的绩效评估。

绩效管理的中期工作包括执行绩效计划和绩效考核。

在绩效计划执行过程中，第一，编辑应该对 KPI 的具体内涵有清晰的认知，并对 KPI 的完成路径有合理规划设想。如为了提升稿件质量，可以多编发由基金项目支持的文章、多向国内知名学者约稿，以及认真审读减少编校差错等。第二，在编辑过程中，要不断修正自身的编辑工作。学术期刊是连续出版物，大多是半月刊、月刊、双月刊和季刊，在每期期刊出版后，编辑应先根据绩效计划进行自我评估，发现自己的绩效短板，并在下一期期刊的编辑工作中针对没有完成的绩效指标，有意识地修正自己接下来的工作。第三，绩效计划的执行需要全社上下共同的努力，各编辑人员要注意彼此间的协调配合。因为一本期刊往往由两位以上的编辑共同策划编辑完成，在这一过程中，任何一位编辑出现问题都会影响整体期刊的质量，所以编辑之间必须通力合作，才能实现最终预期达成的绩效结果，有效落实绩效计划。第四，管理者要做好绩效辅导工作，在绩效管理过程中往往会出现各种问题，管理者需要及时处理好这些问题，满足编辑的合理需求，为编辑实施绩效计划提供一个良好的环境。

绩效考核环节是中期绩效管理的重点工作。对编辑的绩效考核应该坚持公开、公正、公平的“三公”原则，并建立完善标准的绩效考核程序和严格的考核要求。第一，在正式绩效考核前做好绩效培训，即在绩效考核前对管理者和编辑就接下来需要考核的内容、程序进行培训，使双方对考核标准和过程都有清楚的认知，避免在实际执行过程中出现认知偏差造成绩效考核结果的争议。第二，在考核过程中，对定量 KPI 分值的确定以事实数据为依据，对于定性 KPI 指标则可以通过编辑自己评分、同级评分和领导评分等多个维度确定合理分值。如果编辑对绩效考核结果存疑，考核者还要给予其申辩的机会，消除人为主观因素对 KPI 打分的影响，保证绩效考核的公正性。第三，由于绩效考核结果直接影响编辑的经济收入和工作积极性，因此，应用同一标准评判每位编辑的工作表现，保证绩效考核的公平性。

绩效管理的后期工作包括绩效考核结果的反馈与运用。

绩效管理是一个循环过程，考核打分不是最终的目的，而是要通过对绩效结果的反馈与运用，来提高整个编辑团队的绩效，最终实现出版单位的战略目标。绩效考核结果出来后，管理者必须与编辑进行一次或多次的面对面的交谈。通过绩效反馈面谈，使编辑了解自己的绩效，认识自己有待改进的方面，同时编辑也可以提出自己在完成绩效目标中遇到的困难，请求管理者的指导和支持。在绩效考核结果的反馈中，管理者一定要注意谈话技巧，特别对绩效结果不太理想的编辑，不要厉声呵斥。编辑都是知识型员工，学历高，自尊心强，批评过重可能会导致编辑对绩效管理产生反感。所以管理者要有良好的沟通能力，反馈要恰到好处，批评要点到为止。绩效考核结果的运用是绩效管理的落脚点，也是实施下一个周期绩效管理的基础。管理者对绩效考核结果必须充分利用，以起到激励与鞭策的作用。对绩效考核结果的运用应注意加大对绩效突出编辑的奖励力度，不仅可以提高绩效工资，还可以给予特别绩效奖并当众表扬与发放，这样可以为其他编辑树立一个典型，鞭策其他编辑向其学习，不断提升绩效。此外，还可以请获奖编辑当众传授经验，交流提升绩效的方法。这些都是对考核结果不理想的编辑的一些有效激励手段，其效果比严厉批评、扣绩效工资好得多。如前所述，编辑都是知识分子，大多数都有自我实现的需求，激励比批评更适用这类人群。此外，管理者还要参考编辑团队整体的考核结果，就具体情况修正下一周期的绩效计划，开始新周期的绩效管理。

16.4 期刊社绩效管理的误区

期刊社的绩效管理不应成为简单的指标管理，而应该考虑出版物的特殊属性和编辑成长过程的特殊规律。在实际操作中，管理者应规避以下几个误区。

16.4.1 对单一经济效益指标过于看重

单纯的量化指标并不能体现出版物的特殊属性。在部分期刊社转企改制后，期刊社由受政策扶持走上了自主经营的道路，因此，必须要建立健全出版企业绩效管理制度。很多期刊社都提出了精细化管理和绩效管理方案，同时也制定了多种多样的量化指标考核制度。有的期刊社采用多指标加权的方法，有的期刊社采用多指标积分制。两者虽有异曲同工之处，但不论从可操作性上考虑，还是从股东回报率看，这些指标多为量化指标，如利润、新书品种数、再版重印率、基金数量等，主要是对经济效益的考量。这些单纯的量化经济指标只照顾到了期刊社经济效益的增长，并不能很好地促进出版物社会效益的增长。所以，期刊社在制订绩效管理指标时，一定要考虑经济效益与社会效益的结合，与之对应地采取定性指标和定量指标相结合的办法。

16.4.2 只重视阶段性指标，忽视长远利益

大多数期刊社都会制定三年或五年的发展规划，但从管理的便利性出发，考核指标的制定往往是阶段性的，如年度指标、季度指标等，而且年度指标的完成率往往与编辑收入挂钩。科学合理的阶段性指标既能照顾短期收益，又能照顾长远利益，但在实际操作层面，这种理想状态很难达到。这就要求出版人要有发展的大局观，辩证对待阶段性指标的设定。编辑部门在绩效实施过程中也要取舍得当，不能单纯追求码洋、利润，做一些急功近利、不理智的行为。其实，对出版业这种既具有经济属性又具有社会属性的企业来说，我们更应该

注重其长远发展及长远利益。从一个良性发展周期来看，阶段性指标和长远利益并不矛盾，且阶段性指标还是实现长远利益的强有力的推手。

16.4.3　指标制定搞“一刀切”

指标制定“一刀切”，没有考虑到编辑的成长周期。目前，编辑部门的绩效管理仍属粗放阶段，每年年初，期刊社会对各业务部门做一些经营指标上的硬性要求。多数部门都是根据编辑人数，按人头分配，未能考虑不同编辑所处的事业周期不同，特点也不同。正是由于未能对部门成员的岗位做出合理的规划与安排，使得不能够精细化地制定绩效指标。如果目标定得太高，会造成新编辑压力太大，无法企及。如果目标定得太低，会造成老编辑工作积极性不高。在这种两难情况下，指标往往制定得中规中矩，既不能很好地提升部门的业绩，在考核时也往往流于形式。

16.4.4　重视个体考核，忽略团队考核

编辑部门的管理面向的是编辑，容易将绩效管理等同于对编辑个体的考核。其实，绩效考核的主体除了编辑个体层面外，还应有对项目组和编辑部层面的考核。管理的主体和考核的主体不一致，看似矛盾，其实并不矛盾。对编辑进行管理时，对每个岗位定岗定责，能在一定程度上保证各岗位都尽职尽责。考核主体为团队，能在一定程度上避免系统内耗，取长补短，因为整体的利益才是个人利益可持续发展的前提。这也能在一定程度上更为合理地调配人力资源，避免发生缺乏团队合作、浪费人力资源的情况。

思考题：

1. 请思考期刊社的绩效管理和绩效考评之间的关系。

2. 请概述期刊社在绩效管理过程中各管理层级及部门的责任分工情况。

3. 请任选一家期刊社分析其现行绩效管理模式，并就模式运行现状提出自己的看法或建议。

第17章　期刊社的形象管理与网站建设

期刊社对外呈现出一定的形象，也会给人带来印象。良好的期刊社形象对于期刊社的经营和管理至关重要。期刊社有自身所规划的形象，有对于自身形象的判断，同时也对自然产生外部形象，并将其投射到不同的对象和客体，以产生不同的形象反馈。期刊社需要进行形象管理，任何有可能使用到期刊社形象的场合都应该受到关注，而期刊社官方网站又成为展示其形象的主要阵地。

17.1　期刊社形象管理的概述

17.1.1　期刊社形象管理的概念

一个企业的形象建设属于本企业参与行业竞争的高层次战略，期刊社也不例外。社会发展瞬息万变，期刊社若想顺应时代需求，把握机遇，打造其核心竞争力，就必须构造良好的企业形象。“期刊社形象是指社会公众（读者、作者、政府主管部门及其未来读者、作者）和期刊社员工对期刊社组织行为（包括期刊社的管理水平、服务特色、期刊质量、员工素质及行为、期刊标志等）的综合性总体评价。它主要由期刊质量和服务形象、编辑整体及个人形象、工作环境形象（含期刊生产经营环境、基本设施、办公条件等）、社名、刊名、宣传广告形象等综合因素构成。知名度与美誉度是评价期刊形象的指标，也是期刊社树立良好形象的追求目标。”①

在期刊社发展壮大的过程中，形象管理是必不可少的一环。为树立良好的形象，期刊社需要具备以下五大要素。

1. 积极、健康、顺应时代潮流的发展观念

期刊社只有确定积极、健康、顺应时代潮流的发展观念，才能指导其各种实践活动顺利进行。发展观念指的是期刊社经营管理的全部理念，涵盖期刊社的核心理念、战略方针、发刊方向、读者定位、出版特色等，是期刊社应当恪守的准则，为期刊社所有活动的理论指导与行为规范。期刊社的发展观念一经确立必须贯穿全社，即社上下、内外保持一致。此外，期刊社的发展观念还必须具有“我有他无”的特点，由此区别于其他的期刊社，这是期刊发展的立足点，直接决定了期刊社的外在特征。对于期刊社内部而言，发展观念决定了其组织管理、内部动态、员工培训、活动制度等。对外，发展观念则影响着期刊社的社会形象、广告宣传、公益活动等。

2. 优质的期刊质量与期刊社服务形象

优质的期刊质量是期刊社发展的“生命线”。对于期刊社而言，期刊若没有良好的质量，便相当于没有良好的期刊社形象，换言之，期刊社树立良好形象的本质就是要提升期刊质量。此外，随着社会主要矛盾的改变，人们越来越注重对美好生活需要的满足，在使用产品的同时，也期待该商品能够提供尽量多的附加价值，从而享受更优质的服务，对期刊社的期待也是如此。优质服务会为期刊社带来良好的社会效益，从而促进经济效益的获取，可以说，良好的服务形象与良好的质量形象一样重要。读者对于期刊质量与服务效果的认可程度决定了期刊社形象的好坏，从这个角度来说，期刊社为读者提供质量上乘的期刊与附加值高的服务才能使期刊社在激烈的市场竞争中立于不败之地。在期刊出版的过程中，期刊社要充分估计读者的知识需求与潜在需求、文化需求与心理需求，这样才能真正获得稳定的读者群体。期刊社良好的质量与服务效果帮助其树立良好形象的同时，良好的期刊社形象也能够反作用于期刊质量与服

① 田静. 论期刊社形象的塑造［J］. 渝州大学学报（社会科学版），2000（2）：127.

务效果，促进其发展完善。

3. 良好的主编形象和编辑形象

主编是期刊社形象的代言人，是期刊社整体形象的具体表现，也是公众关注的焦点，主编是否有过硬的综合素质与能力是决定期刊社的管理是否到位的关键因素。主编形象良好的期刊社，内部会具有强大的向心力与凝聚力，其外部也会产生巨大的竞争力与感召力。因此，主编必须具有过硬的知识文化素养与"双效"观念、质量观念、竞争观念、人才观念、创新观念等先进的发展理念，作为学术权威，主编还要有高尚的人格、强烈的敬业精神与社会责任感。此外，每一位编辑都是期刊社最直观、最人格化的体现，编辑的每个举动都代表期刊社的形象。这就要求编辑必须认识到自身的发展同期刊社"一荣俱荣，一损俱损"，并能尽自己最大的努力为期刊社的发展贡献自己的力量。如《中国国家地理》子刊《博物》的编辑张辰亮，运用"两微一端"等新传播形式，为该期刊带来巨大的流量，其诙谐幽默的科普风格也成为其期刊社的外显形象。由此可见，无论是主编还是普通编辑，都代表了整个期刊社的形象，这就要求整体编辑队伍不断提高专业素质。与此同时，主编与普通编辑能够在期刊社发展观念的指导下上下一心、通力合作，也能够直接促进期刊社的发展稳定。

4. 良好的公共关系形象

期刊社公共关系主要有两种，分别是内部公关与外部公关。期刊社若要树立良好形象，就必须处理好这两种公共关系。于内部而言，良好的公共关系形象可以减少内耗，让所有的人力、物力、财力都能在一个方向上发挥最大的作用；于外部而言，期刊社可以与读者、作者等即时互动，不断挖掘潜在读者，使其发展为实际用户，从而抢占更多市场份额，为期刊社的生存与发展提供机会。

5. 良好的视觉形象

"期刊社的视觉形象虽然是属于表层的东西，但能给人以直观的视觉和感性认识，是公众对期刊深层次认识的先导，是期刊社形象塑造中不可忽视的。它主要包括：期刊标志、外表形态，事务用品，办公设备，广告设计，编辑衣着，刊社建筑，环境等。”① 此外，视觉形象能迎合大众心理和生理上的需求，从而有意识地影响人的思想和行为。期刊社通常使用标准、系统的手法，打造其独特的视觉形象，彰显期刊个性，助力整体形象的塑造。

17.1.2　期刊社进行形象管理的意义

对于期刊社内部而言，树立良好的形象可以增强社内员工的向心力、自信心与归属感，并对其产生积极的心理暗示与正向的激励作用。对于外部而言，良好的形象不仅能够使期刊社获得读者的信赖、欢迎和支持，也能取得公共大众及政府相关部门的认同与信任，从而为相互交往与合作打下基础，可以不断吸引更多优秀的单位来与之进行合作。最重要的是，期刊社的良好形象也能够为期刊社吸引更多的优质创作者、优质文稿与优质编辑。人才是期刊社进步发展的后盾力量，期刊社只有具备充足的人才，才可以为期刊社未来的发展和不断前进奠定坚实的基础。

17.2　期刊社形象管理的有效途径

17.2.1　对期刊社实施期刊的“全面质量管理”

“ISO 9000 族标准为国际标准化组织（International Organization for Standardization，ISO）TC 176 质量管理和质量保证技术委员会所制定的质量管理体系系列标准。按体系认证覆盖产品专业范围 39 类，其中就包括出版业、印刷业、信息技术、科技服务。”② 该体系代表着当今世界上先进的质量管理思想。对期刊社实施“全面质量管理”应遵循以下原则：第一，以读者为关注焦点；第二，最大限度地发挥社长、主编的统领作用，以制定期刊社的发展战略、建立健全运行机制；第三，全员参与；第四，制定管理的系统方法，建立

① 田静．论期刊社形象的塑造［J］．渝州大学学报（社会科学版），2000（2）：128.

② 田静．期刊社形象构成要素及实现途径［J］．重庆工商大学学报（社会科学版），2003（1）：159.

文件化管理体系；第五，实施过程控制，在期刊编辑出版流程中强调“预防为主”；第六，以持续改进为目标，尽可能追求完美；第七，充分利用数据信息来分析判断决策方法是否恰当；第八，处理好与作者之间的关系。

迈入新时代以后，中国处于由高速增长阶段到高质增长阶段的转型期，良好的质量是每个企业生存发展的基础。现阶段，我国主要依据期刊的编后质量来评判其质量的好坏，如评比、审读等。但是，期刊出版应在每一个流程上都把好质量关，用每一项高质量的工作来保证整体期刊质量，即实施“全面质量管理”策略，而采用 ISO 9000 管理体系则为之提供了科学的理论指导。

17.2.2 重视企业文化建设，树立期刊社良好的精神形象

企业文化主要是指在各项生产管理过程中，企业逐渐形成的具有自身特点的独有的思想与行为规范的总和。首先，要形成一套全体内部员工均认可的价值观体系，在以人为本的基础上，以文化育人来激发员工工作的积极性，并引导员工逐步将个人的前途命运与期刊社的繁荣发展联系起来，从而激励员工不断进步，自觉用道德感来约束自己的言行，塑造期刊社积极向上的精神面貌。“人性化”管理要求期刊社将管理的重心放在“人”的身上，对人实行文化管理，因为人的主观能动性才是起决定性作用的因素。期刊社的一切，包括发展理念、质量、服务等，都是由每一位员工创造的，社内的规章制度虽然能在一定程度上约束员工的行为、监督员工的工作，但并不能充分激发员工的主观能动性，唤醒人的主人翁意识。由此可见，期刊社必须坚持以人为本的发展原则，充分重视人的因素，尊重员工价值，以“关心人、教育人、鼓舞人”的态度对待每一位员工。其次，期刊社可以尝试水平管理的方式。员工虽然在职务上同领导层是上下级关系，但在法律意义上却是平等的，期刊社领导不能自视过高，应弱化等级观念，将每个员工都视为有思想的个体，充分尊重员工的人格与尊严，营造一个和谐相处、人人有责的工作氛围与环境。最后，期刊社还要实行动态管理。每个人都是独立的个体，都渴望实现自我价值，为了满足员工的需求，期刊社应建立健全奖惩机制，通过激励人、培养人，实现人才的动态转换，帮助每一位员工实现个人价值，从而调动员工积极性，促进期刊社

发展。

17.2.3　开展公共关系活动，创造良好的人际环境形象

现代公共关系（Modern Public Relations）是指期刊社为满足公众利益与需要，“通过有意识、有计划的行为，借助现代化传媒，使自己与公众达到相互了解、相互适应和相互合作的一种活动或职能”①。公关活动的最终目标就是通过构建符合期刊社生存发展的形象来帮助期刊社获得良好的社会效益与经济效益，追求一种“人和”境界。公关的要义是协调各方，具体指期刊社利用现代媒介或者人际传播进行沟通交流，协调其与内部员工、外部大众的关系。此外，开展公关活动的基础是获取大量社会信息，期刊社若想占得优势，必须建立健全各种信息获取渠道，及时了解社会环境、方针政策、读者喜好等，并依此做出相应调整，出台公关政策。由此可见，公关活动在期刊社中担负着提供咨询建议的重要任务，公关部门若想为期刊社各部门乃至领导层提供有价值的建议，必须充分搜集整合资源并进一步研究开发，以保持期刊社与社会环境的动态平衡，使期刊社的经营活动能够顺应甚至先于社会发展潮流。

17.2.4　重视广告宣传，不断提高期刊社的知名度

信息化是当今社会的重要特点，通过传播媒介进行品牌宣传和形象塑造以充分展现自身的优势已经是各行业普遍使用的手段。一般来说，信息传递能力强的期刊社能够及时快速地抢占市场，而广告是期刊社向社会公众传播信息最广泛、最重要、效率最高的手段。通过广告宣传的手段推销期刊，其目的就是要引导消费、创造需求，吸引新的消费者和稳固已有消费者；同时扩大产品的知名度，提升期刊社的信誉度，使其服务理念能够更好地被更多读者所理解和接受。鉴于此，要通过有计划、有目的地使用适合期刊社自身同时也能更好为公众所接受理解的媒介广告方式宣传本期刊社品牌，在感官上冲击公众，使公众留下深刻印象以及深深的认同感，并最终选择本期刊社。在进行广告宣传

---

① 田静. 期刊社形象构成要素及实现途径 [J]. 重庆工商大学学报（社会科学版），2003（1）：159.

时，我们必须坚持实事求是，经得住时间和公众的检验，同时也要注意使用新颖的兼顾实用性的广告手法，展现出创造性和独特性。

17.2.5 重视互联网对提升期刊形象的作用

互联网的迅速发展给信息传播方式带来历史性的变革，也对期刊社的发展产生巨大影响。传统的期刊社形象构建方式已不能适应现如今的互联网时代，必须充分重视并利用互联网来提升构建期刊社的良好形象。如依托互联网提升期刊的认知度、利用互联网塑造期刊品牌形象、重视利用移动社交平台有效沟通等。

17.3 当前我国期刊社网站建设的总体状况

对于现代期刊社而言，网站是其不可或缺的组成部分。网站承担着期刊社宣传、交流、服务读者的重要责任，期刊编辑可以通过网站与作者、读者互动联系。当前中国期刊社网站建设与期刊数字化程度整体来看仍处于起步阶段，期刊社网站主要包括期刊社形象网站与行业门户网站两大类。

17.3.1 期刊社自发创办的展示自身形象的网站

期刊社主要为在网络上树立其良好形象而自发创办的有关期刊社形象树立和宣传的网站，此类形象网站的建设以下列内容为主。

1. 更新期刊主要内容

期刊社网站将最新出版期刊的目录、摘要、全文等在线发布，吸引更多读者阅读期刊，从而提升期刊被引用频次等评价项，为期刊进入核心期刊以及被EI、SCI收录提供数据保障。

2. 介绍期刊社基本情况

包括期刊社简介、编辑简介、编委简介、编辑人员分工、联系方式等，并介绍期刊情况，包括SCI、EI等著名的检索系统收录文章的期刊收录简报。

3. 增强与读者的互动

及时公布优秀论文评选预告、节假日预告、获奖新闻等最新动态。开辟留言板，在期刊编辑、作者与读者之间架构一座意见交流的桥梁，从中汲取挖掘价值。

4. 积极开设作者园地

包括投稿须知、摘要规范、参考文献规范、范例下载等，有效降低稿件退修的频次。

5. 设立数据统计版块

包括过刊查询、刊期索引、浏览下载排行、引用统计等内容，并对浏览量和下载量进行统计，分析论文点击率高低的原因。

6. 添加友情链接

按期刊平台提供文字、图片等期刊广告增值服务。

我国期刊社形象网站在为读者提供互动平台、促进期刊发行量、提高期刊知名度等方面发挥了重要作用，在树立期刊社形象、宣传介绍期刊内容等方面同样发挥了重要作用。

成立期刊社形象网站的方式有两种：一种是期刊社与设计网站的公司进行合作，设计公司提供各项技术支持，期刊社负责内容编辑；另一种是期刊社雇用技术人员，自行完成网站建设，再由原本的采编人员负责期刊网站内容的更新。但就当前我国大多数的期刊网站而言，期刊社没有自己的网络维修力量，网站服务形式单一，运营方法落后，缺少后续资金支撑，受到体制、观念、市场等因素的制约，此外，在期刊社中处于期刊从属地位的网站内容与期刊同质化十分严重。

17.3.2　更大型的行业门户网站

西方的出版业具有较为长久的历史，期刊出版也十分发达，绝大多数期刊特别是消费类期刊都建设有以其品牌命名或以期刊名称命名的网站，并以其丰富的线上内容与服务吸引了广大网民的目光。目前在国内，许多大期刊社也借鉴了这一做法，以建设行业门户网站为目标，而不是仅作为树立期刊社良好形象的一种手段。因此，期刊网站也会根据其定位，不断更新相关内容，让网站的内容更加完善丰富。从技术上讲，网站若想在留住老读者的基础上吸引更多新读者，其表达形式也需更加丰富，满足读者不断发展的新需求。

国内的畅销期刊《读者》便是早早“触网”，向互联网进军的第一步便是在百度上建立“读者吧”。“读者吧”不仅为读者提供了一个分享交流的平台，也为诸多创作者建立了一个优秀原创作品的聚集平台。后又开设网站，目前读者网站上不仅仅有纸质期刊的网络版，同步纸质期刊的各期内容，还根据期刊的定位开设“美文”“情感”“言论”“哲理”“漫画”等频道，这些内容大多来源于其他网站、读者的投稿或是微博微信等社交媒体平台。

再如《瑞丽》，该杂志以平面期刊的出版为主，同时发展新媒体、图书、广告、发行、活动推广、无线移动等多种业务。《瑞丽》的发展历程及其网站的建设并不是一时之功。细数其时间线，1995 年，《瑞丽服饰美容》杂志首次出版，可以说，《瑞丽》在中国开创了一种独有的期刊模式，即时尚实用化。1996 年 5 月，《瑞丽》逐渐形成其独特的办刊风格，即“东方风格，女性视角，实用导向”。随后，《瑞丽》的发行量迅速攀升，广受读者好评。1998 年，《瑞丽 BOOK》面世，此套袖珍丛书十分精美，不仅内容翔实、图文并茂，且装帧讲究，具有一定收藏价值。1999 年，《瑞丽可爱先锋》问世，其广告语十分独特——“你的、我的、他的，我们大家的——国内第一本读者参与型大型豪华出版物，特别献给可爱先锋一族”，成为中国期刊界最早与读者互动的口号。2001 年，《瑞丽家居》出版新版本，为现代家居生活提供全方位的实用提案。2002 年，瑞丽正式开通网站，可以看出瑞丽又一次走在前沿，成功实现向网络新媒体的进军。直至今日，《瑞丽》已是中国最具影响力的时尚媒体集团之一。瑞丽杂志社充分利用传统媒体的优势，整合自身资源，成功打造了瑞丽女性网和增值资讯，实现了线上和线下平台的联动，并为客户和读者带来了巨大的增值效果。

17.4　期刊社建设网站的建议

17.4.1　将期刊网站与期刊区别开来

目前而言，我国许多期刊社将建立网站等期刊数字化形式当作传统期刊的点缀与附庸，仅仅搭建网站，翻版纸质期刊的一些内容，但这样的数字化形式很难帮助期刊社取得竞争优势。此外，我国绝大多数期刊社仍采用传统采编方式，并不具备建设、维护一个综合网站的能力。由此可见，要发展期刊网站，就要改变其从属地位，最好的方法就是将网站与纸质期刊区别开来进行建设。

如创办于 1998 年的《家庭医生》杂志网站“家庭医生在线”，建设初期只是为杂志增加一个宣传的平台，并未真正发挥其应有的作用。直至 2008 年 2 月，网站改版，逐渐发展成为一个专业的健康门户网站；同年 8 月，注册成立家庭医生在线信息有限公司，从此该网站正式独立运营。此后，“家庭医生在线”不仅拥有了专业的采编团队与技术团队，还专门成立市场部进行运营。网站独立前，其 Alexa 排名（网站世界排名）在 6 万甚至多在 8 万以外，独立后排名大幅跃升，基本上保持在前 6 万。

17.4.2　在期刊的基础上细分市场定位

与其他网站相比，期刊社创建网站的特有优势在于其有期刊做强有力的后盾。各个期刊社创建网站的目的都是宣传其产品，扩大期刊阅读群体，促进本社发展，因此期刊网站的定位就要在整体上与期刊的定位一致。但值得注意的是，前述的保持一致，并不是说网站发展要一成不变，内容可以根据现实情况进行调整。随着社会的进步与互联网的发展，传统期刊在数字化进程中能够凭借各种技术手段不断贴近读者阅读习惯，满足市场需求，形成核心竞争力，以开拓新市场，并拥有更多更稳定的读者群体。

以电子杂志周刊《家庭医生 E 刊》为例，其板块细分为综合栏目、女性栏目、男性栏目、母婴栏目等，出版时间之迅速，读者划分之精细，创全国先河。“家庭医生在线”也是如此，该网站依据人群特性和疾病属性，设立了20多个专业的资讯频道，涵盖了健康领域的保健、养生、疾病诊疗等方方面面的健康内容，力求为网民提供全面、专业、实用的健康信息。

17.4.3 提供精准化、多元化的服务

互联网发展到今天，各种新媒体竞争十分激烈，专业化与碎片化越来越成为其发展的主要方向。对于期刊网站来说，为读者提供更加精准、多元的服务十分必要。主要内容和服务包括：(1) 网络社区，包括论坛、个人网页，网民博客、专家意见、真实故事、民意调查、投票等；(2) 充足的内容，如剧集、电影、短视频、播客、新闻、采访、娱乐等；(3) 互动内容，如在线游戏、测验、考试、评估等；(4) 能够进行搜索的数据库，如过刊查询、产品性能、报价、好物推荐、旅游推荐、视频数据库等。根据实际情况，网站还可以推出丰富的服务内容。如“家庭医生在线”根据用户的不同需要，为用户定期发送个性化的健康小礼包，提供精准的服务，从而吸引了一大批固定的用户群体。

17.4.4 注重网站宣传推广的长效机制

期刊社建设网站的目的就是宣传推广自身。对于期刊社网站的发展来说，做好宣传推广是十分必要的，这直接决定了网站的使用率。如今大部分期刊社都采取了多种手段对其网站进行宣传，主要途径有：在传统期刊上附网址直接宣传，使用电子邮件为潜在客户发送网站广告，举办期刊网站的各种线上线下推广活动，在其他搜索网站上付费竞价排名以增加流量，借助“两微一端一抖”等新媒体形式进行宣传，等等。

例如，著名时尚杂志*Vogue*，是康泰纳仕公司旗下品牌。多年前*Vogue*便选择与著名移动网络服务商Juice Caster公司进行合作，推出了“*Vogue*电视购物”手机视频项目。顾客只需拥有一台可以观看视频的手机，发送相关信息，便可收到“*Vogue*电视购物”的视频，包括*Vogue*的杂志广告，以及由广告客户制作的《时尚60秒》《镜头背后》和《潮流观察》等原创视频节目。此外，顾客还可以直接使用手机对广告和视频节目进行点评、共享等。正是通

过创新对 *Vogue* 网站的宣传推广方式，才形成其现今的发展优势。

“形象传播是指个体或社会组织为塑造良好形象而与其相关公众进行的信息交流行为。”① 由此可见，形象传播是企业或者个人为了使读者对其整体或其产品产生良好印象而进行的一种主动传播。同理，期刊社若想塑造其良好的数字化形象，首先要将其独有的形象传播出去，而良好的期刊社形象的塑造，归根结底需要期刊社根据自身的状况进行积极的探索，对形象管理的方式方法不断赋予新的内涵。纵观人类传播历史，每一次科技推动的传播方式的进步，都是对以往传播媒介的叠加而非替代。在这个纸质期刊向数字期刊进化的过渡期，改变的是传播媒介而非内容实质，这就特别需要期刊社高瞻远瞩，不断创新，掌握新媒体发展的规律，从而在日趋激烈的竞争环境中保有其独特优势。

互联网的发展虽然为期刊业带来巨大挑战，但同时也拓宽了其新的发展空间。期刊网站的建设需要期刊社在充分了解自身传统优势的情况下，对其数字化发展进行详细充分的探究，这样才能真正将二者优势结合在一起，展现出其巨大的新优势。纸质期刊内容网络化主要有全文扫描和重新排版两种，前者比较容易实现，也是目前大多数期刊网站所选择的方式。但期刊网站的建设不能仅仅将内容照搬到网络上，更应利用各种先进的新媒体技术将期刊制作成动态、立体的形式。此外，对于网络传媒而言，还需很多的规范与制作来保护作者、编辑部的权益。

在未来的发展中，期刊社必须把握住机会进行数字化转型，重视网站的建设，在稳稳把住传统期刊业发展的同时，打造网络阵地，从而吸引更多年轻读者。期刊社网站的建设在数字时代并不是权宜之计，期刊社必须主动转变经营思路，根据自身特点，及时将传统资源与网络紧紧联系在一起，有效结合，为期刊社提供发展的新动力。网站的创建和功能开发对于诸方而言都是亟待推进的工作，急需政府部门尽快出台相关政策法规，鼓励期刊社创办个性化网站，同时出台相应的激励措施和管理规范，以引导我国的网络期刊迅速崛起。期刊社的网站建设必将为期刊社注入源源不断的活力，从而为期刊社未来的发展和

---

① 秦启文，周永康. 形象学导论［M］. 北京：社会科学文献出版社，2004，228.

将来立足社会奠定坚实的基础。

思考题：

1. 期刊社应如何进行形象管理？
2. 树立良好的期刊社形象需考虑哪些要素？
3. 在信息化时代，期刊社网站建设有哪些需要注意的问题？
4. 学术期刊在进行网站建设时与一般大众期刊有什么不同？

第 18 章　期刊的评比

在期刊评比中，首先要考虑的是期刊所能获得的荣誉，比如“核心期刊”称号。在当前学术界，“核心期刊”占据了很高的位置，成为发文的重点目标。随着核心期刊的概念被泛化甚至被异化，其在人才评价、论文评价、期刊评价等方面发挥的作用越来越复杂，也产生了诸多反对观点和反制力量，来批判“以刊评文”带来的弊端。正常合理的期刊评比有利于优化期刊发表的生态环境，并促进期刊出版内容的提升。

18.1　核心期刊的起源

19 世纪末，西方出现了“核心期刊”的概念。在此期间，随着科技的发展，出现了大量的学术资料、期刊和文献，因此，如何迅速、准确地找到需要的资料，是文献情报人员的重要诉求。最后，这种研究有两个结果：一是建立了文献检索工具，使各类期刊文献的检索共享成为可能；二是利用文献计量学的方法来评估和分析学术期刊，从而引起了学术界对文献分布规律及核心期刊的关注。

以前的学者对学术文献的分布进行了大量的研究，以揭示其在学术期刊中的分布情况。1934 年，英国文学界的布拉德福在《工程》上发表了《关于特定主题的情报源》，这篇文章首次揭示了论文的分布规律，从而开创了核心期刊的学术评价体系。1967 年，教科文组织对二次文献的分布进行了调查，结果显示，10％的期刊中有 75％的论文被收录。1971 年，《科学》期刊的创立者加菲尔德对《科学》期刊的引用进行了统计，结果显示，论文引用率为 24％，占到了1.25%。以上研究均显示出“核心效应”，并由此引申出“核心期刊”。

中国的核心期刊研究始于20世纪50年代中叶。在此期间，中国科学院图书馆、中国科学技术协会、世界图书出版社等机构对其进行了深入的研究。70年代初，《国外书讯》杂志对核心期刊进行了全面的介绍，主要是对国外期刊评价理论、引文分析等方面的研究。

18.2 核心期刊的特征与功用

核心期刊是一个学科领域的重要期刊，它包括该学科当前的学术前沿信息、该学科的主要研究内容以及该学科的其他相关信息，反映该学科的发展水平，并为该学科的读者所关注。其在某一领域中具有较高的学术水准，具有更好的学术价值，可以为学者们提供更多的最新信息。目前，国内的核心期刊主要是由各大学术机构根据各自的研究重点进行筛选而得出的。

在国内学术界，核心期刊的地位很高，尤其是在学术界的地位，绝大多数教授、博士在论文答辩、研究课题、学术评估等方面想要取得一个好成绩，前提之一就是在一定时期内在核心期刊上发表一定数量的论文。

18.3 核心期刊的遴选体系

根据核心期刊所刊载内容的不同，其可分为自然核心、人文和社科核心等。目前我国有七大核心期刊遴选体系。

18.3.1 中文核心期刊

中文核心期刊，也称“北大核心”，由北京大学图书馆编辑发布。其自1992年成立至今，是全国第一家建立的核心期刊体系。中国知网、中国学术期刊网、北京大学图书馆期刊工作研究会联合发布的《中文核心期刊要目总览》，在2008年之前每4年出版一次，2008年之后改为每3年出版一次，已经出版了1992、1996、2000、2004、2008、2011、2014、2017、2020年版共

9 版。

中文核心期刊的评选标准是从数量和质量两个方面进行的，包括全文、摘要、被引指数、互引指数、获奖或被重要检索系统收录、基金论文比（国家级、省部级）、网络下载量等 16 项指标。经过定量筛选和专家定性评审，从我国正式出版的中文期刊中评选出核心期刊。

18.3.2 中文社会科学引文索引（CSSCI）来源期刊

中文社会科学引文索引来源期刊，又称“南大核心”，由南京大学中国社会科学研究评价中心开发建设。这个遴选体系是国内最著名的遴选体系，每两年一评。中文社会科学引文索引的核心期刊目录以期刊的全部来源和引用为主要内容，涵盖的领域很广，涉及的学科也很多，期刊的入选由期刊的影响因子、被引用的次数以及学科专家评价来确定。

中文社会科学引文索引来源期刊遴选程序为：

1. 形式审查

根据中宣部、国家新闻出版署、教育部等部门有关学术研究、学术期刊出版的法律法规、条例、规定等以及行业主管部门发布的公告和行业通行规范，对遴选范围内的学术期刊的出版规范和形式规范等要件指标进行审查和记录。主要审查内容为：期刊的政治导向、专业导向是否正确，版本和频率是否符合管理要求，期刊信息、论文题录、引文著录是否完整规范，期刊自引率、机构自引率、期刊互引率等文献计量指标统计结果是否符合入选期刊要求。

2. 数据统计

对符合形式审查要求的期刊，根据 CSSCI 系列数据库的统计结果形成《期刊引证指标统计报告（统计年）》。

3. 数据发布

向来源期刊定向发送年度形式审查结果和统计报告，并获得反馈意见。

4. 问卷调查

根据具体需要邀请学科专家或编辑专家就期刊/集刊的学术水准和学术影响力等进行网络评议。

5. 信息汇总

汇集各刊反馈信息和问卷调查信息及其他必要信息所反映的问题，拟定解决方案，提交专家审议。

6. 专家审议

由南京大学召集专家会议，综合评议并通过实施细则。

7. 发布目录

南京大学根据专家会议通过的实施细则进行相关数据处理和统计工作，根据数据直接生成下一年度来源期刊/集刊及扩展版期刊目录并正式公布。

8. 来源期刊/集刊遴选工作

暂定每两年进行一次。

18.3.3 中国科技核心期刊

中国科技核心期刊，又称“中国科技论文统计源期刊”，由中国科学技术信息研究所出版。中国科学技术信息研究所自 1987 年开始从事中国科技论文统计与分析工作，自行研制了中国科技论文与引文数据库（CSTPCD），并利用该数据库的数据，每年对中国科研产出状况进行各种分类统计和分析，以年度研究报告和新闻发布会的形式定期向社会公布统计分析结果，公开出版《中国科技论文统计与分析》年度研究报告、《中国科技期刊引证报告》（核心版），为政府管理部门和广大高等院校、研究机构和研究人员提供了丰富的信息和决策支持。

中国科技核心期刊的选取经过了严格的同行评议和定量评价，选取的期刊是中国各学科领域中较重要的、能反映本学科发展水平的科技期刊。其每年进行遴选和调整，其遴选程序为：

1. 申请

前一年度已经入选的中国科技核心期刊不需要提交书面申请。一般情况下，新申请成为中国科技核心期刊的编辑出版单位须在当年 3 月 1 日前在线提交申请。

2. 样刊报送

前一年度已经入选的中国科技核心期刊须在每期期刊出刊后，及时将样刊寄到中国科学技术信息研究所评价中心。申请成为中国科技核心期刊的期刊须将前一年度全年样刊 1 套，与《中国科技核心期刊申请表》一同寄送。

3. 初审

中国科技核心期刊须具备下述基本条件：（1）具有国内统一刊号（CN 号）。创刊时间超过 2 年。（2）按时出版，严格遵守科技期刊出版管理相关法律法规。（3）刊登原创性科技论文的学术类和技术类期刊，科普、编译、检索、指导等类期刊不列入遴选范围。（4）若是原中国科技核心期刊退出的期刊，整改时间满 1 年。

4. 定量数据采集与评估

中国科技信息研究所制定中国科技期刊综合评价指标体系，用于中国科技核心期刊遴选评估。期刊定量指标每年以《中国科技期刊引证报告》（核心版）和（扩展版）的形式向社会发布。专家评审分为专家函审和终审两种形式。核心综合评价总分排在本学科前三分之一的期刊，免于专家函审，直接进入入选候选期刊名单。

18.3.4　中国人文社会科学核心期刊

中国人文社会科学核心期刊是中国社会科学院文献信息中心在 20 世纪 90 年代中期创建的，其建立的初衷是对社科文献进行定量分析、理论分析等方面的研究。1999 年，社科院着手建立“中国人文社会科学引文数据库”（CHSS-CD），2021 年更名为“中国人文社会科学 A 刊引文数据库”（CHSSACD）。该引文数据库为《中国人文社会科学核心期刊要览》提供数据支撑。《中国人文社会科学核心期刊要览》于 2004 年正式发行，此后每 3 年公布一次。中国人文社会科学核心期刊在评选时，始终坚持版权意识，注重学风、学术道德、思想道德，坚决抵制学术不端现象，论文要求实事求是、严谨认真。

18.3.5　中国科学引文数据库（CSCD）来源期刊

中国科学引文数据库由中国科学院于 1989 年创建，是我国首家引文数据库，可以说是我国学术期刊数据的奠基者。该数据库分为“核心库”和“扩展库”，分别用“C”和“E”来标记，收录我国数学、物理、化学、天文学、地学、生物学、农林科学、医药卫生、工程技术和环境科学等领域出版的中英文科技核心期刊和优秀期刊千余种。中国科学引文数据库来源期刊每两年遴选一次。每次遴选均采用定量与定性相结合的方法，定量数据来自于中国科学引文数据库，定性评价则通过聘请国内专家定性评估对期刊进行评审。定量与定性综合评估结果构成了中国科学引文数据库来源期刊。

18.3.6 中国人文社科学报核心期刊

中国人文社科学报核心期刊是由中国人文社会科学学报学会在第二届全国社科学报评优活动的基础上遴选出来的。2002 年，中国人文社会科学学报学会根据国际通行的文献计量学所提供的有关数据，从中国高校社科学报的实际出发，组织有关专家成立评委会，对期刊的方向、学术水平、编校质量、出版印刷质量等重要指标作出全面评估和鉴定。2003 年，《中国人文社科学报核心期刊概览》出版。

18.3.7 中国核心期刊（遴选）数据库

万方数据以中国数字化期刊为基础，集合多年建设的中国科技文献数据库、中国科技论文与引文数据库以及其他相关数据库中的期刊条目部分内容，于 2003 年形成了中国核心期刊（遴选）数据库。该数据库的主要内容是以科技为核心、以社会为基础的文献期刊资料，其为核心期刊的评价、论文的统计和分析提供了资料来源。该数据库主要包括中国科技论文统计来源期刊、中国科技文献检索资料库、中文核心期刊、中国学报全文资料库、中国学术刊物综合评估资料库等。

18.4 核心期刊的评选标准

每个评选制度都有自己的评选标准，不同的期刊所采用的标准也不同，而且每个期刊的条目繁多，影响也是千差万别。所以，要将它们区分开来也是一件非常困难的事情。在诸多评选标准中，我们发现了政治内容、学术水平、编辑水平和印刷与发行水平四个最具代表性的因素。

18.4.1　政治内容

我国的期刊不论其种类、性质如何，都要在中国共产党的领导下，保持正确的政治方向和办刊方针。一切期刊都必须坚持为社会主义建设服务的四项基本原则。政治上要注意的是：能否贯彻党的路线方针政策，能否坚持社会主义的办报方针，能否同党中央保持一致；是否能够保持原有的办刊目标；是否遵守国家法律、出版管理条例及保密规定；有无重大的失实，有无虚假的内容；是否有低级趣味的内容或宣扬封建迷信思想。

18.4.2　学术水平

关于期刊的学术水平问题，应该从以下几个方面进行考查。

1. 影响因子

目前，国内外学者普遍认为，影响因子是衡量期刊学术水准的一个重要指标。影响因子是指一段时间内期刊论文被引用的平均比率。国际数理学者普赖斯指出，在科学文献出版后 2 年之内，是该期刊被引用的高峰时期。所以，目前一般采用以下公式计算影响因子：影响因子＝期刊 2 年内发表的文章在评估年度内被引用的数量/2 年内发表的文章总数。一般情况下，影响因子愈大，则其学术水准愈高。在用影响因子来衡量期刊的学术水准时，还应该考虑以下几个方面：每一次以影响因子为衡量标准时，所使用的期刊数量都是相同的，因为不同的期刊来源影响因子的数值也会有差异。在计算影响因子时，应排除异常性自引。

2. 外文引用率

指引用文献中外文引用的百分比，可以衡量期刊对国外先进理论和技术的敏感度，以及对外国期刊的重视和运用。如果引用的文献很多，但是全部都是从中文期刊上引用的，这就很难体现出这篇文章的学术水准。

3. 审稿制度

健全、严格的审稿制度是确保期刊质量的一个重要前提，这既要看审稿程序，又要看审稿的执行。在挑选期刊的时候，还得对作者和编辑人员进行评估，看看他们出版的次数、出版的期刊、被别人引用的程度。

4. 平均引用率

指某一特定时期内，某个期刊所引用的文献的平均值。它是衡量期刊对外信息吸纳能力的一个重要标志。而作为一种核心期刊，它必须具备很好的吸纳外界信息的能力。

5. 刊登基金资助论文的比例

一般情况下，只要是得到了基金支持的项目，不是基础类研究，就是涉及国家和人民生活领域的项目。

6. 国际性

要想把国内的出版物推向国际市场，就必须把国内的核心期刊推向世界。要积极地推动有条件的期刊社出版英文版期刊，让外国同行更好地认识我们的期刊，更好地理解我们的期刊。

18.4.3 编辑水平

一本期刊刊登的论文，即便拥有相当高的学术水准，如果不经过编辑人员的精心打磨，也很难达到高水准，所以把编辑水准纳入衡量期刊水准的要素，是十分必要的。衡量编辑的水平应考虑以下方面。

1. 能否满足国际化的需求

当前，国内期刊更注重的是规范化。作为一种核心期刊，它的标准应该更加严格，既要满足国内某些标准，也要与世界上某些重要标准相适应。国际编辑规则对 SCI 收录与否也有一定的影响，SCI 在确定是否将某一期刊列入期刊来源时，还会考虑到文章的标题、标题所含的信息、引用材料的完整性、作者的完整住址（包括电话、邮箱等）。国内出版发行的期刊要得到国际学术组织的重视，不但要有英文的标题、英文的摘要，文章还要有魅力，这样才能吸引更多的外国学者来阅读。如何具有“魅力”，则要通过编辑的润饰、加工，使之充分体现编辑的水准。

2. 语言能力

这里的语言能力不是指单纯的句子通顺、没有错误、正确使用标点符号，还需要核心期刊的编辑具备使用英语的技能，要根据英语的标准来判断是否正确。

3. 查编错误

每个编辑都希望自己的期刊能够杜绝错误，但实际上，这是一件非常困难的事情。论文的错误率将直接关系到期刊的声誉和作者的工作热情。对核心期刊的错误率要求要比普通期刊高，如果出现了关键的数据失误，哪怕只有千分之一的误差，也是不能允许的。

4. 出版时差

目前国内期刊大都会在发表文章时标明收稿日期和返修日期，以便于统计出版时差。其实，出版时差是科技和新闻、资讯期刊的命脉，在科技界，抢先报道的重要性早已深入人心。如果一篇有深度的文章因为编辑部的延误而被外国同行抢先出版，那么对于科研工作者来说将是一个巨大的打击，同时也会给这个国家带来巨大的损失。

18.4.4　印刷与发行

期刊的印刷质量和发行状况是影响期刊整体质量的重要指标。

1. 印刷品质

包括字迹、图形、表格是否清晰，油墨是否均匀，前后两个时期颜色是否相同，切口是否整齐，装订是否整齐，是否有胶合，是否有漏页、重页或前后翻转。

2. 发行的及时性

发行的及时与否直接反映了编辑部的经营情况和稿件来源的充裕程度。及时发行是期刊的最根本条件，没有及时发行，即使它的学术水准再高，也无法跻身于核心期刊行列。

3. 发行量

期刊要想获得良好的社会效果，还要考虑到发行量的直接作用。发行量可以体现读者的数量，同时也可以体现一个期刊的生命力。当然，在评估时也要综合考虑，对于不同类型和性质的期刊不能要求发行量等级相同，要按照期刊的具体情况来确定发行量。

思考题：

1. 什么是核心期刊？
2. 核心期刊的遴选体系有哪些？
3. 核心期刊遴选工作会对期刊社的运行产生哪些影响？

第19章　巨型期刊与期刊社的未来发展

学术期刊是出版工作的重要组成部分之一，是当今资讯传递、学术交流、社会文明发展的主要手段与载体，也是我国科研、教学、文化艺术等工作中不能缺少的组成部分。近年来，由于移动互联网技术的发展，尤其是新媒体技术的发展，对原有新闻媒体造成了极大的影响。而期刊发行方式正处在转变升级的关键时刻，期刊社发展正面临着新的契机和巨大的挑战，故而必须充分地发挥期刊应有的作用。要想使期刊成为经济发展的利器，并恢复期刊应有的本质作用，就必须提高传播技术，从而提高期刊在整个中国新闻发布领域以及在整个经济社会发展领域中应有的作用。

学术期刊社也是我国学术论文界必要的前进动力，在“互联网＋”的发展环境下，我国大多数体系内的学术期刊社既要从体系机制上谋求突围与调适，也要适应全传播变化。但在出版业变革没有彻底完成的情况下，期刊社的变革更加掣肘；同时，和书籍出版一样，期刊社受新媒体的冲击越发明显，加之纸媒行业本身的紧缩，期刊社也进入了决定后续能否蓬勃发展的重要阶段。

2021年6月，中宣部、教育部、科技部联合印发《关于推动学术期刊繁荣发展的意见》，其中对期刊社集团化发展与数字化转型有着重点论述。

推进集群化集团化建设。开展学术期刊集群化发展试点，以优质学术期刊为龙头重组整合资源，建设一批导向正确、品质一流、资源集约、具备核心竞争力的学术期刊集群。鼓励符合条件的学术期刊出版单位转企改制、做强做大。支持规模性出版企业探索协作办刊等模式，跨地域、跨部门、跨学科整合期刊出版资源，打通产业链，重构价值链，形成创新链，打造若干具备较强传播力影响力的学术期刊出版集团。

推动数字化转型。顺应媒体融合发展趋势，坚持一体化发展，通过流程优化、平台再造，实现选题策划、论文采集、编辑加工、出版传播的全链条数字化转型升级，探索网络优先出版、数据出版、增强出版、全媒体出版等新型出版模式。引导学术期刊适应移动化、智能化发展方向，进行内容精准加工和快速分发，推动学术成果大众普及和应用转化。推动学术期刊加强新媒体编辑力量和技术力量，完善相关内容审核把关机制。

事实上，学术期刊社的集团化发展与数字化转型的结合在国外早有先例。20 世纪 90 年代以前，学术期刊出版主要采取用户订阅模式出版。由于期刊公司内部的合并、收购，科学期刊的定价权力日趋聚集在少数企业管理者身上，出版垄断也造成了科学期刊定价的不断上涨，严重限制了全球学术交流。为减少科学知识的传播壁障，促进科学资讯广泛与迅速地传播，实现科学研究成果资源共享和无阻碍获得，在 20 世纪 90 年代末，开放获取（Open Access，OA）活动率先在欧美发达国家掀起，中国也于 2004 年 5 月 24 日签订了《柏林声明》，参与到开放获取活动之中。开放获取鼓励人类自主、合理地获得、使用科学资料，超越经济、法律、技术等不合理要求的约束。它一般采取开放获取储存（OA Repositories，OA 储存）和开放获取期刊（OA Journals，OA 期刊）两种形式。二者的重要区别在于能否通过同行评估。但随着开放获取活动的进一步蓬勃发展，尤其是在 2006 年后 PLoS One 的出现与蓬勃发展，逐渐形成了一个全新的开放获取期刊出版模式，即巨型期刊（Mega Journal，MJ）。

19.1 巨型期刊的概述

巨型期刊学术论文是一种采用开放获取模式的在线出版物，其发表体量远多于普通的传统期刊论文，是一种对文稿有低筛选性的可以参与共同评论的专业出版物。通常看来，巨型期刊学术论文这个开放式获得出版物的新模式由 PLoS One 首创。伴随开放获取期刊的良性发展，部分出版社也开始实行巨型期刊式的经营，其间出现了一些佼佼者，比如英国塞奇出版社（Sage Publications）旗下的 SAGE Open，英格兰医学期刊发行公司旗下的 BMJ Open，施普林格自然公司（Springer Nature）旗下的 Scientific Reports 和 Springer Plus 等。巨型期刊一般具备如下特征。

1. 开放获取

巨型期刊可以通过在发行时直接向作者收取论文处理费的发行方式，来帮助期刊迅速上线，而期刊的收入也与其论文基准值直接有关。该种方法并不能使用于一般的个人订阅期刊，只适合开放获取的出版生态圈。

2. 发文数量大

每年在各种巨型期刊上发布的论文数量大大超过了传统学术期刊发表的论文数量。仅 2017 年第一季度，在 PLoS One 上发布的论文数量就超过 5541 篇，而同时期在 Scientific Reports 上发布的论文更是超过了 6214 篇，而在传统非开放获取的科学期刊 *Nature* 上，全年发表的论文仅为 879 篇。

3. 快速出版

以 PLoS 旗下的开放内容获取期刊 PLoS One 与传统期刊 *PLoS Genet* 为例做对比，作者在投稿后的接收时间分别为 117 天和 140 天，出版时间则分别为 36 天和 55 天。

4. 降低拒稿发生率

由于巨型期刊采用“客观的同行评审”这一内容管理手段，接收与否在于文章是否具有科学性和可靠度，即对文章的新颖度和重要性不做判断，这就导致了不被传统期刊接受的稿子数量骤降。PLoS One 最终稿件接受率为 65%—70%，BMJ Open 的最终稿件接受率在 60%左右。

19.2　巨型期刊产生的现实背景

19.2.1　学术出版需求的激增

开放获取出版在全球的发展速度很快，发展势头强大。目前开放获取期刊数量每年增加 18%，开放获取文章每年增长 30%，其中一部分原因在于学术晋升的高压使作者有强烈的大量发表论文的需求。学术期刊成为发布学术成果、考察研究成果的主要平台，对于提高学术考察水准、促进学术发展等方面都有着巨大的意义。但因为核心期刊的总量是有限的，能够刊发的文章总量也是有限的，如此大规模的投稿将导致核心期刊的出版期限拉长；同时，部分核心期刊还会偏向选择刊发名人学者的论文或者比较具有前沿性的论文，削弱了提携和发现学术新人的功效。而巨型期刊则因为采取“客观的同行评审”的方法，只考虑文章的科学性，所以对于学术新人发表初步研究成果或者研究者发表一些重复性、再现性的研究成果，也不失为一种很好的平台。另外，其开放获取的发表方式也有助于提高学术论文的有效性和传播能力。

19.2.2 大科学时代的到来

巨型期刊的迅速发展一部分归功于大科学研究的技术进步。自普赖斯教授（Derek John de Solla Price）在 1962 年 6 月提出了“大科学研究”这一概念，数十年来，大科学研究涵盖的范围不仅仅包含物理学、生化、天体学等常规专业，而且在近年新兴的海洋科学研究、遗传科学研究等方面也广为应用，其溢出效应远远超过人们的预期。在大科学时代背景下，科研活动的复杂化、专业性与学术的交叉化趋向日益突出，这也导致了科研人员与研究者们往往苦于缺乏理想的科学研究期刊可供投稿。20 世纪初期的科学知识大爆发使得专业分工更加精细，科学研究范围也更加广泛，科学研究走向了高度专业性与制度化阶段，从而形成了数量更多的专业期刊。但从另一方面来说，由于这种专业期刊并没有和“大科学”相匹配的整体视角，再加上今天的大部分科研成果都是多学科协作的成果，也使得巨型期刊这种涵盖多学科的开放获取期刊更具有实际意义。

19.2.3 经济利益的驱动

开放获取期刊收入的主要来源是向作者收取的学术论文处理费，所以出版机构的主要收入来自开放获取学术论文的发布量。但根据国际学术出版商联合会的研究表明，41%的开放获取期刊入不敷出，24%的开放获取期刊能实现国际收支基本均衡。以 PLoS 为例，在 2010 年以前，PLoS 长期处在亏本状况。但凭借 PLoS One 巨大的论文发表量和向作者收取论文处理费，在 2012 年，PLoS 达到了 750 万美元的利润，在 2013 年利润更突破了 1000 万美元。此外，我们通过检索 SCI 数据库也可看到，2015 年在 SCI 收录的开放获取期刊上发布开放获取学术论文总量排名前三的国家是中国（43 581 篇）、美国（41 071 篇）、英国（15 196 篇），分别占据了各自 SCI 学术论文总量的 15.7%、11.7%、13.7%。2015 年中国籍作者发布的开放获取学术论文涵盖开放获取期刊 491 种，包括发文量相对较高的 120 种期刊，共发布学术论文 35 206 篇（占总数的 81%），篇均论文处理费约 1656 美元，因此可估计，仅中国和美国，在 2015 年就分别付出了约 7217 万和 6801 万美元的论文处理费。这种巨大的经济效益也促使了更多的开放获取期刊出版者投入到巨型期刊的阵营中，也开始逐渐增加了巨型期刊的网络出版业务。

19.3　巨型期刊存在的问题及争议

巨型期刊的产生促进了科学研究成果的扩散与流通，极大地提高了科学研究的开放使用水平。但因为巨型期刊的学术论文相对自由，在学术论文的品质审查上面临着把关不严、要求不同、专家标准不统一、质量管理机制有漏洞的情况，难免会导致理论界、业内人士以及用户对质量的怀疑和异议。

19.3.1　审稿环境过于宽松，质量监督机制不健全

学术期刊对学术论文的质量控制通常包括学术论文发表质量管理、学术论文内容质量控制和学术论文发表后的质量管理三个层面。出于对期刊社信誉的重视，学术期刊对这三个层面的把控都比较严格。但是 2013 年 10 月 4 日，*Science* 在“科学技术交流的未来”专栏中有一份以《Who's Afraid of Peer Review?》为题的研究论文，披露了一项重大调查。该研究根据一份看似可信，实际却有着巨大问题的研究论文进行调查分析。问题论文的选题、实验、

作者、科研机构等都有明显的伪造痕迹，试验结果与分析方法也非常离谱，且图表说明与它的资料特征截然相反，只有研究论文的最后结论才貌似引起重视。但凡编辑或审稿人稍加阅读这篇论文，这篇论文也就不可能被录用。这篇论文共被投给了 304 种开放获取期刊，根据结果反馈，其中被录用 157 种（51.64%）、退稿 98 种（32.24%）、无定论 49 种（16.12%）。被录用或退稿的 255 种期刊中，至少有 60%是未通过同行评审程序就做出了最后选择的。在 304 个反馈中，有 36 个审稿意见在讨论关于论文的科学问题，虽然有 16 个评审意见指出稿子质量很差，但编辑们仍然选择了予以录取。Elsevier、Wolters Kluwer、Sage 等出版商旗下的著名期刊也都录用过这篇完全虚构的论文。因此这篇研究在一定意义上也暴露出一些巨型期刊审稿过于宽松、未能严格按照学术论文内容管理机制进行管理等现象。

19.3.2 声誉模糊不清，容易滑向掠夺性期刊的深渊

由于巨型期刊这一类开放获取期刊大多采取向作者收取论文处理费以保障论文在线发表的方法，这意味着期刊发布的论文越多，其本身的收益也就越多。这也使得一些出版社放下了学术底线，通过出版大量的中低层次文章，以谋求经济利润。加州科罗拉学院的图书经理杰弗里·贝尔（Jeffrey Beall）在 2010 年创造了“Predatory Journals”（掠夺性期刊）这个名称，其后每年他都在网络上揭露掠夺性期刊和掠夺性出版。根据杰弗里·贝尔的研究，掠夺性期刊将从 2013 年的 126 种上升到 2015 年的 507 种，2017 年更高达 1314 种；而掠夺性出版商则从 2011 年的 18 家上升到 2015 年的 693 家，2017 年达到了 1163 家。

19.3.3 缺乏足够的高质量的同行评审专家

在巨型期刊“客观的同行评审”管理模式下，期刊所出版的论文品质将更加取决于同行评审专家对文稿质量的严格把控与筛选，但是，期刊巨大的出版量以及相对较短的审稿期限，无疑增大了评审专家的审稿压力。据 Wiley 进行的一份涉及 115 个国家、全专业领域 3000 多名被试者的研究，前 12 名专业期

刊出版商的评审专家平均一年耗费在同行评审的时间大约为 2200 万个工作日。再者，采取更加开放的同行评审方式也会减少评审专家的参与度。据美国出版人研究协会在 2008 年开展的一份调查显示，47%的评审人认为署名审稿将会削弱他们给期刊审稿的意图，同时 49%的评审人也不愿意把他们的身份直接公布给作者。加之巨型期刊出版的论文涵盖多个专业，还可能存在某一学科评审专家资源缺失的问题。

19.3.4　学者对其的评价褒贬不一

作为一种新兴的开放获取期刊发表形态，巨型期刊存在的时间相对较短，从以上对于巨型期刊发展状况的剖析中也能够发现巨型期刊所面临的各种问题，因此目前学术界对巨型期刊褒贬不一。Esposito 指出，以 PLoS One 为例的巨型期刊成功指出了学术出版物未来的发展走向；Richard Wellen 则指出巨型期刊成功为出版事业发展提供了突破性的技术创新。但与此相反，Declan Butler 指出 PLoS One 只是为 PLoS 谋取利润的“摇钱树”；John Hawley 表示巨型期刊只不过是“内容低劣的垃圾场”。总而言之，巨型期刊未来的发展具有极大的不确定性。

19.3.5　质量不稳定，学科间的认可度差异较大

经过检索，2009—2014 年 SCI 收录的开放获取期刊 443 种，其中地理科学 35 种、工程 56 种、物理化学 22 种、环保化工 12 种、农业化学 38 种、生物学 81 种、计算机数学 22 种、物理学 13 种、医药 159 种、综合性社会科学 5 种。许杰等人通过研究这 443 种期刊的相关指标发现，在不同领域中开放获取期刊的 IF 值（影响因子，impact factor）存在差异。以 1.5 为界限，可把 IF 的变动状况分为两组：IF＜1.5 的是农林科研、化工、数学、工程、地理类期刊，IF 变化波动稳定；IF＞1.5 的是环境科学、生物、物理、医学类期刊，IF 呈逐年增长趋势（除物理学类期刊 2013 年突然下降）。从几大巨型期刊来看，如 2014 年以发表生物医学相关专业论文为主的 PLoS One 和 Scientific Reports 的影响因子依次为 3.234 和 5.578，以自然科学为主的 AIP Advances2014 年

的影响因子则是 1.534，而以社会学为主的 SAGE Open 则没有影响因子。

19.4 巨型期刊的未来发展

在当前"大科学"、跨学科合作的学界思想潮流与研究背景下，巨型期刊的兴起可以解决全球范围内学者的发文问题，尤其是在部分国家，对科学家的发文需要量正逐渐递增。另外，巨型期刊在提携新手、培养后学者等方面也具有正面的意义，可以帮助年轻一辈学者获得研究声誉。巨型期刊免费、开放获取的方式，不管对新人或者对较有名望的学术前辈均有裨益，还可以帮助新作者的论文提升曝光率、增大转载量，从而增强论文的社会影响力。当然，巨型期刊若想继续维持良性的发展势头，还需要采取多种措施，解决当前面临的诸多问题。

19.4.1 进行严格的双盲评审或者开放评审

目前，国外学术期刊大多采取单一的匿名评审方法，以单盲评审为主。但部分期刊也在努力把双盲评审的选项提交给读者，比如施普林格自然集团所属的 *Nature*、*Nature Geoscience*、*Nature Climate Change*。目前有部分期刊已经采取公开同行评审的形式，如 Bio Med Central 系列期刊中的医学类期刊。公开同行评审是一种全新的科学评审手段，从公开身份、开放申报、公开参与三个层面，可以促进评审流程的科学化与透明度，更有利于评审人员对论文内容的科学把控。

19.4.2 准确定位期刊的社会和学术功用

巨型期刊固然是指出版体量巨大的学术期刊，不过这并不代表着它能够不加区分地接纳所有专业领域的学术文章，而是必须有所偏重，并集中向专业领域用力。如 PLoS One 接受生物科技与医药技术方面的论文，而 SAGE Open 接受社会行为科学与人文技术方面的论文。同时，巨型期刊还必须确定自身所接收稿件的质量标准，以提高期刊的整体学术水平。

19.4.3 设立同行评审的激励机制

长期以来，同行评审对科学家们来说一直是相当重要的事情。虽然他们会花费不少时间与资金，但往往得到的奖励却特别少。而如今，已经有企业正在为改善这种情况而努力奋斗，如 Publons。Publons 是一家同行评审的文章发表网站，该平台通过利用新西兰天使投资融资约 30 万美元，来激励研发工作人员在线发表他们的同行评审文章。Publons 还允许研发工作人员把他们评审的历史文章发布在上面，并奖励曾在亚马逊等互联网业务中得到信誉的优秀评审人。又如，Elsevier 每年都会举办最佳评审人的评比活动，并在网络上发表。同时，Elsevier 还为杰出评审人提供可以免费利用 Science Direct 和 Scopus 数据库的权利。

19.4.4 完善论文处理费收取的优惠政策

鉴于国际巨型期刊的学术论文处理费一般金额比较固定而且较高昂，因此针对非组织资助的个别作者可能会产生相应的社会经济负担，所以各组织都有必要完善学术论文处理费的收取优惠政策。一是豁免、折扣等优惠政策。这一般是针对无力承担个别学术论文处理费的作者，或是低收入发展中国家、贫穷发展中国家的个别作者。二是基于会籍制的优惠政策，一般包括组织会员和个别会员两类。如 PLoS 将组织会员区分成截然不同的级别，在不同层级上各自拥有截然不同的优惠政策；而 PeerJ 则面对个体，提供了一次性缴费或终生享用的会员专属优惠政策。另外，论文处理费的收取优惠政策还必须随着实际的市场环境变动而不定期地加以调整，以保障作者与期刊出版者等各方的权益。

19.4.5 优化并提升服务作者的水平

完善周到的作者服务也是巨型期刊保持良性发展所需要的。除了最基础的论文编辑业务，巨型期刊社还可为作者进行专业、地道的语言润色业务，引导作者做好表格设计工作，向作者提供论文引用核查资料，广泛、细粒度地传播作者的论文。同时巨型期刊社还应重视对期刊作者的人文科学关爱，以培养作者对期刊的好感。

19.4.6 以期刊作者为纽带，建立和维护科研工作者社群

巨型期刊作者还应合理使用好本期刊的作者资源，以科研工作者为纽带，形成科研工作者社区。巨型期刊发行商透过组织高级科学专业座谈会或沙龙，促进作者间的沟通与协作，并积极推动科学工作者间高效的专业协作；同时也可以利用作者内部的人际网络，为期刊介绍新的作品，为期刊的发展提供活力。另外，期刊作者还可能自行牵头，积极组织和接受一些政府的科研项目或者组织科研人员来共同完成。

19.5 学术期刊的数字化与全球技术意识形态博弈

当跳出出版学的视域，从更为宏观的角度思考巨型学术期刊的发展逻辑，会发现出版物的技术革新往往伴随着一种隐藏于技术之下的意识形态浮现，这种意识形态在某种程度上推动着整个领域的思考与运营范式变化。这一点类似尼尔·波兹曼（Neil Postman）所断言的“媒介及隐喻”。但事实上，技术的影响或许远超于对文化内容的隐喻，而是直接作用于行为本身。

在传统的印刷时代，纸本期刊的载体在物质层面限制了其刊载文章的数量。如果一期的文章太多，厚度增加，就会失去期刊区别于图书的特质——快速出版、广泛传播、方便携带等。这也就导致期刊编辑需要选择性地挑选刊载的论文。即使学者投稿需求再多、学术论文再多，纸质期刊的物质特征不会改变，每期出版的论文不会发生质变。在印刷时代，解决论文投稿需求大于期刊可刊载量的方法或许是增加刊次。然而，核心期刊检索目录的出现同样抑制了期刊的无意义扩张。学术期刊与论文出版量总体稳定在一定的规模内。

然而到了互联网时代，数字期刊的容量极速扩张，巨型期刊的出现更是在开放科学运动的框架下找到了商业运营的可能性——收取论文处理费，扩大生产规模，以求“薄利多销”。很大程度上，这种将盈利转向生产端的思路得益于互联网的平台化特征。订阅模式的式微反映了从印刷媒介到网络媒介过程

中，垂直型传授权力关系转向水平型。然而，需要警惕的是，这种被书写为“解放力量”的媒介技术蕴含的平等化意识形态是否真的适合每一个场域？

学术场域固然需要信息的流通与传播，但学术期刊所承担的社会作用远不止传播这么简单，很大程度上其代表了学术共同体对某项学术成果的认同与接纳，过于扁平化的传播环境反而不利于学术论文的生态建设，巨型期刊发展逻辑与评审流程中被人诟病的诸多问题也有迹可循。

这并非是否认学术期刊社的数字化发展道路，而是希望指出一个问题：学术期刊数字化的究竟是什么？是推动自己的运营逻辑向着互联网企业转变，还是坚守自己的核心价值，借用互联网开拓新的业务？不同的学术期刊社已经做出了自己的选择。除了前文介绍的开放获取期刊代表了一种数字化思路，还有知识服务、社群运营等一系列策略。

2021 年 12 月，国家新闻出版署印发《出版业“十四五”时期发展规划》，其中提到将在 2035 年“建成出版强国，出版创新创造活力充分激发，优质内容供给能力显著增强，出版服务大局服务人民能力凸显，出版业实力、影响力、国际竞争力明显提高，出版领域治理体系和治理能力基本实现现代化，出版在增强国家文化软实力和中华文化影响力中的作用更加彰显”①。期刊社应该以此为引导，推动自身的数字化发展更上一层楼。

思考题：

1. 中国有巨型学术期刊吗？请结合具体案例，谈一下中国巨型期刊与海外巨型期刊的区别。

2. 巨型学术期刊会是中国学术期刊的未来发展方向吗？请说明原因。

3. 试讨论可以从哪些方面解决巨型学术期刊的弊端？

---

① 国家新闻出版署. 出版业“十四五”时期发展规划 [J]. 中国出版，2022 (3)：9.

参考文献

一、政策法规

［1］国家新闻出版署：《期刊出版管理规定》，2005 年 12 月.

［2］国家新闻出版署：《关于进一步推动新闻出版产业发展的指导意见》，2010 年 1 月.

［3］国家新闻出版署：《关于加快我国数字出版产业的若干意见》，2010 年 9 月.

［4］国家新闻出版署：《关于发展电子书产业的意见》，2010 年 10 月.

［5］国家新闻出版署：《报刊业“十二五”时期发展规划》，2011 年 4 月.

［6］国家新闻出版署：《新闻出版业“十二五”时期发展规划》，2011 年 4 月.

［7］国家新闻出版署：《新闻出版广播影视“十三五”发展规划》，2017 年 9 月.

［8］国家新闻出版署：《出版业“十四五”时期发展规划》，2021 年 12 月.

二、著作

［1］威尔伯·施拉姆，威廉·波特. 传播学概论［M］. 陈亮，周立方，李启，译. 北京：新华出版社，1984.

［2］周金琪. 财务管理信息系统［M］. 北京：中国财政经济出版社，1991.

［3］玛汉·坦姆仆. 激励知识工作者［M］//保罗·S. 麦耶斯. 知识管理与组织设计. 蒋惠工，等，译. 珠海：珠海出版社，1998.

[4] 维纳·艾莉. 知识的进化 [M]. 刘民惠，等，译. 珠海：珠海出版社，1998.

[5] 彼得·F. 德鲁克，等. 知识管理 [M]. 杨开峰，译. 北京：中国人民大学出版社，1999.

[6] 杜拉克. 21 世纪的管理挑战 [M]. 刘毓玲，译. 北京：生活·读书·新知三联书店，2000.

[7] 宋应离. 中国期刊发展史 [M]. 郑州：河南大学出版社，2000.

[8] 胡康生. 中华人民共和国著作权法释义 [M]. 北京：法律出版社，2002.

[9] 德鲁克. 在变化的世界中管理知识工作者 [M] //鲁迪·拉各斯，丹·霍尔特休斯，编. 吕巍，吴韵华，蒋安奕，译. 知识优势：新经济时代市场制胜之道. 北京：机械工业出版社，2002.

[10] 卡尔·爱瑞克·斯威比，汤姆·劳埃德. 知识型企业的管理——通过鼓励创造性来增加价值 [M]. 梁立新，译. 北京：海洋出版社，2002.

[11] 竹内弘高，野中郁次郎. 知识创造的螺旋：知识管理理论与案例研究 [M]. 李萌，译. 北京：知识产权出版社，2006.

[12] 秦启文，周永康. 形象学导论 [M]. 北京：社会科学文献出版社，2004.

[13] 汤宗舜. 著作权法原理 [M]. 北京：知识产权出版社，2005.

[14] 林榕航. 知识管理原理 [M]. 厦门：厦门大学出版社，2005.

[15] 陈柏村. 知识管理：正确概念与企业务实 [M]. 南京：南京大学出版社，2007.

[16] 廖开际，李志宏，刘勇. 知识管理原理与应用 [M]. 北京：清华大学出版社，2007.

[17] 艾莉森·亚历山大，詹姆斯·奥厄斯，罗德·卡维恩. 媒介经济学：理论与实践 [M]. 第 3 版. 丁汉青，译. 北京：中国人民大学出版社，2008.

[18] 中国国家标准化管理委员会. 知识管理　第 1 部分：框架 [M]. 北京：中国标准出版社，2009.

[19] 盛小平. 知识管理：原理与实践 [M]. 北京：北京大学出版社，2009.

[20] 彼得·德鲁克. 后资本主义社会 [M]. 张星岩译. 北京：东方出版社，2009.

[21] 梁林梅，孙俊华. 知识管理 [M]. 北京：北京大学出版社，2011.

[22] 王迁. 著作权法 [M]. 北京：中国人民大学出版社，2015.

[23] 范继忠. 中国期刊史第 3 卷（1949—1978）[M]. 北京：人民出版社，2017.

[24] 李雯，樊茗玥. ERP 原理、实施与案例研究 [M]. 镇江：江苏大学出版社，2019.

[25] 严三九，刘怡. 媒介经营与管理 [M]. 武汉：华中科技大学出版社，2019.

[26] 肖超兰. 财务管理学 [M]. 北京：北京理工大学出版社，2020.

[27] 彼得·德鲁克. 不连续的时代 [M]. 吴家喜，译. 北京：机械工业出版社，2020.

三、论文

（一）期刊论文、报纸及报告

[1] 高明光. 新中国的期刊出版事业 [J]. 出版工作，1989（4）：54-68.

[2] 方厚枢. “文革”十年的期刊 [J]. 编辑学刊，1998（3）：4-7.

[3] 董洪敏. 企业识别系统在期刊社树立形象中的应用 [J]. 编辑学报，1999（2）：26-27.

[4] 田静. 论期刊社形象的塑造 [J]. 渝州大学学报（社会科学版），2000（2）：127-128.

[5] 邱均平，段宇锋. 论知识管理与竞争情报 [J]. 图书情报工作，2000（4）：11-14.

[6] 冯俊文. 企业知识管理 [J]. 软科学，2000（1）：53-56.

[7] 秦珂，曹作华. 电子期刊著作权保护若干问题探讨 [J]. 中国科技期

刊研究，2001，12（6）：451-453.

[8] 顾宪. 期刊栏目设置多元化刍议 [J]. 苏州丝绸工学院学报，2001（6）：134-135.

[9] 张永平，殷正坤. 关于网络时代数字化期刊著作权问题的探讨 [J]. 科技进步与对策，2002（3）：143-145.

[10] 张威，孙杨. 当代澳大利亚杂志研究 [J]. 国际新闻界，2002（5）：22-25.

[11] 张爱绒. 组建期刊著作权集体管理组织 [J]. 科技与出版，2002（5）：8-10.

[12] 张爱绒. 谈期刊著作权的集体管理 [J]. 山西高等学校社会科学学报，2002，14（7）：25-27.

[13] 张传喜，王松彦. 试论期刊社社域文化的建设 [J]. 编辑学报，2002（1）：9-11.

[14] 詹心敏. 网络时代期刊多元化服务浅探 [J]. 图书馆学刊，2002（2）：37-38.

[15] 安妮·米勒. 杂志广告销售秘诀 [N]. 中国图书商报，2002-11-29（15）.

[16] 黄艳华，霍国庆. 全球化进程中科技期刊经营的品牌策略 [J]. 科学学与科学技术管理，2002（3）：29-31.

[17] 臧玉卫，王萍. 利用 Lotus Domino/Notes 提高企业知识管理竞争优势 [J]. 科技情报开发与经济，2003（8）：197-198.

[18] 张健，李霞，高韧. 我国国企人力资本激励机制 [J]. 管理科学文摘，2003（12）：23-26.

[19] 吴成福. 论国外期刊出版趋势与我国期刊发展方向 [J]. 科技与出版，2003（2）：12-14.

[20] 向飒. 论网络期刊发展的制约因素 [J]. 现代情报，2003（6）：154-156.

[21] 钟紫红. 中美科技期刊著作权保护现状比较 [J]. 中国科技期刊研

究，2003，14（4）：396-399.

[22] 田静. 期刊社形象构成要素及实现途径 [J]. 重庆工商大学学报（社会科学版），2003（1）：158-160.

[23] 黄鑫，赵呈领. 基于群件技术的协作式 CAI 课件开发 [J]. 湘潭师范学院学报（自然科学版），2004（3）：63-66.

[24] 李旗纲，赵娜. 谈科技期刊的编辑策划 [J]. 科技情报开发与经济，2004（9）：42-43.

[25] 武东升，贾雅军. 关于市场营销的新理念——4R 理论理解和应用的探讨 [J]. 生产力研究，2004（9）：189-191.

[26] 赵鸥. 期刊著作权的双重属性 [J]. 苏州科技学院学报（社会科学版），2004，21（3）：143-144.

[27] 向飒. 期刊网络化发展的特征及应关注的问题 [J]. 编辑之友，2004（1）：61-63.

[28] 庞春燕.《中国国家地理》做中国的《国家地理》[J]. 传媒，2005（11）：33-35.

[29] 索柏民，王家斌，王伟光. 知识管理应用技术及实施中的问题 [J]. 中国科技论坛，2005（5）：112-116.

[30] 黄莺. 论企业信息门户与企业知识门户 [J]. 情报杂志，2005（3）：55-56+59.

[31] 徐红梅. 论农业学术期刊的品牌建设 [J]. 编辑学报，2005（6）：444-446.

[32] 叶新. 国外著作权集体管理组织概况 [J]. 出版发行研究，2005（6）：70-74.

[33] 邱薇. 网络期刊的发展探讨 [J]. 科技情报开发与经济，2006（20）：3-4+298.

[34] 张亦峥. 期刊需要多元化经营 [J]. 出版参考，2006（36）：27.

[35] 刘巍石. 期刊市场多元化营销及品牌经营 [J]. 当代经理人，2006（21）：1470.

[36] 朱思群，赵其斌，李玉坤，等. 如何培养期刊读者的忠诚度 [J]. 编辑之友，2006 (2)：52-54.

[37] 边全乐，胡映霞. 学术期刊经营策略刍议 [J]. 编辑学报，2006，S1：31-37.

[38] 谢树凡. 着力提升城市广播电视综合竞争力 [J]. 记者摇篮，2006 (2)：18-20.

[39] 孟志军.《中国国家地理》的品牌营销 [J]. 传媒观察，2007 (5)：21-22.

[40] 马殷华，谢慎兰. 学术期刊社人力资源开发与管理：特点与建构 [J]. 学报编辑论丛，2007 (00)：179-182.

[41] 谢志远. 我国期刊广告经营现状及发展趋势 [J]. 传媒，2007 (9)：50-51.

[42] 朱勇. 牛津大学出版社及其经营特色探析 [J]. 出版科学，2007 (5)：72-73+79.

[43] 陈伟红. 试论知识地图在高校图书馆知识管理中的应用 [J]. 现代情报，2008 (1)：126-128.

[44] 姬沈育. 期刊品牌化的核心因素与路径选择 [J]. 河南师范大学学报，2008 (5)：234-237.

[45] 周根红. 谈封面色彩在期刊品牌营销中的作用 [J]. 出版发行研究，2008 (3)：72-74.

[46] 李维. 寻找读者：期刊品牌化营销的主导策略 [J]. 黑龙江高教研究，2008 (2)：170-171.

[47] 孟志军. 《中国国家地理》的品牌营销策略以及目前存在的问题 [J]. 中国科技期刊研究，2008 (2)：269-272.

[48] 肖称萍. 塑造期刊企业文化 提高期刊竞争力 [J]. 江西科技师范学院学报，2008 (5)：116-118.

[49] 陈家顺. 我国学术期刊多元化发展模式及其必要性 [J]. 湖北师范学院学报（自然科学版），2008，28 (4)：78-80.

[50] 张莉. 浅议期刊多元化的盈利模式 [J]. 中国高新技术企业，2008 (20)：268.

[51] 胡勋璧. 相互助推方能相得益彰——知音传媒集团的品牌延伸与多元化经营 [J]. 传媒，2008 (9)：55-56.

[52] 王基德. 期刊采编与广告经营的关系 [J]. 青年记者，2008 (18)：104.

[53] 欧宾. 论增强期刊社群体凝聚力的途径——以西南大学学报编辑部为例 [J]. 编辑学报，2009，21 (5)：446-448.

[54] 周根红. 美国《读者文摘》破产对我国期刊业发展的启示 [J]. 出版发行研究，2009 (10)：53.

[55] 刘辞. 免费直投杂志的潜在功能及经营策略 [J]. 今日科苑，2009 (8)：106.

[56] 李明珍，宋晓丹. 浅谈外文版权期刊的采购策略 [J]. 图书情报导刊，2009，19 (30)：26-27.

[57] 陈培颖，胡蓉，张哲. 科技期刊的多元化宣传策略 [J]. 编辑学报，2009，21 (5)：429-431.

[58] 张建军，任延刚，李家林. 多元化出版冲击下科技期刊传统出版模式的对策与措施 [J]. 编辑学报，2009，21 (3)：249-251.

[59] 许春辉. 期刊数字化出版的现状与发展趋势 [J]. 编辑学刊，2009 (6)：24-28.

[60] 孙远，朱晓红，喻伟. 网络环境下科技期刊数字化建设初探 [J]. 人民长江，2009 (4)：102-104.

[61] 丁佐奇，郑晓南，吴晓明. 从《中国天然药物》的网络出版模式展望我国科技期刊网络出版前景 [J]. 编辑学报，2009 (10)：439-441.

[62] 王一婵，肖娜. 电子杂志广告的盈利模式与经营策略初探 [J]. 中国编辑，2009 (3)：66-69.

[63] 张宜军，杨中启. 我国科技期刊数字化现状及发展 [J]. 沈阳农业大学学报（社会科学版），2010 (3)：296-299.

[64] 罗香. 高校学报编辑的软环境建设 [J]. 柳州职业技术学院学报, 2010, 10 (3): 135-138.

[65] 刘会强, 李建军. 高校科技期刊运营模式探究 [J]. 伊犁师范学院学报(自然科学版), 2010 (2): 74-77.

[66] 袁桂清, 杜杏叶, 刘培一. 我国科技期刊品牌建设发展战略与对策研究 [J]. 编辑学报, 2010 (10): 377-380.

[67] 孙如枫. 牛津大学出版社产权关系与经营模式研究 [J]. 出版发行研究, 2009 (5): 66-69.

[68] 薛旭辉. 期刊形象价值研究 [J]. 河南大学学报(社会科学版), 2010, 50 (3): 152-156.

[69] 任健. 从系统品牌观看期刊品牌营销工作战略方向与实施重点 [J]. 编辑之友, 2011 (12): 44-46.

[70] 张向红. 期刊读者关系管理浅析 [J]. 宁波职业技术学院学报, 2011, 15 (4): 102-105.

[71] 武超群, 张向丽. 期刊品牌营销新视野——"三次售卖"理论的启示与实践 [J]. 现代出版, 2011 (1): 33-36.

[72] 贾胜本. 浅析美国期刊多元化经营管理 [J]. 才智, 2011 (35): 151.

[73] 丁竞男. 美国期刊多元化经营启示 [J]. 青年记者, 2011 (5): 67-68.

[74] 陈婕. 我国期刊数字化的发展进程和面临的问题 [J]. 学习月刊, 2011 (8): 34-35.

[75] 徐佳宁. 中外学术期刊数据库特点及其差异 [J]. 图书馆杂志, 2011, 30 (1): 40-42+46.

[76] 周志新. 论现代科技期刊财务管理的目标与原则 [J]. 编辑学报, 2012, 23 (5): 426-427.

[77] 刘红, 李金山. 基于客户关系管理的读者潜在价值预测 [J]. 出版科学, 2012, 20 (6): 69-73.

［78］辰目．品牌是新与旧的结合——兼谈期刊品牌［J］．传媒，2012（11）：1.

［79］李世俊．期刊品牌经营的衍生和延伸战略［J］．理论界，2012（5）：165-166.

［80］何良春．OAJ 的版权问题及解决策略［J］．科技信息，2012（8）：418.

［81］陈峰，李雪莲，刘玉明，等．科技学术期刊社文化体系建设构想［J］．编辑学报，2012，24（1）：11-12.

［82］吴蓓．我国女性时尚杂志的广告投放现状分析［J］．中国传媒科技，2012（14）：9-10.

［83］郝远．《关于报刊编辑部体制改革的实施办法》摘编［J］．编辑学报，2012，24（5）：406.

［84］朱锦洪，卢新，李凤，等．“中国科技论文在线”平台的科技期刊 OA 实践及发展探讨［J］．科技与出版，2012（6）：100-103.

［85］原辰辰．浅析微电子杂志的传受与发展趋势［J］．东南传播，2013（10）：106-107.

［86］段婧．网络消费文化视域下消费观念的传播和建构［J］．新闻传播，2013（4）：37-38.

［87］杨锐．国际知名科技期刊出版商的人力资源配置特点［J］．科技与出版，2013（11）：110-113.

［88］林颖．新媒体转型中的期刊人力资源变革［J］．新闻记者，2013（12）：80-84.

［89］刘敏．我国期刊多元化发行渠道浅析［J］．出版与印刷，2013（3）：6-8.

［90］王尔蜜，张兰华．期刊经营与读者互动的有效联动［J］．今传媒，2013（1）：70-71.

［91］薛海兰．浅析新媒体时代的期刊读者维护［J］．今传媒，2013（3）：97-98.

[92] 李若溪，游中胜，田海江，等. 我国学术期刊的网站建设现状调查与网络期刊进化趋势分析 [J]. 中国科技期刊研究，2013，24（6）：1049-1056.

[93] 陈丹，董鑫，张玉洁. 爱思唯尔期刊运营模式及数字出版研究 [J]. 科技与出版，2013（2）：10-14.

[94] 陈丹，程小雨，齐媛媛. 施普林格期刊运营模式及数字出版策略分析 [J]. 科技与出版，2013（2）：15-19.

[95] 杨秋霞，林海文. 数字时代下科技期刊的品牌营销 [J]. 出版广角，2013（5）：57-58.

[96] 贺逸吟. 科技期刊品牌建设与创新 [J]. 科技信息，2013（25）：473+472.

[97] 周晴云. 试论大数据视域下期刊社对读者资源的管理 [J]. 现代商业，2014（33）：273-274.

[98] 郭泽德. 众筹出版模式对出版业创新的启示 [J]. 出版发行研究，2014（8）：57-59.

[99] 李贞. 学术期刊数字出版盈利模式探讨 [J]. 新闻世界，2014（1）：111-112.

[100] 代妮，季加孚. 国内学术期刊品牌策略的几点思考 [J]. 传媒，2014（2）：39-41.

[101] 钟永刚，徐静. 创建期刊品牌 实现品牌营销 [J]. 传播与版权，2014（4）：131-133.

[102] 朱静文，顾笑笑，靳杰，等. 浅谈期刊社的数字资产管理 [J]. 学报编辑论丛，2015（00）：239-242.

[103] 陈环. 如何塑造期刊的品牌形象 [J]. 对外经贸，2015（6）：137-138+158.

[104]《中国循环杂志》编辑部. 本刊已启用稿件管理系统 [J]. 中国循环杂志，2015，30（4）：362.

[105] 赵文义. 学术期刊数字出版的淘宝模式研究 [J]. 出版发行研究，

2015（10）：61-63.

［106］李吴松．试谈数字资产管理技术［J］．电脑编程技巧与维护，2015（24）：76-77.

［107］陆炜颖．中小型出版社人力资源管理存在的问题及优化建议［J］．人才资源开发，2015（2）：86-88.

［108］刘静．多元化经营理念下日本传统文学期刊的转型与出路［J］．出版广角，2015（13）：58-59.

［109］刘义平，王海云．科技期刊多元化发展路径探析［J］．编辑之友，2015（6）：35-37.

［110］赛树奇．我国期刊数字化发展现存问题及建议［J］．传媒，2015（2）：38-39.

［111］孟耀．新媒体时代学术期刊数字资产管理研究［J］．东北财经大学学报，2015（5）：91-94.

［112］雷一大．知音传媒集团转型发展之探索与实践［J］．决策与信息，2016（2）：107-111.

［113］刘冷，王国柱．期刊数字化的版权困境与突破［J］．河南社会科学，2016（5）：43-47＋123.

［114］雷茜．国外时尚生活类期刊数字化转型的做法和启示［J］．出版发行研究，2016（11）：83-85＋82.

［115］钟琳，高超民．基于微信平台的科技期刊办刊模式创新研究［J］．科技传播，2016（6）：126-128.

［116］谭凤珍．期刊数字化融合发展探析［J］．传媒，2017（15）：40-42.

［117］李亚卓．刍议数字时代期刊数字化转型的几种模式［J］．出版广角，2017（10）：43-45.

［118］张久润，陈鹤杰，向子璇．基于4R理论的众筹出版图书营销策略研究［J］．今传媒，2017，25（3）：90-92.

［119］赵文义．学术期刊数字出版的众筹模式研究［J］．出版发行研究，2017（2）：56-58.

[120] 琚彤军，杨继涛. 科技期刊稿件在线处理系统财务模块应用探析 [J]. 今传媒，2017，25 (12)：123-124.

[121] 李卓楠. 期刊出版业转企改制财务管理问题及完善措施 [J]. 财会学习，2017 (10)：31+33.

[122] 王子舟. 论“读者资源建设”的几个理论问题 [J]. 图书馆杂志，2017，36 (5)：4-15.

[123] 陈京晶. 我国报纸广告经营的现状与发展趋势研究 [J]. 科技视界，2017 (21)：16-17.

[124] 王慧梅. 企业流动资产管理研究 [J]. 纳税，2018，12 (22)：152.

[125] 孙开庆. 新媒体环境下期刊的融合发展策略 [J]. 中共四川省委党校学报，2018 (4)：70-73.

[126] 朱建育，张永博，陈红. 爱思唯尔模式对地方高校学报编辑专业化发展的启示 [J]. 学报编辑论丛，2018 (00)：71-74.

[127] 陈爱芳. 论引进版图书的编辑工作要点 [J]. 出版广角，2018 (23)：55-57.

[128] 陈晓利. 论期刊数字化转型中的盈利模式创新 [J]. 出版广角，2018 (20)：45-47.

[129] 张书卿. 我国社科类学术期刊“走出去”的发展现状与应对策略 [J]. 传媒，2018 (24)：37-39.

[130] 翟戌亮. 科技期刊社域文化体系的构建 [J]. 科技视界，2018 (15)：187-188.

[131] 袁小芳. 国内女性时尚杂志品牌经营模式与发展策略探究 [J]. 新闻世界，2018 (8)：30-33.

[132] 刘佳佳，张淑华. 重视专刊策划，提高期刊品牌形象 [J]. 编辑学报，2018 (12)：155-157.

[133] 胥苗苗. 浅析专业期刊如何塑造自身品牌 [J]. 出版参考，2018 (7)：46-48.

［134］吴梦颖，沈璐. 全媒体视角下《时尚芭莎》品牌竞争力分析［J］. 科技传播，2018，10（14）：48-49.

［135］董毅敏，秦洁雯. 新中国期刊出版业 70 年：历程、成就与经验［J］. 出版发行研究，2019，11（2）：14-16.

［136］张丽姝，赵黎黎，王大可. 高校图书馆期刊网建设初探［J］. 才智，2019（25）：248.

［137］王鹏飞，刘思源. 出版业的橱窗：新中国书展 70 年［J］. 科技与出版，2019（9）：16-23.

［138］蒋贤骏，陶善勇. 浅析出版社的数字资产开发［J］. 电脑知识与技术，2019，15（3）：201-202.

［139］段艳文，张晓斌，卓宏勇，等. 2017～2018 年中国期刊业发展报告（摘编）［J］. 中国出版，2019（10）：14-18.

［140］严孟春. 学术期刊的自媒体策略［J］. 出版参考，2019（3）：79-82.

［141］周义刚，刘丹，聂华，等. 北京大学期刊网的建设与推广［J］. 大学图书馆学报，2019（1）：34-41.

［142］周华清. 学术期刊微信公众号 PPP 运营模式探讨［J］. 出版发行研究，2019（1）：39-42.

［143］史向宇，王慧斌. 广告经营管理模式现状及其创新策略研究［J］. 传媒论坛，2019，2（15）：94.

［144］杨红梅. 全媒体时代科技期刊媒体融合发展策略［J］. 出版参考，2020（10）：78-82.

［145］杨佳颖，许鑫. 民国报纸广告图像资源的语义标注——以《新闻报》所刊的越剧广告为例［J］. 图书馆杂志，2021，40（3）：96-102.

［146］赵秀娟. 引进版图书翻译质量探析［J］. 新闻传播，2021（12）：88-89.

［147］中国新闻出版研究院. 2020 年新闻出版产业分析报告［R］. 国家新闻出版署. 2021. 12.

[148] 江月. 新时代学术期刊高质量发展：底层逻辑与进阶路径 [J]. 传媒论坛，2022，5 (11)：98-100+110.

（二）学位论文

[1] 雷雨晴. 我国期刊品牌战略研究 [D]. 武汉大学，2005.

[2] 罗立新. 出版社编辑人员胜任力模型构建研究 [D]. 暨南大学，2007.

[3] 龚军辉. 中国期刊品牌营销研究 [D]. 湖南师范大学，2009.

[4] 王玲慧. 市场化趋势下财经类期刊经营方式及其转变的探析 [D]. 广西大学，2013.

[5] 郭斌. 图书发行企业人力资源管理优化研究——以浙江民营图书发行企业为例 [D]. 浙江工业大学，2014.

[6] 吕薇.《中国国家地理》品牌策略研究 [D]. 河北大学，2015.

[7] 顾晓菲. W 出版社人力资源管理问题及对策研究 [D]. 北京理工大学，2016.

[8] 李亚蓉.《博物》杂志的经营管理研究——基于内容建设角度 [D]. 河北大学，2018.

（注：其他网络类文献暂未列）

涉及期刊社经营与管理的行业技术标准列表

序号	标准号	标准名称	状态	批准日期	实施日期	备案号	备案日期
1	CY/T 246-2021	数字印刷 书刊印制信息交换规范	现行	2021/9/22	2021/11/1	83696-2021	2021/11/5
2	CY/T 101.1-2014	新闻出版内容资源加工规范 第1部分:加工专业术语	现行	2014/1/29	2014/1/29	79993-2021	2021/1/26
3	CY/T 101.2-2014	新闻出版内容资源加工规范 第2部分:数据加工与应用模式	现行	2014/1/29	2014/1/29	79994-2021	2021/1/26
4	CY/T 101.3-2014	新闻出版内容资源加工规范 第3部分:数据加工规格	现行	2016/7/31	2016/7/31	79995-2021	2021/1/26
5	CY/T 101.4-2014	新闻出版内容资源加工规范 第4部分:数据加工质量	现行	2016/7/31	2016/7/31	79996-2021	2021/1/26
6	CY/T 101.5-2014	新闻出版内容资源加工规范 第5部分:资料管理	现行	2016/7/31	2016/7/31	79997-2021	2021/1/26
7	CY/T 101.6-2014	新闻出版内容资源加工规范 第6部分:数据管理	现行	2016/7/31	2016/7/31	79998-2021	2021/1/26
8	CY/T 101.7-2014	新闻出版内容资源加工规范 第7部分:数据交付	现行	2016/7/31	2016/7/31	79999-2021	2021/1/26
9	CY/T 101.9-2014	新闻出版内容资源加工规范 第9部分:报纸加工	现行	2016/7/31	2016/7/31	80001-2021	2021/1/26
10	CY/T 101.10-2014	新闻出版内容资源加工规范 第10部分:期刊加工	现行	2016/7/31	2016/7/31	80002-2021	2021/1/26
11	CY/T 103-2014	数据库出版物质量评价规范	现行	2016/7/31	2016/7/31	80003-2021	2021/1/26
12	CY/T 143-2015	数据库出版物质量检测方法	现行	2016/7/31	2016/7/31	80004-2021	2021/1/26
13	CY/T 149-2016	数字期刊术语	现行	2016/7/31	2016/7/31	80005-2021	2021/1/26
14	CY/T 150-2016	数字期刊分类与代码	现行	2016/7/31	2016/7/31	80006-2021	2021/1/26
15	CY/T 151-2016	数字期刊核心业务流程规范	现行	2016/7/31	2016/7/31	80007-2021	2021/1/26
16	CY/T 152-2016	数字期刊产品服务规范	现行	2016/7/31	2016/7/31	80008-2021	2021/1/26
17	CY/T 153-2016	数字期刊内容质量管理规范	现行	2016/7/31	2016/7/31	80009-2021	2021/1/26
18	CY/Z 29-2019	书刊印刷标准体系表	现行	2020/11/16	2021/2/1	72157-2020	2021/1/14
19	CY/T 204-2019	印刷产品分类及编码方法	现行	2019/11/28	2020/1/1	72154-2020	2020/4/13
20	CY/T 199-2019	包装印刷通用设计规范	现行	2019/11/28	2020/1/1	72149-2020	2020/4/13
21	CY/T 200-2019	书刊印刷通用设计规范	现行	2019/11/28	2020/1/1	72150-2020	2020/4/13

续表 1

序号	标准号	标准名称	状态	批准日期	实施日期	备案号	备案日期
22	CY/T 186-2019	出版发行机构唯一标识符	现行	2019/5/14	2019/6/1	70275-2019	2019/10/18
23	CY/Z 27-2019	出版物发行物联网应用标准体系表	现行	2019/5/14	2019/6/1	70276-2019	2019/10/18
24	CY/T 187-2019	出版物供销协议编制规范	现行	2019/5/14	2019/6/1	70277-2019	2019/10/18
25	CY/Z 13-2019	出版物发行标准体系	现行	2019/5/14	2019/6/1	70272-2019	2019/10/18
26	CY/T 181-2019	专业内容数字阅读技术 产品封装	现行	2019/5/14	2019/6/1	69855-2019	2019/10/18
27	CY/T 82-2012	新闻出版数字资源唯一标识符	现行	2019/5/29	2019/7/1	69295-2019	2019/7/5
28	CY/T 83-2012	中国标准名称标识符	现行	2019/5/29	2019/7/1	69297-2019	2019/7/5
29	CY/T 145-2016	数字出版内容卫星传输规范	现行	2019/5/29	2019/7/1	69302-2019	2019/7/5
30	CY/T 170-2019	学术出版规范 表格	现行	2019/5/29	2019/7/1	69844-2019	2019/7/5
31	CY/T 171-2019	学术出版规范 插图	现行	2019/5/29	2019/7/1	69845-2019	2019/7/5
32	CY/T 173-2019	学术出版规范 关键词编写规则	现行	2019/5/29	2019/7/1	69847-2019	2019/7/5
33	CY/T 174-2019	学术出版规范 期刊学术不端行为界定	现行	2019/5/29	2019/7/1	69848-2019	2019/7/5
34	CY/T 178-2019	出版物 AR 技术应用规范	现行	2019/5/29	2019/7/1	69852-2019	2019/7/5
35	CY/T 167-2017	出版企业卓越绩效评价准则实施指南	现行	2012/3/19	2012/3/19	60916-2018	2019/6/6
36	CY/T 81-2012	出版内容资源标识的原则与方法	现行	2012/3/19	2012/3/19	69294-2019	2019/6/6
37	CY/T 154-2017	中文出版物夹用英文的编辑规范	现行	2017/11/3	2018/2/1	58603-2017	2017/11/27
38	CY/T 155-2017	数字期刊阅读量统计	现行	2017/11/3	2018/2/1	59450-2017	2017/11/27
39	CY/T 158-2017	数字出版业务流程与管理规范	现行	2017/11/3	2018/2/1	60907-2018	2017/11/27
40	CY/T 135-2015	版权信息基础数据元	现行	2016/7/31	2016/7/31	52156-2015	2016/12/15
41	CY/T 136-2015	版权信息基础代码集	现行	2016/7/31	2016/7/31	52157-2015	2016/12/15
42	CY/T 55-2009	出版物物流标签	现行	2015/1/29	2015/1/29	25589-2009	2015/7/3
43	CY/T 99-2013	图书、报纸、期刊、音像电子出版物出版和发行统计	现行	2015/1/29	2015/1/29	43969-2014	2015/7/3
44	CY 2-1991	书刊印刷产品的质量评价和分级方法	现行	2015/1/29	2015/1/29	0431-1991	2015/7/3
45	CY/T 129-2015	《绿色印刷 术语》	现行	2015/1/29	2015/1/29	49392-2015	2015/7/3
46	CY/T 122-2015	学术出版规范 引文	现行	2015/1/29	2015/1/29	49458-2015	2015/7/3
47	CY/T 119-2015	学术出版规范 科学技术名词	现行	2014/7/16	2014/7/16	49455-2015	2015/7/3
48	CY/T 118-2015	学术出版规范 一般要求	现行	2014/7/16	2014/7/16	49454-2015	2015/7/3
49	CY/T 123-2015	学术出版规范 中文译著	现行	2014/7/16	2014/7/16	49459-2015	2015/7/3
50	CY/T 121-2015	学术出版规范 注释	现行	2014/7/16	2014/7/16	49457-2015	2015/7/3
51	CY/T 56.3-2012	出版物物流作业规范 第 3 部分：包装	现行	2012/3/19	2012/3/19	36909-2012	2014/12/26
52	CY/T 56.2-2012	出版物物流作业规范 第 2 部分：储存	现行	2012/3/19	2012/3/19	36908-2012	2014/12/26

续表 2

序号	标准号	标准名称	状态	批准日期	实施日期	备案号	备案日期
53	CY/T 56.4-2012	出版物物流作业规范 第 4 部分：发运	现行	2012/3/19	2012/3/19	36910-2012	2014/12/26
54	CY/T 73-2011	出版物物流基本业务流程	现行	2012/3/19	2012/3/19	31875-2011	2014/12/26
55	CY/T 77-2012	出版物存储设备基本要求	现行	2012/3/19	2012/3/19	36912-2012	2014/12/26
56	CY/T 72-2011	出版物物流信息代码集	现行	2009/4/10	2009/4/10	31874-2011	2014/12/26
57	CY/T 30-1999	印刷技术 胶印印版制作	现行	2009/4/10	2009/4/10	6148-2000	2014/12/26
58	CY/Z 22-2011	印刷标准体系表	现行	2009/4/10	2009/4/10	36847-2012	2014/12/26
59	CY/T 51-2008	图书、音像制品、电子出版物营销分类法	现行	2012/3/19	2012/3/19	25498-2009	2014/12/26
60	CY/T 35-2001	科技书刊的章节编号方法	现行	2012/3/19	2012/3/19	9283-2001	2014/12/26
61	CY/T 36-2001	电子出版物外观标识	现行	2012/3/19	2012/3/19	9284-2001	2014/12/26
62	CY/T 2-1999	印刷产品质量评价和分等导则	现行	1999/5/7	1999/9/1	3039-1999	2014/12/26
63	CY/T 5-1999	平版印刷品质量要求及检验方法	现行	1999/5/7	1999/9/1	3040-1999	2014/12/26
64	CY/T 39-2006	图书流通信息交换规则	现行	1999/5/7	1999/9/1	17164-2006	2014/12/26
65	CY/T 1-1999	书刊印刷产品分类	现行	1999/5/7	1999/9/1	3038-1999	2014/12/26
66	CY/T 46-2008	新闻出版业务主题词表	现行	1999/5/7	1999/9/1	24743-2008	2014/12/26
67	CY/T 50-2008	出版术语	现行	1999/5/7	1999/9/1	24834-2008	2014/12/26
68	CY/T 57-2009	出版物运输包装材料基本要求	现行	1999/5/7	1999/9/1	25591-2009	2014/12/26
69	CY/T 34-2001	丛刊刊名信息的表示	现行	1999/5/7	1999/9/1	9282-2001	2014/12/26
70	CY/T 80-2012	出版物射频识别系统基本要求	现行	1999/5/7	1999/9/1	36915-2012	2014/12/26
71	CY/T 54-2009	出版物在途查询单/回告单	现行	1999/5/7	1999/9/1	25588-2009	2014/12/26
72	CY/T 28-1999	装订质量要求及检验方法－平装	现行	1999/5/7	1999/9/1	3042-1999	2014/12/26
73	CY/T 45-2008	新闻出版业务基础数据元	现行	2012/3/19	2012/3/19	24742-2008	2014/12/26
74	CY/T 52-2009	出版物发货单	现行	2012/3/19	2012/3/19	25586-2009	2014/12/26
75	CY/T 44-2008	新闻出版信息分类代码集	现行	2012/3/19	2012/3/19	24741-2008	2014/12/26
76	CY/T 47-2008	新闻出版信息交换格式	现行	2012/3/19	2012/3/19	24744-2008	2014/12/26
77	CY/T 33-2001	译文的编排格式	现行	2012/3/19	2012/3/19	9281-2001	2014/12/26
78	CY/T 53-2009	出版物退货单/退货差错回告单	现行	2012/3/19	2012/3/19	25587-2009	2014/12/26
79	CY/T 1-1999	书刊印刷产品分类	现行	1999/5/7	1999/9/1	3038-1999	2014/12/26

后　记

本教科书的编辑和出版是我和河北大学新闻传播学院4届出版专业硕士共同努力的结果，同时也算是一个专业建设成果。

回顾近20年来的河北大学新闻传播学学科建设成就，可谓成绩辉煌，亮点多多。河北大学新闻传播学院“新闻传播学”一级学科学术硕士点自设立以来，一直在“传播学”二级点下设有编辑出版学方向。2010年，河北大学新闻传播学院获批了全国首批出版专业硕士点，并于2011年开始招生，截至2022年已经招生了12届学生。在博士研究生培养方面，河北大学新闻传播学院于2011年获批了新闻传播学一级学科博士点，编辑出版成为自主设立的二级研究方向，并于2012年开始招生。更为可喜的是，河北大学的编辑出版学本科专业于2022年获批了国家一流本科专业（第三批）。

2019年以来，根据全国出版专硕教指委相关文件要求，“期刊社经营管理”成为出版专业硕士的应修课程，本人承担了河北大学相应的课程讲授。刚接手任务时，整个课程对我来说都是全新的，没有针对性的辅助教材，为了充分锻炼学生的专业能力，课程采用了教师教授和学生报告相结合的方式。但针对此课程，如何设章立节也仍然困扰着我。单个期刊社虽然体量不大，但是全国的期刊社为数众多，且一般并不为大多数非专业人士所知，怎样选取案例，怎样配置课后作业和习题，都需要自己主动探究。同时，期刊社的运维对于本专业的学生来说，陌生感也是很强烈的。

经过了4年的资料准备和讲课调适，这部教材的框架终于敲定了，同时经过4轮的课程讲授和内容调整，在课程设计方面，也有了更多的心得，并形成了眼前这部初具体系和规模的书稿。

值得一提的是，在2018级、2019级、2020级和2021级出版专硕四个班99位同学（注：因涉及的人名较多，在此不一一列举）的协力配合下，这本书稿才得以顺利成型，编辑和校对也正是本专业需要锻炼的核心技能，同学们在编校过程中亦不断提高了专业识见水平。在此，对各位同学的辛苦付出表示衷心的感谢！同时，本书的出版还要感谢河北大学新闻传播学院领导给予的支持和关照，尤其是对出版的资助！河北大学出版社责任编辑郝健女士、杨显硕编审及相关同仁在本书的编校中也付出了大量辛苦的努力，在此一并致以深深的谢意！

由于时值新冠肺炎疫情的防控期间，学校采取线上教学模式，该课程的讲授出于适应网络教学的需要，在内容配置上大量增加了网络素材和音视频内容，以适应学生线上学习和专业人士业务探讨的需要。

综之，本书是国内第一本以“期刊社经营与管理”为题的教材，也是个人在已有教学和科研生涯中编写的第一部教材，其在体系建构、案例选取和行文表达方面也一定有诸多不妥之处甚至谬误，恳请学界业界同行专家以及同学们批评指正！

金　强

2022年8月13日